高职高专汽车类专业创新一体化教材

汽车电气设备维修一体化教程（配实训任务单）

主　编　魏帮顶　程显兵
副主编　高　奇　苏玉来　田　峰
参　编　孙　爽　司学亮　李小庆
主　审　谢计红

机械工业出版社

本书系统讲解了汽车电气基础、电源系统、起动系统、点火系统、照明与信号系统、信息显示系统、汽车辅助电器、汽车空调和汽车电路图分析。本书从高职教育的实际出发，结合教学和生产的实际需要，将汽车电气相关内容进行了重新整合，增加了很多实用的新内容，具有较强的针对性和实用性。本书配有实训任务单（另册），方便实训及考核。

本书可作为高等职业院校汽车电子技术与控制、汽车检测与维修、汽车运用技术、汽车制造与装配等专业的教学用书，也可作为应用型本科相关专业的教学用书及维修技术人员的自学用书。

图书在版编目（CIP）数据

汽车电气设备维修一体化教程：配实训任务单/魏帮顶，程显兵主编．—北京：机械工业出版社，2023.4

高职高专汽车类专业创新一体化教材

ISBN 978-7-111-72885-6

Ⅰ.①汽⋯ Ⅱ.①魏⋯②程⋯ Ⅲ.①汽车－电气设备－车辆修理－高等职业教育－教材 Ⅳ.①U472.41

中国国家版本馆 CIP 数据核字（2023）第 050915 号

机械工业出版社（北京市百万庄大街22号　邮政编码100037）
策划编辑：齐福江　　　　　　责任编辑：齐福江　丁　锋
责任校对：薄萌钰　徐　霆　　封面设计：张　静
责任印制：邓　博
北京盛通商印快线网络科技有限公司印刷
2023年6月第1版第1次印刷
184mm×260mm·20.35印张·498千字
标准书号：ISBN 978-7-111-72885-6
定价：59.90元

电话服务　　　　　　　　　网络服务
客服电话：010-88361066　　机　工　官　网：www.cmpbook.com
　　　　　010-88379833　　机　工　官　博：weibo.com/cmp1952
　　　　　010-68326294　　金　　　　　网：www.golden-book.com
封底无防伪标均为盗版　机工教育服务网：www.cmpedu.com

随着我国汽车市场的高速发展，汽车维修行业急需一大批具有创新和实践能力的高素质汽车维修人才。为满足职业院校汽车相关专业的教学需求，教材编写组认真学习领会党的二十大精神，在落实立德树人的根本任务上下功夫，秉持严谨求实的精神，不断优化教学内容，力求编出"培根铸魂，启智增慧"的精品教材。

本教材将课程内容与职业标准对接，学习任务与生产任务对接，注重学生的全面发展和综合素质的提高。通过精心设计的学习任务，培养学生求知进取、爱岗敬业的工匠品质和勇于实践、大胆创新的工作作风。通过强化课程的思想性和针对性，引导青年学生做爱国、励志、求真、力行的时代新人。

本书共分9个项目，由26个学习任务和21个实训任务单组成，包括汽车电气基础、电源系统、起动系统、点火系统、照明与信号系统、信息显示系统、汽车辅助电器、汽车空调和汽车电路图分析等内容。在传统汽车电气的基础上，增加了先进实用的汽车电子技术，如新型AGM蓄电池、电源管理系统、48V/12V轻混系统、高级钥匙系统、LED前照灯、汽车电子仪表、汽车自动空调等内容。本书实用性强，图文并茂，书中引用的车型均是国内外汽车市场主流车型，如新捷达、速腾、迈腾、奥迪A6L、路虎揽胜等。

本书可作为高等职业院校汽车电子技术与控制、汽车检测与维修、汽车运用技术、汽车制造与装配等专业的教学用书，还可作为应用型本科相关专业教学用书及维修技术人员的自学用书。

本书由西安汽车职业大学魏帮顶、山东交通职业学院程显兵担任主编，高奇、苏玉来、田峰担任副主编。项目一至项目三由魏帮顶编写，项目八由程显兵编写，项目五由高奇编写，项目六、项目九由苏玉来编写，项目四、项目七由田峰编写，参与编写的人员还有孙爽、司学亮、李小庆，谢计红主审，唐龙泉老师也参与了审稿工作。

在本书的编著过程中，得到了一汽大众-奥迪销售事业部技术培训部、一汽-大众TQP项目组、上海通用ASEP校企合作项目组等单位的大力支持，并参考了大量的国内外相关著作、资料，在此向有关编著者和资料提供者表示真诚的谢意。

限于编者水平及掌握的资料有限，书中难免出现疏漏、错误和不足之处，诚望广大读者提出宝贵的意见，以便再版时修订完善。

编 者

前言

项目一 汽车电气基础 ··· 1
学习任务一 认识汽车电气系统的特点 ·· 1
学习任务二 认识汽车电路主要元件 ·· 5

项目二 电源系统 ··· 22
学习任务一 认识蓄电池结构类型及工作原理 ······································ 22
学习任务二 检修发电机 ·· 35
学习任务三 检修交流发电机调节器 ·· 45
学习任务四 使用与维护电源系统 ··· 51
学习任务五 蓄电池及能源管理控制系统 ·· 62
学习任务六 48V/12V 轻混系统 ··· 73

项目三 起动系统 ··· 82
学习任务一 认识起动机结构及工作特性 ·· 82
学习任务二 认识起动系统控制电路 ·· 95
学习任务三 维护与检修起动机 ·· 102
学习任务四 检修高级钥匙（Advanced Key）系统 ······························· 106

项目四 点火系统 ··· 120
学习任务一 认识点火系统构造及工作原理 ·· 120
学习任务二 检修计算机控制点火系统 ·· 132

项目五 照明与信号系统 ·· 139
学习任务一 认识前照灯 ·· 139
学习任务二 检修灯光开关与前照灯电路 ·· 160
学习任务三 检修汽车信号装置 ··· 170

项目六 信息显示系统 ··· 182
学习任务一 认识汽车警告灯 ·· 182

学习任务二　维护汽车电子显示装置及电子仪表…………………………………… 188

项目七　汽车辅助电器 ………………………………………………………… 200

学习任务一　检修电动刮水器及洗涤器……………………………………………… 200
学习任务二　检修舒适/便利功能系统……………………………………………… 208

项目八　汽车空调 ………………………………………………………………… 223

学习任务一　检修汽车空调制冷系统………………………………………………… 223
学习任务二　检修汽车空调的采暖与通风…………………………………………… 240
学习任务三　检修汽车空调的操纵控制系统………………………………………… 249
学习任务四　维护汽车空调系统……………………………………………………… 259

项目九　汽车电路图分析 ……………………………………………………… 267

学习任务　汽车电路图分析…………………………………………………………… 267

参考文献 ………………………………………………………………………………… 274

项目一 汽车电气基础

学习任务一 认识汽车电气系统的特点

情境引入

在汽车电气课堂上,师生对话。

学　生：王老师,汽车电气主要由哪几部分组成?
王老师：汽车电气主要由电源部分、用电设备和配电装置3部分组成。
学　生：汽车电气设备有哪些特点?

学习目标

1）能叙述汽车电气系统的组成。
2）熟悉汽车电气的特点。
3）熟悉汽车导线、线束及插接器。

汽车是由发动机、底盘、车身和电气系统4部分组成的。汽车电气设备直接影响汽车的动力性、经济性、安全性、可靠性、舒适性及环保等方面的性能。随着电子技术的发展,电子技术在汽车上的应用日益广泛,汽车零部件电子化的比例也越来越高,而且实现了汽车总成或系统的自动检测、自动诊断和自动控制,例如电子调节器、整体式交流发电机、电子点火装置、电子闪光器、电动汽油泵、电子仪表、电子燃油喷射系统、防抱制动系统、自动变速系统、导航系统等在轿车上已普及。此外,照明、信号、警告、空调、辅助电器等方面已向小型化、智能化方向发展,其安全性、可靠性、使用性能及寿命等方面也有了很大的提高。电子技术对于解决当前世界汽车所面临的油耗、安全、舒适性和排放等问题具有极为重要的作用。

一、汽车电气设备的组成

1. 电源部分

汽车电源部分包括蓄电池及发电机。当发电机工作时,由发电机向全车用电设备供电,同时给蓄电池充电;蓄电池在起动发动机时向起动机供电,并在发电机不工作时向用电设备供电。有些车型的发电机本身没有调节器,需要配置电压调节器才能工作。电压调节器的作用是使发电机的输出电压保持恒定。

2. 用电设备

汽车上的用电设备很多，但基本的用电设备大致可分为起动系统、点火系统、照明与信号系统、信息显示系统、辅助电器及电子控制系统等部分。

（1）起动系统

起动系统的作用是起动发动机。起动系统由起动机、起动继电器及起动开关组成。

（2）点火系统

点火系统的作用是产生电火花，点燃可燃混合气。点火系统分为电子点火系统与计算机控制点火系统两大类。目前，电控发动机汽车全部使用了计算机控制点火系统。

（3）照明与信号系统

灯光照明装置包括车内外各种照明灯及提供夜间安全行驶必要的灯光，其中前照灯最为重要。信号装置包括电喇叭、闪光器、蜂鸣器及各种信号灯，主要用来提供安全行车所必需的信号。

（4）信息显示系统

信息显示系统包括机油压力表、冷却液温度表、燃油表、车速里程表、发动机转速表等仪表和报警装置。报警装置及电子显示装置用来监测汽车各个系统的工况，比仪表更方便、直观，显示的信息量也更大。

（5）辅助电器

辅助电器包括电动刮水器、风窗洗涤器、风窗加热器、汽车空调、汽车音响、安全气囊、中控门锁系统、电动车窗、电动天窗、电动后视镜、电动座椅、电动后遮阳帘、电动杂物箱等。

（6）电子控制系统

电子控制系统包括电控燃油喷射装置、电控点火装置、防抱死制动系统、自动变速器控制系统、电控悬架控制系统及自动巡航控制系统等。采用电子控制系统可提高汽车的动力性、经济性、安全性以及达到净化排气的目的，也可以使得汽车电气系统的功能更加丰富。

3. 配电装置

配电装置包括中央接线盒、电路开关、保险装置、插接器和导线等。

二、汽车电气设备的特点

1. 低压

汽车低压电气设备的额定电压常见的有 12V 和 24V 两种。汽油发动机普遍采用 12V 电源，而大型柴油发动机多采用 24V 电源。随着国六排放标准的实施，部分品牌开始装配 48V 电源，实现双电压电源系统。

2. 直流

汽车电源系统包括发电机和蓄电池。蓄电池可循环反复使用，但发电机给蓄电池充电时必须用直流电，因此汽车电源系统采用直流电源。

3. 单线制

汽车上所有的用电设备都是并联的，电源正极到用电设备只用一根导线连接，用电设备利用本身的金属外壳直接与汽车车身相连，汽车的金属车身作为公共回路，回到电源负极，这种连接方式称为单线制。由于单线制节省导线、线路清晰、安装与维修方便,并且用电设备的金属构件外壳等不需要与车体绝缘,所以被现代汽车广泛采用。

4. 负极搭铁

采用单线制时,蓄电池的一个电极须接到车架上,俗称"搭铁"。若将蓄电池的负极接到车架上,就称为"负极搭铁"。目前,国际上各国生产的汽车基本上都采用"负极搭铁"。

三、汽车导线、线束及插接器

随着汽车电气设备的增多,导线的数量不断增加,为了便于维修,连接各设备的导线常以不同的颜色加以区分。其中,截面积在 4mm² 以上的导线采用单色线,而截面积在 4mm² 以下的导线均采用双色线。

为了使全车线路规整、安装方便及保护导线的绝缘,汽车上的全车线路除高压线、蓄电池的电缆外,一般都将同一个区域的不同规格的导线用棉纱或薄聚氯乙烯带缠绕包扎成束,称为线束。一般来说,线束分为发动机线束、仪表线束、车身线束等。图 1-1 所示为美国克莱斯勒(Chrysler)汽车公司汽车仪表线束。

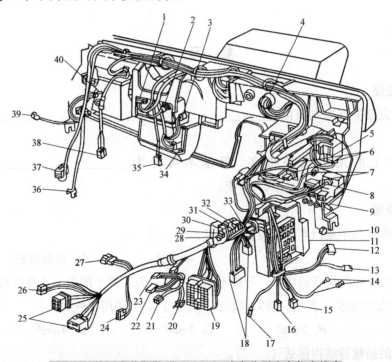

图 1-1 美国克莱斯勒(Chrysler)汽车公司汽车仪表线束
1—立体声系统接线 2—收音机接线 3—烟灰缸照明灯 4—印制电路板插接器 5—灯光开关
6—后窗加热器开关 7—后窗刮水器和洗涤器开关及照明灯 8—灯泡 9—接门窗升降器 10—搭铁
11—熔丝盒 12—接立体声扬声器 13—接左门扬声器 14—接左门踏步灯开关 15—接后窗刮水洗涤器
16—接后窗玻璃加热器 17—接天窗电动机 18—接车身线束 19—分开的中央可过线的插线器
20—接车速控制伺服系统 21—接车速控制离合开关 22—接车速控制制动线路 23—接车速控制开关电路
24—接停车灯开关 25—接点火开关 26—接前照灯变光开关 27—接附件灯泡 28—接转向信号开关
29—接间歇式刮水器 30—接点火开关照明灯 31—接刮水器开关 32—接钥匙照明灯
33—接钥匙忘拔蜂鸣器 34—点烟器 35—暖风电动机变速电阻器 36—接右边前门电阻
37—接空调鼓风电动机变速电阻 38—接暖风 39—接踏步灯开关 40—杂物箱照明灯

线束与线束之间、线束与用电设备之间、线束与开关之间的连接采用插接器。插接器不能松动、腐蚀。为保证插接器的可靠连接，其上都有锁紧装置，而且为了防止发生错误连接，插接器还制成不同的规格、形状。图 1-2 所示为常见的插接器结构与形状。

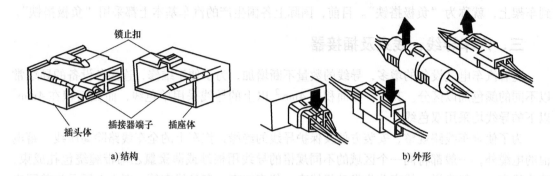

图 1-2 常见的插接器结构与形状

复 习 题

一、填空题

1) 一个完整的汽车电路由_____、_____、_____、_____、_____五部分组成。

2) 汽车上的用电设备很多，但基本可分为_____、_____、_____、_____、_____、_____六大系统。

二、选择题

1) 以下哪一项不是汽车电气设备的特点？（　　）

A. 低压　　　　B. 交流　　　　C. 单线制　　　　D. 负极搭铁

2) 随着汽车电气设备的增多，导线不断地增加，为了便于维修，连接各设备的导线常以不同的颜色加以区分，其中，横截面积在（　　）以上采用单色线。

A. $1mm^2$　　　B. $2mm^2$　　　C. $3mm^2$　　　D. $4mm^2$

3) 常见的插接器结构包括（　　）。

A. 锁止扣、插座体、插接器端子、插头体

B. 锁止扣、插座体、插头体

C. 锁止销、插座体、插接器端子、插头体

D. 插座体、插接器端子、插头体

项目一 汽车电气基础 5

学习任务二　认识汽车电路主要元件

情境引入

在维修车间，师徒对话。

学徒工： 刘师傅，不同车型的点火钥匙怎么都不一样呢？

刘师傅： 最早的点火钥匙就像我们的房门钥匙一样没啥特别的，随后出现的是把遥控器和钥匙集成在一起的点火钥匙。现在高端汽车主要用的就是所谓的"高级钥匙"，只要在识别范围内，车门就会自动解锁或上锁。

学徒工： 汽车电路的保护装置主要有哪些呀？

▶ 学习目标

1) 能熟练操作点火开关及其他常见开关。
2) 能检测熔丝、继电器及开关。
3) 能分析原版电路图的基本构成。
4) 熟悉电路保护装置中继电器、熔断器的分布规律，并能找出其安装位置。

一、汽车开关

在汽车电路中各用电设备或独立的电系中一般都设有单独的控制开关，如灯光开关、变光开关、刮水器开关、洗涤器开关、转向开关、危险报警开关、空调开关、倒车开关、制动开关、喇叭开关等。各种开关的机构都相似，下面以最常见的点火开关与组合开关为例来说明开关的结构及工作过程。

1. 点火开关

在所有开关中，点火开关最为重要，它控制着充电系统、点火系统、起动系统以及绝大多数的辅助电气设备。图1-3所示为点火开关的结构原理图，3片电刷组合在一起并同时转动，当点火开关拧到 ST 位时，所有电刷转到 ST 位，此时电刷 B 将蓄电池的电压输送到点火线圈5，电刷 C 将蓄电池电压输送到起动系统和点火控制器3，电刷 M 没有输出。

当发动机起动后，电刷便转到 ON 位。在电刷 C 的端子 ACC 和 ON 之间的跨接线，表示其所连接的附件在点火开关的电刷处于 ON 位和 M 位，并且均可开动。

大部分车型点火开关的锁体都具有锁止转向盘的功能，同时还具有防止误起动的功能。点火开关只能从 OFF 位开始拧到起动档，在打不着火或发动机熄火时，若要重新起动发动机，则必须将点火开关拧回到 OFF 位，然后从 OFF 位转到 ON 位再到 ST 位。

（1）采用电子钥匙的点火开关

有些轿车的钥匙采用了电子钥匙，具有防盗功能。图1-4所示为美国通用（GM）汽车公司采用的电子钥匙防盗系统。其原理如下：点火钥匙上装有一个电阻晶片，每把钥匙所用

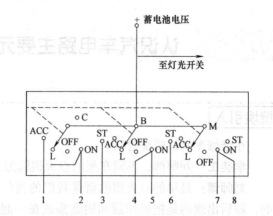

图1-3　点火开关的结构原理图
ACC—附件　L—锁住　OFF—断开　ON—运行　ST—起动
1—刮水器、洗涤器、电动门窗　2—仪表　3—起动系、点火控制器　4—点火控制器
5—点火线圈、安全带警告灯　6—点火线圈　7—空调系统、转向信号灯　8—交流发动机警告灯

的电阻晶片有一特定的阻值，为380～12300Ω；点火钥匙除了像普通钥匙那样必须与锁体匹配之外，其晶片的电阻值还要与起动机的电路匹配。

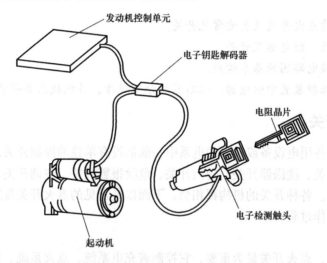

图1-4　美国通用（GM）汽车公司采用的电子钥匙防盗系统

当点火钥匙插入锁体时，电阻晶片与电子检测触头接触。当锁体转到ST位时，点火钥匙电阻晶片的阻值输送到电子钥匙解码器。若钥匙晶片的电阻值与电子钥匙解码器中存储的电阻值一致，则起动机工作；同时，起动信号被送给发动机控制单元，发动机控制单元控制燃油喷射及点火系统，完成发动机的起动。若钥匙电阻晶片的阻值与电子钥匙解码器存储的阻值不一致，解码器便禁止起动机工作，尽管锁体已经转到了起动位置，发动机仍然不能起动。

（2）带进入和起动许可系统的点火开关

一汽-大众迈腾（Magotan）轿车点火开关（进入和起动许可开关）如图1-5所示，是行驶许可系统的组成部分。它用于机械支撑点火钥匙，把点火钥匙的滑动运动转变为电子信号,并实现读识线圈对点火钥匙的电子识别。

因为迈腾汽车不是以旋转钥匙起动的,而是通过滑动钥匙起动的,所以点火钥匙是无钥匙齿的。如果用无线遥控器无法打开车门,那么可用备用钥匙以机械方式打开驾驶人侧车门。该钥匙插在遥控器中,按压第二个槽口可取出备用钥匙,如图1-6所示。

不同端子的接通是通过遥控器在点火开关(进入和起动许可开关)中的滑动来实现的,如图1-7所示。端子S接通就相当于将点火开关拧到ACC位,通过遥控器的滑动运动可到达图1-8所示开关位置。

图1-5 一汽-大众迈腾轿车点火开关

a) 遥控器上备用钥匙开锁按键

b) 遥控器上备用钥匙

图1-6 一汽-大众迈腾轿车备用钥匙

图1-7 点火开关接通端子示意图

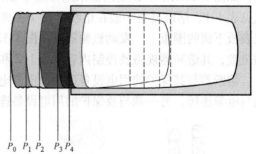

图1-8 点火开关位置示意图

P_0—关闭 P_1—S触点打开 P_2—端子15打开
P_3—端子15驱动(起动过程之后,点火钥匙自动到该位置)
P_4—端子50打开

2. 组合开关

组合开关将灯光开关(前照灯开关、变光开关)、转向灯开关、危险警告灯开关、刮水器/清洗器开关灯等组合为一体,是一个多功能开关,安装在便于驾驶人操纵的转向柱上,如图1-9所示。

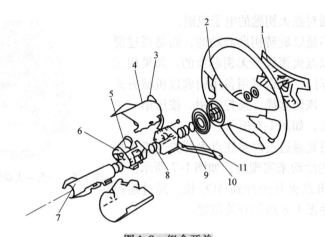

图 1-9　组合开关

1—转向盘盖　2—转向盘　3—刮水器开关　4—护板　5—点火锁体　6—点火开关
7—转向柱套管　8—接触环　9—弹簧　10—弹簧垫圈　11—转向灯开关

二、电路保护装置

为了防止电路中的导线或电气设备过载，在每个用电设备的电路中都需要电路保护装置。当电路中的电流超过规定值时，保护装置可自动将电路切断，防止烧坏电路中的导线和电气设备。常用的电路保护装置有熔断器和断电器两种。

1. 熔断器

熔断器是最普通的电路保护装置，常见的熔断器外形如图 1-10 所示。除了上述 3 种形状的熔断器外，近年在一些新款车型上还采用了一种新型熔断器，即所谓的 J – Case 型熔断器，如图 1-11 所示。该熔断器采用母端子设计，可提高熔断器盒总成的可靠性。熔断器颜色见表 1-1。熔断器集中装在熔断器盒（中央配线盒）内，熔断器盒通常位于仪表板侧面或仪表板下面的围板上、发动机舱罩下。图 1-12 所示为奥迪 A6L（C8）仪表板左侧熔断器盒的位置，其熔断器规格及控制内容见表 1-2 和表 1-3。

熔断器与其保护的用电设备串联，电源电压加至熔断器盒内的熔断器架上，熔断器的一端与电源连接，另一端与要保护的用电设备连接。

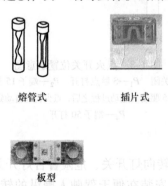

图 1-10　常见的熔断器外形

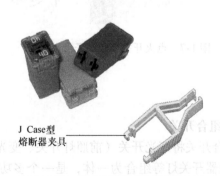

图 1-11　J – Case 型熔断器及其夹具

表1-1 熔断器颜色

颜色	紫色	褐/浅棕色	棕色	红色	蓝色	黄色	白色	绿色
额定电流	3	5	7.5	10	15	20	25	30

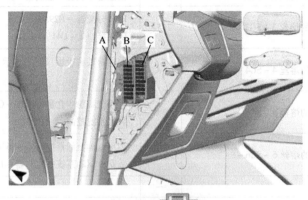

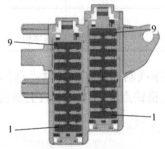

图1-12 奥迪A6L（C8）仪表板左侧熔断器盒的位置
A—熔断器座　B—熔断器架SF（黑色）　C—熔断器架SG（棕色）

表1-2 奥迪A6L（C8）仪表板左侧熔断器架SF规格及控制内容

插槽	电路图中的名称	额定值	功能/部件	接线端
SF1	未占用	—		—
SF2	熔断器架F上的熔断器2 – SF2 –	25A	电动调节转向柱控制器 – J866 –	30
SF3	熔断器架F上的熔断器3 – SF3 –	5A	DVD播放器 – R7 –	30
SF4	熔断器架F上的熔断器4 – SF4 –	1A	转向柱电子装置控制器 – J527 –	30
SF5	熔断器架F上的熔断器5 – SF5 –	5A	车灯开关 – E1 – 仪表板中部开关模体 – EX22 – 中控台开关模体1 – EX23 –	30
SF6	熔断器架F上的熔断器6 – SF6 –	5A	驾驶人侧音量调节器 – E67 –	30
SF7	熔断器架F上的熔断器7 – SF7 –	10A	仪表板中的控制器 – J285 –	30
SF8	熔断器架F上的熔断器8 – SF8 –	10A	前部信息显示和操作单元控制器的显示单元 – J685 – 前部信息显示和操作单元控制器的显示单元2 – J1060 –	30
SF9	熔断器架F上的熔断器9 – SF9 –	10A	转向柱电子装置控制器 – J527 –	30

表1-3 奥迪A6L（C8）仪表板左侧熔断器架SG规格及控制内容

插槽	电路图中的名称	额定值	功能/部件	接线端
SG1	未占用	—	—	—
SG2	熔断器架G上的熔丝2 –SG2–	20A	信息电子装置1控制器 –J794–	30
SG3	熔断器架G上的熔丝3 –SG3–	7.5A	USB分配器 –R293– USB接口1 –U41–	30
SG4	熔断器架G上的熔丝4 –SG4–	5A	前风窗玻璃投影（平视显示器）控制器 –J898–	30
SG5	熔断器架G上的熔丝5 –SG5–	5A	空调微细粉尘含量传感器 –G930– 香氛系统控制器 –J1101–	30
SG6	熔断器架G上的熔丝6 –SG6–	5A	芯片卡读上涌器控制器 –J676– 带安卓驱动系统的控制器 –J1243–	30
SG7	未占用	—	—	—
SG8	未占用	—	—	—
SG9	熔断器架G上的熔丝9 –SG9–	10A	电子转向柱锁止控制器 –J764–	30

汽车上的用电设备一般采用单线制，用电器会就近选择搭铁点，图1-13、图1-14所示分别为奥迪A6L（C8）车内前左搭铁点、四缸发动机上部搭铁点。

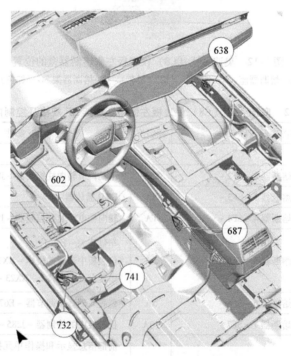

图1-13 奥迪A6L（C8）车内前左搭铁点
602—前左脚部空间内的搭铁点 638—右侧A柱上的搭铁点 687—中央通道上的搭铁点1
732—驾驶人侧座椅下的搭铁 741—前左座椅下的搭铁点

2. 断电器

断电器用于正常工作时容易过载的电路，它是利用双金属受热变形的原理制成的。断电器按其作用形式的不同分为两种类型：一类是当电路发生过载时，双金属片受热向上弯曲变形，触点分离，自动切断电路，从而保护线路及用电设备，排除故障后，需用手按下按钮，使双金属片复位，如图1-15所示；另一类是当电路发生过载时，双金属片受热向上弯曲变形，触点分离，自动切断电路，而当双金属片冷却后，则自动复位，触点闭合，电路自动接通，双金属片受热变形，触点再次打开，断电器触点周期性地打开和闭合，直到电路不过载为止，如图1-16所示。

图1-14 奥迪A6L（C8）四缸发动机上部搭铁点

846—点火线圈1上的搭铁点　847—点火线圈2上的搭铁点
848—点火线圈3上的搭铁点　849—点火线圈4上的搭铁点

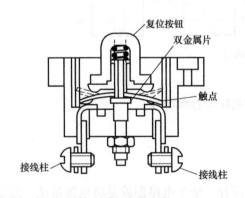

图1-15 手动复位式断电器

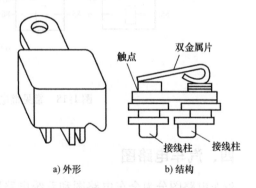

图1-16 自动复位式断电器

三、继电器

在汽车电路中，有很多开关需要频繁地使用，因此通过开关触点的电流不能太大，以免开关触点烧蚀，所以，在汽车电路中应用了大量的继电器来控制电路的导通与截止。继电器的主要作用是用小的电流控制大的电流，即用开关电流（小电流）来控制继电器电磁线圈电路，再通过继电器的触点控制用电设备的电路（大电流），这样可保护开关触点不被烧蚀，从而延长开关的使用寿命。继电器的控制原理如图1-17所示，其中，通过开关的电流 i_1 很小，可以保护开关的可靠工作；通过继电器的电流 i_2 足够大，可以满足负载的需要。

汽车上常见的继电器有电源继电器、卸荷继电器、前照灯继电器、雾灯继电器、起动继电器、喇叭继电器、鼓风机继电器、空调继电器、电动车窗继电器及中控门锁继电器等。多数继电器放置在熔丝盒内，还有一部分继电器随系统的线束而定。常见继电器的外形与内部原理如图1-18所示。

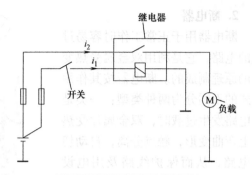

图1-17 继电器的控制原理

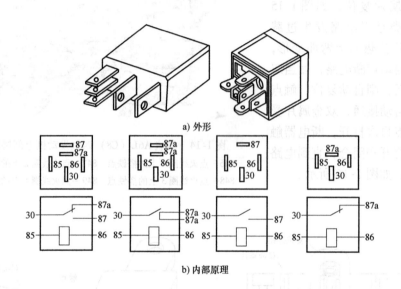

图1-18 常见继电器的外形与内部原理

四、汽车电路图

汽车电路图分为全车电路图和系统电路图两种。全车电路图就是将电源系统、起动系统、点火系统、照明信号系统、仪表与电子显示装置、电子控制装置以及辅助电器装置等全车继电器设备，用标准电器符号，按照它们各自的工作特性及相互的内在联系，通过开关、熔丝、继电器（或电子控制单元）及导线连接起来的电路图。系统电路图即指仅涉及单个系统的电路图。全车电路图和系统电路图不仅符合车上线路的实际连接关系，而且电路清晰、简单明了，对分析各电气设备的工作原理有很大的作用。

1. 电气符号

汽车电路图中常用的电气符号见表1-4。常用的警告灯和指示灯标志见表1-5。

表1-4　汽车电路图中常用的电气符号

名　　称	图形符号	名　　称	图形符号	名　　称	图形符号
1. 限定符号		联动开关		加热元件	
直流	=			电容器	
交流	~	自动复位的手动按钮开关		可调电容器	
交直流	≈				
正极	+	定位（非自动复位）		极性电容器	
负极	-				
中性点	N	按钮		半导体二极管一般符号	
磁场	F				
搭铁	E⊥	能定位的按钮		单向击穿二极管、电压调整二极管（稳压管）	
发电机输出接线柱	B				
磁场二极管输出端	D↓	自动复位的手动拉拔开关		发光二极管	
2. 端子和导线的连接符号					
接点	•	无自动复位的手动旋转开关		光电二极管	
端子	○				
可拆卸的端子	⌀	液位控制开关		PNP 型晶体管	
导线的连接					
导线的分支连接		机油滤清器报警开关	OP	集电极接管亮晶体管（NPN 型）	
导线的交叉连接		热敏开关动合触点	t°	两电极压电晶体	
导线的跨越		热敏开关动断触点	t°	电感器、线圈、绕组、扼流圈	
插座的阴接触件				带磁心的电感器	
插头的阳接触件		多档开关、点火、起动开关，瞬时位置为2能自动返回到1（即2档不能定位）	0 1 2 0.1	熔断器	
插头和插座				易熔线	
3. 触点与开关符号				电路断电器	
动合（常开）触点		节气门开关		永久磁铁	
		4. 电器元件符号		一个绕组电磁铁	
动断（常闭）触点		电阻器			
		可调电阻器			
先断后合的转换触点		热敏电阻器	θ	两个绕组电磁铁	
中间断开的转换触点		带滑动触点的电位器			

(续)

名　　称	图形符号	名　　称	图形符号	名　　称	图形符号
不同方向绕组电磁铁		燃油表传感器	Q	燃油滤清器积水传感器	W
触点动合的继电器		油压表传感器	OP	**7. 电气设备符号**	
触点动断的继电器		空气质量传感器	m	灯	⊗
5. 仪表符号		空气流量传感器	AF	双丝灯	
电压表	V	氧传感器	λ	荧光灯	
电流表	A	爆燃传感器	K	组合灯	
电阻表	Ω	转速传感器	n	预热指示器	
油压表	OP	速度传感器	v	电喇叭	
转速表	n	空气压力传感器	AF	扬声器	
温度表	t°	制动压力传感器	BP	蜂鸣器	
燃油表	Q	蓄电池传感器	B	报警器	
速度表	v	制动灯传感器	BR	电磁离合器	
时钟		灯传感器	T	用电动机操纵的急速调整装置	M
数字式电钟		制动器摩擦片传感器	F	加热器（除霜器）	
6. 传感器符号				空气调节器	
温度表传感器	t°				
空气温度传感器	t_a°				
冷却液温度传感器	t_w°			稳压器	U Const

（续）

名　称	图形符号	名　称	图形符号	名　称	图形符号
点烟器		并励或他励绕组		定子绕组为星形联结的交流发电机	
间歇刮水继电器		集电环或换向器上的电刷		定子绕组为三角形联结的交流发电机	
防盗报警系统		直流电动机		外接电压调节器与交流发电机	
天线一般符号		起动机（带电磁开关）		整体式交流发电机	
发射机		燃油泵电动机、洗涤电动机		蓄电池	
收音机		晶体管电动燃油泵		蓄电池组	
收放机		加热定时器		闪光器	
传声器一般符号		电子点火		霍尔信号传感器	
点火线圈		风扇电动机		磁感应信号传感器	
分电器		刮水器电动机		电磁阀一般符号	
火花塞		天线电动机		常开电磁阀	
电压调节器		门窗电动机		常闭电磁阀	
串励绕组		座椅安全带装置			

表1-5　常用的警告灯和指示灯标志

序号	图形或文字符号	说　明	序号	图形或文字符号	说　明
1	(点火开关图示 0-1-2-3)	点火开关（4档）： 0—OFF 或（S）　锁止转向盘 1—ACC 或（A）　附件（收音机） 2—IGN 或（M）　点火、仪表 3—START 或（D）　起动	9	WATER / OVER HEAT	冷却液温度表：冷却液温度过高时警告灯亮
2	(点火开关图示 0-1-2)	点火开关（3档）： 0—OFF 或 STOP　锁止 1—ON 或 MAR　工作 2—ST 或 AVV　起动	10	OIL-P	机油压力警告灯、机油压力表：当润滑油压力过低时，灯亮
3	(点火开关图示 0-1-2-3-4)	柴油发动机汽车电源开关： 0—OFF　断开 1—ON　接通 2—START　起动 3—ACC　附件 4—PREHEAT　预热	11	FUEL	燃油表：燃油不足时警告灯亮
4	(点火开关图示 0-1-2-3-4)	点火开关（5档）： 0—LOCK　锁定转向盘 1—OFF　断开 2—ACC　附件 3—ON　通 4—START　起动	12	(柴油机停供图示)	柴油机停止供油（熄火）拉杆（钮）标志
5	CHECK	发动机故障码显示灯（自诊断）：电控发动机喷油与点火的传感器与计算机出故障时灯亮，通过人工或仪器可将故障码调出，迅速查明故障	13	P　PKB	停车制动指示灯在驻车制动起作用时灯亮
6	(阻风门图示)	喷油器阻风门关闭指示：冷车起动时阻风门关闭，指示灯亮，起动后应及时打开阻风门，否则发动机冒黑烟	14	(!)　BRALE AIP	制动气压低报警：制动液液面低、制动系统故障时警告灯亮
7	(节气门图示)	节气门关闭时灯亮	15	r/min　RPM	发动机转速表（TACHO METER） 发动机转速表能指示快怠速、经济转速与换档时机、额定转速，用途很多
8	VOLT / AMP / CHARGE　电压表 电流表	蓄电池充电指示灯：发电机不充电时灯亮，正常充电时灯灭	16	km/h	车速表（SPEED）
			17	20:08	数字显示时钟
			18	COOLANT LEVEL / WATER LEVEL	冷却液液位指示灯：当冷却系统液面低于规定值时，灯亮报警
			19	(机油油面图示)	机油油面指示灯：当发动机润滑油量少于规定值时，灯亮报警
			20	(机油温度图示)	机油温度过高警告灯：润滑油温度超过规定值时，警告灯亮

(续)

序号	图形或文字符号	说　明	序号	图形或文字符号	说　明
21	kPa	真空度指示灯	31	BEAM	前照灯远光高光束（HIGH BEAM）
22	SRS	安全气囊指示灯：安全气囊装在转向盘毂内和仪表板内，当汽车受到碰撞时气囊引爆、膨胀，将乘员挤靠到座椅靠背上，减轻伤害	32		前照灯近光：夜间会车时使用，防止炫目
23	TRAC	牵引力控制指示灯	33		灯光开关指示：可接通示廊灯、尾灯、仪表灯（亮度旋钮）、牌照灯等，前照灯接通常在此开关的第1档
24	CRUISE	巡航（恒速行驶）指示灯：设定某一车速以后，计算机根据车速变化自动控制节气门开度，使车速保持在设定范围内，装置起作用时灯亮，有故障时显示故障码	34		汽车示廊灯开关指示
			35	P	驻车制动灯开关指示：驻车制动起作用时，该指示灯亮
25	AIR SUSP	电子调整空气悬架指示灯：根据驾驶条件自动控制悬架中起弹簧作用的空气，改变弹簧刚度与减振力以抑制车辆侧倾，制动时前部栽头，高速时后身下坐，保持乘坐舒适性和操纵性，指示灯显示车身高度变化。HIGH—高度调整；NORM—正常	36		后雾灯开关指示灯：必须在前雾灯已亮的前提下使用，正常行驶时应关闭此雾灯
			37		前雾灯开关指示
			38	TEST	指示灯、警告灯灯泡好坏的检查开关
			39	R	倒车灯（后灯）开关
26	O/D OFF	OVER/DRIVE，超速开关装在变速杆上，按下此开关，变速器换入超速档；再按一下此开关，变速器退出超速档，同时O/D OFF 灯亮	40		室内灯（顶灯）开关指示
			41	PASS L HI LO R	转向灯开关与超车灯开关： L—左转向 R—右转向 PASS—瞬间远光（超车信号） HI—常用远光 LO—定位中间档
27	VOLT	电压表：12V 电系量程为 10~16V，24V 电系量程为 20~32V			
28	EXP TEMP	排气温度过高报警（大于750℃）			
29		转向信号灯：L—左转向；R—右转向	42		旋转灯标志，警车、急救护车、消防车的车顶旋转警告灯开关标志
30	△	危险警告指示灯：当汽车遇到交通事故要呼救或需要别的车回避时，左、右转向灯齐闪，正常行驶时不用	43	BELT	安全带指示灯：当点火开关接通，安全带未系时灯亮或伴有蜂鸣

(续)

序号	图形或文字符号	说　　明	序号	图形或文字符号	说　　明
44	HEAT GLOW	电热预温塞指示灯：常温下起动亮0.3s，可直接起动；低温起动前亮3.5s，表示"等待预热"，灯灭可起动	54	kPa	空气滤清器堵塞指示灯
45	GLOW	预热塞（电热或火焰预热塞）指示灯：常温下起动亮0.3s，可直接起动；低温起动前亮3.5s，表示"等待预热"，灯灭可起动	55		液力变矩器开关指示
			56		柴油粗滤器中积水超限警告灯
46	DIFF LOCK	差速锁连锁指示灯：车辆转弯时必须脱开	57	HORN	喇叭按钮标志
47		排气制动指示灯：下长坡时，堵住排气管，利用发动机阻力使汽车减速，踩离合器和加速踏板时自动解除	58		点烟器标志：按下点烟器手柄即接通电路，发热体烧红后（约几秒）自动弹出，可供点烟用
			59		发动机舱盖开启拉手指示
48	EXH·BRAKE	排气制动指示：排气管堵住起制动作用时灯亮（与47项相同）	60	TRUNK	行李舱盖开启拉手或电动按钮指示
49		蓄电池液面指示灯：当液面低于规定值时灯亮	61	DOOR	门未关警告灯，在仪表板上设此灯
50		拖车制动指示灯	62		座垫加热指示灯
51		制动蹄片磨损超限警告灯	63		室内灯门控档，当门关严后室内灯灭，此外还有手控长明档（ON）及断开档（OFF）
52	ABS	防抱死制动指示灯：钥匙在起动档或车速在5～10km/h时应亮 ABS能在紧急制动和滑溜路面制动时控制4个车轮油缸的油压，防止车轮抱死。ABS出现故障时警告灯亮，并可显示故障码（用工具）	64	P R N D 2 L	自动变速器档位指示灯： P—停车制动 R—倒档 N—空档 D—前进档，自动在 1⇌2⇌3⇌4 档间变速 2—锁定档，自动在 1⇌2 档间变速，上、下陡坡用 L—低档，只允许1档行驶，上、下陡坡用
53		分动器前桥接入指示灯：用于越野车全驱动时，灯亮			

(续)

序号	图形或文字符号	说　明	序号	图形或文字符号	说　明
65	ECTPWR	电控自动变速器有两种已编好程的换档方式，即正常模式（Normal）和动力模式（Power），用开关选择动力模式时，指示灯亮	77	HEAT	空调系统加热（吹脚）档
66		增热器开关指示灯、除霜线指示灯和开关指示灯：常为后窗炭粉加热	78	BI-LEVEL	空调系统双层（上冷下热）档
67		风窗玻璃刮水开关指示	79	DEF-HEAT	空调系统除霜与吹脚（加热）档
68	WASHER	风窗玻璃洗涤开关指示	80	DEF	风窗除霜、除雾指示
69		风窗玻璃刮水洗涤开关指示：OFF—断开　INT—间歇　LO—低速　HI—高速	81	Outside	车外新鲜空气循环风道开启指示（FRESH）
70		后窗玻璃刮水指示灯和开关标志	82	Inside	车内空气循环风道开启指示（REC）
71		后窗玻璃洗涤开关指示	83		驾驶室锁止：可倾翻的驾驶室回位时没有到达规定的锁止状态，警告灯亮
72		前照灯刮水洗涤开关指示	84	EXH TEMP	排气温度超过一定限度时此灯亮
73		车门玻璃升降开关：UP—升起；DOWN—降下	85		后视镜加热指示
74	A/C	空调系统制冷压缩机开启指示	86		后视镜镜面上下调节与左右调节开关标志
75	FAN	空调系统鼓风机指示	87	AIR MPa	空气压力表：常用于气压制动系统中双管路气压的指示
76	VENT	空调系统通风（吹脸）档	88		空气滤清器堵塞信号警告灯

2. 导线的标记

在汽车电路图中，每根导线都有线束标记，如导线上标有"W/R"，则表示该导线为白色基色带红色条纹的导线。由于各国的母语不同，故线束标记有所不同。我国与美国、日本等国均采用英文字母缩写形式，而德国则采用德文字母。电路图中导线的颜色代号见表 1-6。随着汽车用电设备的增多，导线的数量也不断增加，为了维护及安装方便，除各线束间的插接器不同外，各用电设备之间线束中的导线颜色也是不同的。这样，当汽车电路出现故障时，根据电路图上导线的标注，就可以很方便地从线束中找到相应的导线。

表 1-6　电路图中导线的颜色代号

颜色名称	黑色	棕色	红色	橙色	黄色	绿色	蓝色	紫色	灰色	白色	粉红	金黄	青绿	银白	绿/黄
字母代码	BK	BN	RD	OG	YE	GN	BU	VT	GY	WH	PK	GD	TQ	SR	GNYE
德文代号	Sw	Br	Ro	—	Ge	Ga	Bl	—	Gr	Ws	Li				

3. 如何阅读电路图

汽车全车电路图一般较为复杂，在利用全车电路图进行系统分析时，首先应对全车电路大致了解，再根据各个系统的工作原理分析电路系统的故障，这样才能准确、及时地将故障排除。

（1）回路原则

对于全车电路来说，所有的用电设备都是并联的，任何一个电路系统都是一个完整的电气系统，即闭合回路。它包括电源、开关、熔丝、用电设备、导线等，并从电源正极→熔丝→开关→用电设备→搭铁→电源负极。

（2）注意正极线与搭铁线

同一电路中可能有多条正极线，但有的正极线与蓄电池正极直接相连，而有的正极线由点火开关控制，只有点火开关接通后，该正极线才能有"火"，还有的正极线经继电器等控制，如大众、奥迪发动机电路中的 87 号线。有的正极线由相关控制单元提供，如大众车型里的室内开关照明电源线 58S。在电路图中有很多搭铁线，但搭铁部位不同。

（3）注意继电器和用电设备的开关

多数开关控制正极线，而有些开关则控制搭铁线。有些继电器和开关的触点是常开的，而有些继电器和开关的触点是常闭的。

（4）逆电流流动方向判断控制流程

在复杂电路里不能直接体现出用电设备的正极线、熔丝，需要逆电流流动方向找出用电设备控制单元，从而找出接收相应信号的控制单元，如此理清它们之间的网络连接。

复 习 题

一、填空题

1）在所有开关中，点火开关最为重要，它控制着_____、_____、_____以及绝大多数的辅助电气设备。

2）常用的电路保护装置有_____和_____两种。

二、选择题

1）一般情况下，白色的熔丝代表额定电流为（　　　）。
A. 10A　　　　　B. 15A　　　　　C. 20A　　　　　D. 25A

2）电路保护装置中最常见的是（　　　）。
A. 继电器　　　　B. 开关　　　　　C. 熔丝　　　　　D. 断电器

3）下面哪个电气保护装置在温度过高时断开，温度降低时闭合？（　　　）
A. 继电器　　　　B. 开关　　　　　C. 熔丝　　　　　D. 热敏熔丝

项目二 电源系统

学习任务一 认识蓄电池结构类型及工作原理

情境引入

孙女士爱车蓄电池损坏,到4S店更换蓄电池。

孙女士:我的爱车刚用两年怎么蓄电池就坏了?

技师刘:这可能与您的使用习惯有关。在发动机不起动的时候,长时间使用车上的用电设备或起动时连续起动时间过长都会让蓄电池亏电,如果长期处于亏电状态,最终导致的结果就是蓄电池寿命缩短。

孙女士:蓄电池在汽车上主要的作用是什么?

学习目标

1)熟悉蓄电池的作用及结构。
2)熟悉蓄电池的容量及影响因素。
3)了解新型蓄电池的特点。

要让车辆中的发动机运行,必须首先起动它。驾驶人使用曲柄努力起动发动机的时代已经一去不返了,现在都是由车辆蓄电池(起动机蓄电池)承担这个工作。车辆蓄电池是车辆不可缺少的部件,它可以确保发动机起动,为每个用电设备提供电能,在电能充足时进行储存,需要时给系统供电。

尽管铅酸蓄电池的发明已经超过了150年,但蓄电池的研究并没有停滞不前。特别是伴随着电动混合动力驱动方案的推广,蓄电池在汽车中占据着越来越重要的位置。

一、蓄电池的作用与分类

蓄电池(俗称"电瓶")是一种将化学能转变为电能的装置,是可逆的低压直流电源。蓄电池放电时,将其储存的化学能转变为电能;蓄电池充电时,将电能转变为化学能储存起来,直至化学能储存满时充电结束,如图2-1所示。

汽车上装有蓄电池和发电机两个直流电源,蓄电池和发电机并联,共同向全车用电设备供电。在发动机正常工作时,由发电机向全车用电设备供电,与此同时,蓄电池处于充电状态,由发电机给蓄电池充电。

1. 蓄电池的作用

1）在发动机起动时，蓄电池给起动机提供大电流，同时向点火系统、燃油喷射系统及发动机其他用电设备供电。

2）当发电机不工作时，由蓄电池向用电设备供电。

3）当发电机正常发电时，蓄电池将发电机的电能转变为化学能储存起来（即充电）。

4）当发电机过载时，蓄电池协助发电机向用电设备供电。

5）当取下车钥匙时，由蓄电池向时钟、发动机及其他控制单元、音响系统及防盗报警系统等供电。

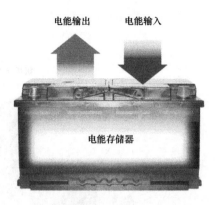

图 2-1　蓄电池工作原理示意图

6）蓄电池还可以吸收电路中的瞬间过电压，保持汽车电气系统电压的稳定，保护电子元件。

汽车上使用的蓄电池主要是为了满足起动机的需要，因此通常称为起动型蓄电池。起动型蓄电池在短时间内可提供强大的起动电流（一般为 200～600A，最大可达 1000A）。根据电解液的不同，蓄电池有酸性蓄电池和碱性蓄电池之分，铅酸蓄电池结构简单，起动性能好，价格低廉，因此主要在大多数汽车上使用。本学习任务主要介绍铅酸蓄电池。

2. 蓄电池的分类

目前，汽车上使用的蓄电池有两类：铅酸蓄电池和镍碱蓄电池。铅酸蓄电池分为普通蓄电池、免维护蓄电池、干荷蓄电池及胶体蓄电池等；镍碱蓄电池有铁镍蓄电池和镉镍蓄电池等。铅酸蓄电池具有价格便宜、内阻小等特点，在大多数汽车上使用。镍碱蓄电池具有容量大、使用寿命长、维护简单等优点，但价格昂贵，目前只在少数汽车上使用。

二、铅酸蓄电池的构造

普通铅酸蓄电池主要由极板、隔板、电解液、壳体、联条和极柱等部分组成。蓄电池由若干单体组成，12V 蓄电池由 6 个单体组成，每个单体电池电压为 2.1V，如图 2-2 所示。

1. 正、负极板

极板是蓄电池的核心部分，分为正极板和负极板，均由栅架和填充在其上的活性物质构成，如图 2-3 所示。蓄电池充放电过程中，电能与化学能的相互转化依靠极板上的活性物质与电解液中的硫酸进行化学反应来实现。正极板上的活性物质是二氧化铅（PbO_2），呈深棕色，负极板上的活性物质是海绵状纯铅（Pb），呈绿灰色。

栅架的作用是容纳活性物质并使极板成形，一般由铅锑合金铸成，铅锑合金中锑的质量分数为 5%～7%。加入锑是为了提高栅架的机械强度并改善浇铸性能，但其副作用是会引起蓄电池自放电和栅架腐蚀，缩短蓄电池的使用寿命。

因为正极板附近的化学反应剧烈，所以蓄电池的使用寿命主要决定于正极板。因此，正极板设计得比负极板厚。国产正极板厚度为 2.2mm，负极板厚度为 1.8mm。进口蓄电池普遍采用薄型极板，厚度为 1.1～1.5mm。薄型极板在相同体积的情况下可以提高蓄电池的容量并改善蓄电池起动性能。

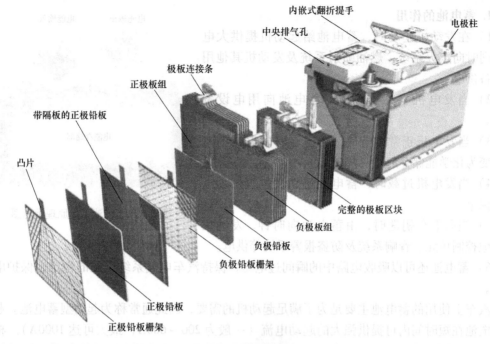

图 2-2 蓄电池结构

为增大蓄电池的容量,常将多片正、负极板分别并联组成正、负极板组,装在单格内,如图 2-4 所示。

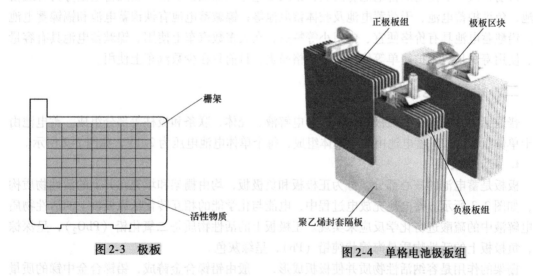

图 2-3 极板　　　　　　　　图 2-4 单格电池极板组

2. 隔板

为了减小蓄电池内阻和尺寸,蓄电池内部正、负极板应尽可能地靠近,但为了避免彼此接触而短路,正、负极板之间要用隔板隔开。隔板材料应具有多孔性和渗透性,且化学性能稳定,即具有良好的耐酸性和抗氧化性。常用的隔板材料有木质隔板、微孔橡胶、玻璃纤维和纸板等。

3. 电解液

电解液由密度为 1.84g/cm³ 的纯硫酸与蒸馏水按一定比例配制而成，其密度一般为 1.24~1.31g/cm³（电解液温度为 25℃ 时）。另外，电解液的纯度也是影响蓄电池性能和使用寿命的重要因素。

4. 壳体

蓄电池的壳体是用来盛放极板和电解液的容器，应采用耐酸、耐热、抗振、绝缘性良好并且有一定机械强度的材料制成，一般采用橡胶或塑料制成，如图 2-5 所示。

壳体为整体式结构，壳体内部由 6 个互不相通的单格组成，底部有凸起的肋条以搁置极板组。肋条之间的空间用来储存脱落下来的活性物质，以防止在极板间造成短路。极板装入壳体后，上部用与壳体相同材料制成的电池盖密封。每个单格的顶部有一个加液孔，用于添加电解液和蒸馏水，也用于检查电解液液面的高度和测量电解液的密度等。加液孔盖和盖板上设有排气孔，以使蓄电池化学反应中产生的气体能随时逸出。

5. 联条

联条的作用是将单格电池串联起来，以提高整个蓄电池的端电压。普通蓄电池联条的串接方式一般是外露式，而新型蓄电池联条的串接方式是穿壁式，如图 2-6 所示。

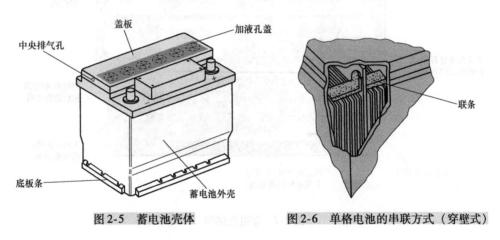

图 2-5 蓄电池壳体   图 2-6 单格电池的串联方式（穿壁式）

三、蓄电池的型号及铭牌

1. 蓄电池的型号

蓄电池的型号表示方法及含义如下。

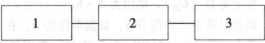

第 1 部分表示串联的单体蓄电池数，用阿拉伯数字表示，其额定电压为这个数字的 2 倍。

第 2 部分表示蓄电池用途和结构特征，用两个汉语拼音字母表示。一般第一个字母是蓄电池用途代号，Q 表示起动用铅蓄电池，M 表示摩托车用铅蓄电池。第二个字母为蓄电池的结构特征代号，如：A—干荷电式，W—免维护，H—湿荷电式，M—密封式，J—胶体式。

第 3 部分表示蓄电池额定容量和特殊性能，我国目前规定采用 20h 放电率的额定容量，单位为 A·h，用数字表示，特殊性能用字母表示。

例如：

6-QA-105——表示由 6 个单体蓄电池组成，额定电压为 12V，额定容量为 105A·h 的起动型干荷电蓄电池。

6-QAW-100——表示由 6 个单体蓄电池组成，额定电压为 12V，额定容量为 100A·h 的起动型干荷电免维护蓄电池。

2. 蓄电池的铭牌

随着蓄电池制造技术的不断完善和成熟，其铭牌所包含的信息量也越来越大，如图 2-7 所示。严禁撕下蓄电池标签。它们是确保蓄电池安全的组成部分，减少了蓄电池气体从外部被静电放电点燃的危险。

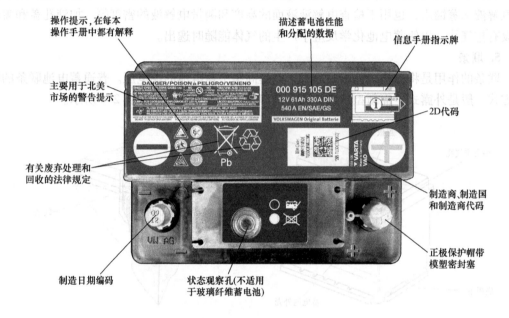

图 2-7 蓄电池铭牌

（1）描述蓄电池性能和分配的数据

000 915 105DE　　　汽车原厂备件编号
12V　　　　　　　　蓄电池电压，单位为 V
61 A·h　　　　　　额定电容（C_{20}），单位为 A·h
330 A DIN　　　　　低温试验电流根据 DIN，数据单位为 A，在 -18℃ 情况下
540 A EN/SAE/GS　 低温试验电流根据 EN、SAE 和 GS，数据单位为 A，在 -18℃ 情况下

缩写说明：

DIN：德国标准化协会。

EN：欧洲标准。

SAE：美国汽车工程师学会。

GS：海湾标准（相当于波斯湾沿岸国家的标准）。

(2) 制造商、制造国和制造商代码

蓄电池标签上存在不同编码形式的制造商数据，如图 2-8 所示。

VARTA   制造商名称
Made in Germany（德国制造）   制造国家
VAO 加密的 Varta   制造工厂名称（制造商代码）

(3) 蓄电池 2D 代码

在所有蓄电池上，都存在其独有的 2D 代码，如图 2-9 所示。

2D 代码具有以下目的：

① 通过将这个车辆独有的代码与车辆识别号（VIN = Vehicle Identification Number）归档到一个数据库中，将工厂中制造的蓄电池固定分配到相应的车辆上。

② 可追溯蓄电池制造方式和方法。

③ 在召回活动中，可立即知道涉及的车辆。

通过连接到蓄电池测试仪的扫描仪扫描 2D 代码并随后在蓄电池测试仪中进行分析，通过这个方式可以快速识别蓄电池。

2D 代码加密了很多信息，例如备件编号、制造日期、制造代码、制造工厂国际代码数字（DUNS）、组件编号、蓄电池技术标识、电容、低温试验电流。

图 2-8 制造商、制造国和制造商代码   图 2-9 蓄电池 2D 代码

(4) 制造日期编码

蓄电池上的制造日期，可以采用从上部敲击嵌入负极的方式，也可以采用在负极区域压入塑料中的方式。代码样式为日历周/年，如图 2-10 所示。

(5) 制造日期代码

蓄电池端盖前侧贴有一张彩色贴签，上面有一个字母，如图 2-11 所示。这个贴签以加密的形式显示制造日期代码、生产年份和季度。这个贴签是为经销商设计的，作为使用 FiFo 原理的说明。当前汽车制造厂商蓄电池允许的存放时间为 15 个月。尽管比旧蓄电池的存放时间长 3 个月，但还是要保管好蓄电池，不要超过允许的存放时间，因此，蓄电池的存放必须遵循 FiFo 原则。FiFo 是 First in First out 的缩写，先进先出的意思。

FiFo 原则指的是，首先存放的元件也首先从仓库提走的存放方法。根据这个存放原则，始终先取出仓库中存放时间最长（或最旧）的蓄电池。

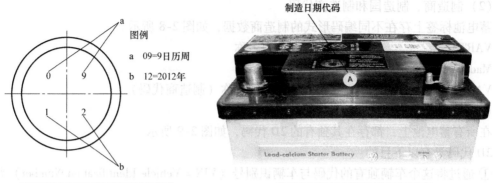

图2-10 蓄电池制造日期编码　　　图2-11 蓄电池制造日期代码

（6）信息手册指示牌

如图2-12所示，蓄电池正极上方的信息手册指示牌指明，在一个塑料袋中有一本信息手册。塑料袋粘贴在蓄电池前侧。

（7）信息手册

蓄电池信息手册位置如图2-13所示，内容包含有关使用蓄电池的重要提示、安装说明和应用表格。在自动起停系统的蓄电池中不存在这个应用表格。

因为信息手册包含安全相关的提示，所以必须保留在蓄电池上，这样可确保之后在其他地方使用蓄电池时（例如由于外部再充电拆下蓄电池），遵守必要的警告提示和安装信息。因此，信息手册应放在一个质地较好、可重复密封的透明塑料袋中。

 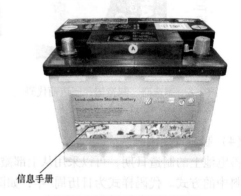

图2-12 蓄电池信息手册指示牌　　　图2-13 蓄电池信息手册位置

四、蓄电池的工作原理

1. 电动势的建立

当极板浸入电解液时，在负极板处金属铅受到两方面的作用：一方面它有溶解于电解液的倾向，因而有少量铅进入溶液，生成Pb^{2+}，在负极板上留下两个电子$2e^-$，使负极板带负电；另一方面，由于正、负电荷的相互吸引，Pb^{2+}有沉附于极板表面的倾向。当两者达到平衡时，溶解便停止，此时极板具有负电位，约为$-0.1V$。

正极板处，少量PbO_2溶入电解液，与水生成$Pb(OH)_4$，再分离成4价铅离子和氢氧

根离子，即

$$PbO_2 + 2H_2O \rightarrow Pb(OH)_4$$
$$Pb(OH)_4 \rightarrow Pb^{4+} + 4OH^-$$

其中，溶液中的 Pb^{4+} 有沉附于正极板的倾向，使正极板呈正电位，同时由于正、负电荷的吸引，极板上 Pb^{4+} 有与溶液中 OH^- 结合，生成 $Pb(OH)_4$ 的倾向，当两者达到动态平衡时，正极板的电极电位约为 $+2.0V$。

因此，当外电路未接通时，蓄电池的静止电动势约为 $2.1V$。

2. 蓄电池的放电、充电

蓄电池极板上的活性物质和电解液之间发生的电化学反应是可逆的，因此蓄电池是一个可逆电源。铅酸蓄电池充、放电时，总的电化学反应方程式为

$$2PbSO_4 + 2H_2O \underset{放电}{\overset{充电}{\rightleftharpoons}} PbO_2 + 2H_2SO_4 + Pb$$

蓄电池放电时，在放电过程中，正、负极板上的活性物质都转化为 $PbSO_4$，同时电解液中的 H_2SO_4 转化为 H_2O，电解液的密度不断下降，蓄电池电压降低，内阻增大，容量减小，蓄电池内部的化学能转化为电能供给用电设备。

理论上，放电过程应进行到极板上的活性物质全部变为硫酸铅为止。而实际上这是不可能的，因为放电过程生成的 $PbSO_4$ 沉附于极板表面，电解液不能渗透到活性物质的最内层。使用中，所谓放完电的蓄电池，实际上只有 20%～30% 的活性物质变成了硫酸铅，因此采用薄型极板增加多孔率，提高极板活性物质的利用率是蓄电池工业的发展方向。

蓄电池在充电过程中，正、负极板上的 $PbSO_4$ 将逐渐恢复为 PbO_2 和 Pb，电解液中 H_2SO_4 逐渐增多而 H_2O 逐渐减少，电解液相对密度上升，蓄电池电压升高，内阻减小，容量增大。

当充电接近终了时，正、负极板上的 $PbSO_4$ 都分别转化为 PbO_2 和 Pb，这时如果继续充电，那么将引起 H_2O 电解，即

$$2H_2O \rightarrow 2H_2\uparrow + O_2\uparrow$$

五、蓄电池的容量及影响因素

1. 蓄电池的容量

蓄电池的容量用于标志蓄电池对外放电的能力，是衡量蓄电池性能优劣以及选用蓄电池的最重要标志。

蓄电池的容量是指在规定的放电条件下，完全充足电的蓄电池所能提供的电量，用 C 表示，单位为 $A \cdot h$(安·时)。容量等于放电电流与持续放电时间的乘积，即

$$C = I_f t_f$$

式中 C——蓄电池容量（$A \cdot h$）；

　　　I_f——放电电流（A）；

　　　t_f——放电持续时间（h）。

蓄电池的容量分为 20h 放电率额定容量、起动容量、储备容量等。这里只介绍常用的 20h 放电率额定容量，简称额定容量。

完全充电的蓄电池，在电解液温度为 25℃ 时，以 20h 放电率的电流（放电电流为 $0.05C_{20}$）连续放电直到单体电压降到 1.75V 为止，蓄电池所输出的电量称为额定容量，用 C_{20} 表示。额定容量是蓄电池设计容量，是蓄电池性能的重要标志之一。例如，6-Q-105 型蓄电池"105"就是额定容量，是在电解液平均温度为 25℃ 时，以 5.25A 的电流连续放电 20h 后，单体端电压降至 1.75V 时得到的。

2. 影响蓄电池容量的因素

蓄电池容量与许多因素有关，如结构因素和使用因素。在结构方面，如增大极板的面积、提高活性物质的多孔率等都可提高蓄电池的容量。而蓄电池在使用过程中，不同的使用条件对蓄电池容量的影响尤为重要。影响蓄电池的使用因素有以下几个方面。

（1）放电电流

放电电流越大，蓄电池容量越小，如图 2-14 所示。这是因为放电电流越大，单位时间所消耗的硫酸越多，极板空隙内硫酸消耗较快，造成空隙内电解液下降更快，电解液来不及渗入极板内部，且极板表面活性物质的空隙会很快被生成的硫酸铅所堵塞，致使极板内部大量的活性物质不能参加化学反应，因而蓄电池容量减小。

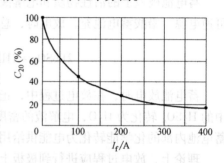

图 2-14　放电电流与蓄电池容量的关系

（2）电解液温度

电解液温度降低，蓄电池容量减小，如图 2-15 所示。这是因为温度降低时，电解液的黏度增加，渗入极板内部困难；同时温度低时，电解液电阻也增大，使蓄电池内阻增加，蓄电池端电压降低。由实验证明，温度每下降 1℃，缓慢放电时容量约减少 1%，迅速放电时容量约减少 2%。

温度对蓄电池容量影响较大，因此，冬季在寒冷地区使用蓄电池时，应特别注意蓄电池的保温。

（3）电解液的密度

适当增加电解液密度，可以减小电解液的内阻，提高电解液的渗透速度，使蓄电池容量增加。但密度过高将使电解液黏度增大，降低其渗透能力，增加内阻，导致端电压及容量下降。电解液相对密度和蓄电池容量的关系如图 2-16 所示。

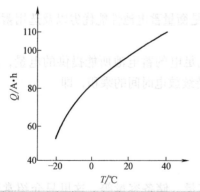

图 2-15　电解液温度与蓄电池容量的关系

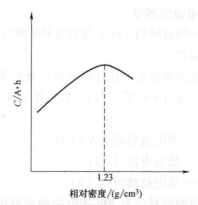

图 2-16　电解液相对密度和蓄电池容量的关系

实践证明，电解液密度稍低有利于提高放电电流和容量，有利于延长蓄电池的使用寿命。因此，冬季在保证电解液不结冰的前提下，尽可能采用稍低的电解液密度。

六、新型蓄电池

目前，在汽车上广泛使用的是在普通铅酸蓄电池的基础上改进的各种新型蓄电池。

1. 免维护蓄电池

免维护蓄电池又称为 MF 蓄电池，如图 2-17 所示，其含义是蓄电池在合理的使用期限内，无须进行日常维护或只需较少的维护，即在合理的使用期限内不需要补加蒸馏水，无须进行补充充电等维护作业。

（1）免维护蓄电池的结构特点

1）与普通铅酸蓄电池相比，免维护蓄电池主要是在极板栅架材料上做了重大的改进，采用了铅钙合金或低锑合金作为极板栅架。改进后，其自放电减少，耐过充电性能得到改善，减少了电解液中水的消耗。

图 2-17 免维护蓄电池

2）隔板采用袋式微孔聚氯乙烯隔板，将正极板包住，用来保护正极板上的活性物质不致脱落，防止极板短路，这样可取消壳体内底部的凸肋，使极板上部容积增大，提高了电解液的储存量。

3）加液孔盖上的通气孔采用新型安全的通气装置和气体收集器，可阻止水蒸气和硫酸气体通过。如蓄电池装在室内空间，就会有一条塑料软管接在通气孔上并引向室外。

对于无加液孔的全密封型免维护蓄电池，由于不能采用传统的密度计来测量电解液密度以判断其技术状况，为此，在这种免维护蓄电池内部一般装有一只小型密度计，如图 2-18 所示。通过顶端的检查孔观察（魔术眼）其颜色即可判断出蓄电池的技术状况。

① 绿色，表示蓄电池的技术状况良好。

② 黑色，表示电解液密度偏低，应对蓄电池进行补充充电。

③ 浅黄色，表示电解液液面过低，蓄电池已不能继续使用。

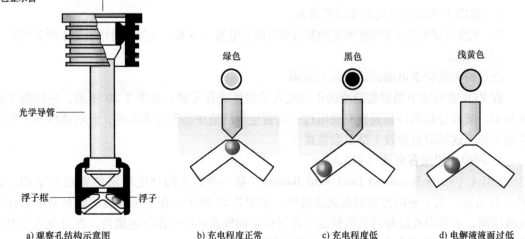

a) 观察孔结构示意图　　b) 充电程度正常　　c) 充电程度低　　d) 电解液液面过低

图 2-18 内装密度计的示意图

(2) 免维护蓄电池的优点

免维护蓄电池由于在极板材料和结构上做了很大的改进，因此与普通电池相比有以下一些优点。

1) 使用中（1~2年）不需要补加蒸馏水或很少补加蒸馏水。
2) 使用中（1~2年）不需要进行补充充电。
3) 使用寿命长。免维护蓄电池的使用寿命一般都在4年左右，为普通蓄电池使用寿命的2~3倍。
4) 极柱腐蚀小。免维护蓄电池由于加液孔盖的改进，不但能阻止电池中的硫酸和水蒸气的通过，还能保持其顶部干燥，因而减少了对蓄电池极柱的腐蚀。
5) 内阻小、起动性能好。免维护蓄电池由于单体电池间采用穿壁式连接，减少了蓄电池内阻，所以比普通蓄电池具有更好的起动性能。

2. 改进的免维护蓄电池（EFB）

目前带自动起停系统的车辆中可以使用改进的湿蓄电池。这种蓄电池类型可以从蓄电池盖上的"EFB"字样识别出来。EFB是英语Enhanced Flooded Battery（改善强化的免维护蓄电池）的缩写，如图2-19所示。

(1) 结构特征

改进的免维护蓄电池类似免维护蓄电池，但又增加了一些新的结构特征：

1) 更厚的负极格栅，有更高的耐腐蚀性，特别是在高电流负荷时。
2) 制造商使用了用于提高活性物质质量的措施。
3) 负极添加了碳，这改善了电流损耗，由此更容易充电。
4) 略微提高了含铅量。

(2) 优点

1) 免维护。
2) 使用寿命长。
3) 在直至 -25℃ 的情况下确保冷起动安全。
4) 深度放电安全。
5) 功率较高。
6) 适用于汽油发动机自动起停系统。
7) 充放电频率处于免维护蓄电池和玻璃纤维蓄电池（AGM）之间，价格也位于两者之间。

(3) 缺点

改进的免维护蓄电池的缺点是不防漏。

在EFB蓄电池中根据制造商的不同放入了惰性混合元素，如图2-20所示，它降低了酸液分层。酸液分层指的是频繁充放电过程时蓄电池溶液中出现的浓度差，此时硫酸集中在蓄电池下部，这同时也导致上部分酸液稀少。

3. 阀控式铅酸蓄电池（VRLA）

VRLA（Valve Regulated Lead Acid Battery）是一种具有固化电解液的蓄电池结构，如图2-21所示。其单格电池密封塞无法旋出，如图2-22所示。在无法拆装的密封塞中具有排气减压阀，它可以在出现过压的情况下将气体定向输送到中央排气通道内。在过充电情况下产生的 H_2 和 O_2 会在各个单格电池中再次转化为水。

图 2-19 改进的免维护蓄电池（EFB）

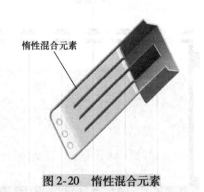

图 2-20 惰性混合元素

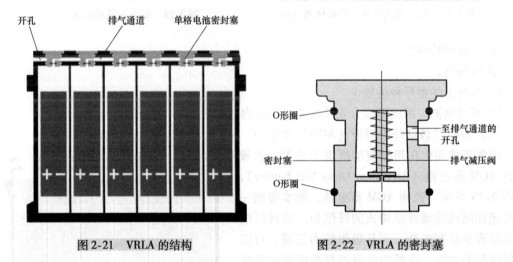

图 2-21 VRLA 的结构　　　　　　　图 2-22 VRLA 的密封塞

VRLA 的优点：免维护，因为不需要检查和加注电解液。

VRLA 的缺点：在发生过充电时，过量的气体会通过排气减压阀排出。这部分液体无法重新得到补偿，因此可能会对蓄电池造成持续性的损坏，所以，在充电时必须使用带 14.4V 充电电压限制装置的蓄电池充电器。

（1）胶体蓄电池

蓄电池通过在硫酸中加入硅酸溶胶，使电解液成为胶状物，如图 2-23 所示。根据胶体蓄电池的排气原理可知，它属于 VRLA。电解液中含有的磷酸能够提高循环稳定性（充电和放电过程的次数），从而有利于蓄电池在深度放电之后重新充电。蓄电池用一个盖板密封。无法拧出的单体电池密封塞和排气通道都内置在盖板中，如图 2-24 所示。胶体蓄电池不装配"魔术眼"。

1）胶体蓄电池的优点。

① 可防止电解液泄漏。

② 循环稳定性高（充电和放电过程的次数）。

③ 免维护。

④ 只产生很少量的气体。

2）胶体蓄电池的缺点。

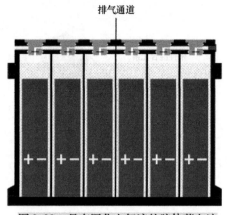

图2-23 具有固化电解液的胶体蓄电池

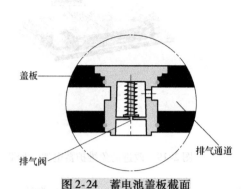

图2-24 蓄电池盖板截面

① 冷起动特性差。
② 价格高。
③ 市场上的型号种类较少。
④ 不耐高温，因此不适合安装在发动机舱内。

(2) 吸附式玻璃纤维隔板（AGM）蓄电池

电解液被固化在超细玻璃纤维中的蓄电池被称为AGM蓄电池（Absorbent Glass Mat Battery），如图2-25所示。说到AGM蓄电池，就要提到一种由超细网状玻璃纤维构成的纤维板。这种纤维板非常容易浸润硫酸，而且吸附能力很强，可以实现隔板的功能。全部的电解液都被吸附在纤维板上，因此，AGM蓄电池能够防止电解液泄漏。但是，当蓄电池外壳发生损坏时，电解液还是有可能出现少量的泄漏，范围在零至几毫升之间。

这种蓄电池用一块盖板封闭，单体电池密封塞和排气通道都内置在蓄电池盖板中，如图2-24所

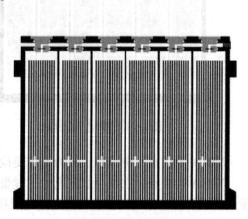

图2-25 AGM蓄电池

示。AGM蓄电池不装配"魔术眼"。根据这种蓄电池的排气原理可知，AGM蓄电池属于VRLA。为了满足一些特殊的要求，例如循环稳定性、冷起动或防泄漏，大众、奥迪、路虎等高端车型都开始采用AGM蓄电池。

1) AGM蓄电池的优点。
① 循环稳定性高（充电和放电过程的次数）。
② 可防止电解液泄漏。
③ 免维护。
④ 只产生很少量的气体。
⑤ 冷起动特性出色。

2) AGM蓄电池的缺点。
① 价格高。

② 市场上的型号种类较少。
③ 不耐高温，因此不适合安装在发动机舱内。

复 习 题

一、填空题

1）汽车上使用的电源有_____和_____两种。
2）影响蓄电池容量的常见因素有_____、_____、_____。

二、选择题

1）普通铅酸蓄电池主要由极板、（　　）、电解液、壳体、（　　）和极柱等部分组成。
   A. 隔板、突片　　B. 电极柱、突片　　B. 正极板组、电极柱　　D. 隔板、联条

2）6-QAW-105：表示由6个单体蓄电池组成，额定电压为（　　）V，额定容量为105A·h的（　　）蓄电池。
   A. 12V，起动型干荷免维护　　　　B. 6V，起动型干荷
   C. 12V，起动型干荷　　　　　　　D. 6V，起动型干荷免维护

3）蓄电池在充电的过程中，正、负极板上的（　　）将逐渐恢复为 PbO_2 和 Pb，电解液中 H_2SO_4 逐渐增多而（　　）逐渐减少，电解液相对密度上升。
   A. $PbSO_4$、H_2O　　B. H_2SO_4、H_2O　　C. $PbSO_4$、PbO_2　　D. H_2SO_4、PbO_2

学习任务二　检修发电机

情境引入

在汽车电气课堂上，师生对话。
学　生：王老师，汽车用交流发电机主要由哪几部分构成？其主要的作用是什么？
王老师：车用交流发电机主要由转子、定子、整流器3部分组成。它们的作用分别是建立磁场、产生三相交流电、交流变直流。
学　生：发动机带动交流发电机旋转，是怎么产生交流电的？

学习目标

1）熟悉交流发电机的结构。
2）能通过检查、测量诊断交流发电机内部故障。
3）熟悉交流发电机电动势的建立、整流过程和励磁方法。

随着汽车性能的不断提高，汽车上用电设备的数量越来越多，因此，要求有较大的输出功率，商用汽车发电机的功率为350W，奥迪、红旗轿车发电机的功率为1.2kW，随着48V电源在汽车上的使用，发电机的功率将提升至14kW。

汽车上所有的交流发电机大多为三相交流发电机，主要由三相同步交流发电机和硅二极管整流器组成，所以又称为硅整流发电机，简称交流发电机。目前汽车上所有的交流发电机，按调节器是否单独安装可分为两类：一类是调节器单独安装，称为普通硅整流发电机，此类发电机多数用于商用车；另一类是调节器安装在发电机内部，称为整体式硅整流发电机，此类发电机广泛用于乘用车型。

交流发电机在汽车上的位置如图2-26所示。

一、发电机的结构

汽车交流发电机主要由转子、定子、整流器、前端盖、后端盖、带轮及风扇等组成。图2-27所示为轿车所用的交流发电机的整体结构。图2-28所示为JF132型交流发电机的解体图。

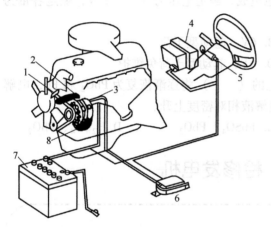

图2-26 交流发电机在汽车上的位置
1—V带 2—调整臂 3—发电机 4—仪表板
5—点火开关 6—调节器 7—蓄电池 8—支架

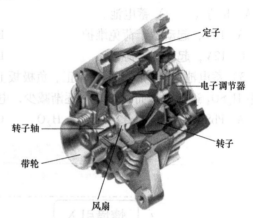

图2-27 轿车所用的交流发电机的整体结构

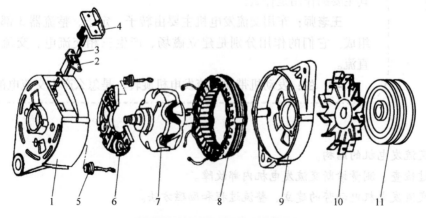

图2-28 JF132型交流发电机的解体图
1—后端盖 2—电刷架 3—电刷 4—电刷弹簧压盖 5—硅二极管
6—元件板 7—转子 8—定子 9—前端盖 10—风扇 11—带轮

1. 转子

交流发电机的转子是用来建立磁场的，主要由两块爪极、励磁绕组、转子轴和集电环等组成，如图2-29所示。两块爪极压装在转子轴上，在两块爪极的内腔装有导磁用的铁心，其上绕有励磁绕组。励磁绕组的两端引线分别焊在两个彼此绝缘的两个集电环上（与轴绝缘）。两个集电环与装在后端盖上的两个电刷相接触，这两个电刷引出的接线柱即发电机的"F"（"磁场"）接线柱和"—"（"E"或"搭铁"）接线柱。当发电机工作时，两个电刷与直流电源接通，便有电流通过励磁绕组（该电流称为发电机的励磁电流），在励磁绕组中生产磁场，使两块爪极被磁化为N极和S极，从而形成相互交错的N、S磁极。磁极的对数一般为4～8对，国产交流发电机的磁极对数多为6对。转子磁场的磁力线分布与磁场电路原理如图2-30所示。

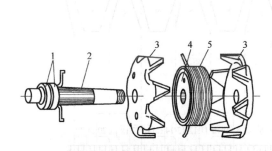

图2-29 交流发电机的转子
1—集电环 2—转子轴 3—爪极
4—磁轭 5—励磁绕组

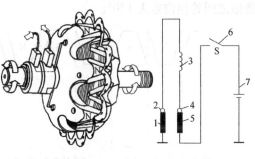

a) 磁场的磁力线分布　　b) 磁场电路原理

图2-30 转子磁场的磁力线分布与磁场电路原理
1、5—电刷 2、4—集电环 3—励磁绕组
6—点火开关 7—蓄电池

2. 定子

定子又称为电枢，是用来产生交流电动势的，由铁心和三相绕组组成。定子铁心由相互绝缘的内圆带槽的环状硅钢片叠加而成，定子槽内置有三相对称绕组，三相绕组的联结方法可分为星形（Y）联结和三角形（△）联结，目前大多数车用交流发电机采用星形（Y）联结。如大众、奥迪等轿车的交流发电机的定子绕组均采用星形（Y）联结；而雪铁龙轿车、北京切诺基轿车发电机定子绕组的联结方法采用三角形联结。定子及定子绕组的联结方式如图2-31所示。

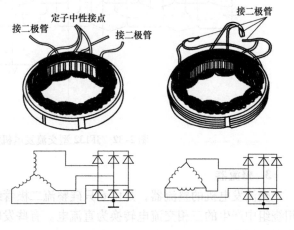

a) 星形联结　　b) 三角形联结

图2-31 定子及定子绕组的联结方式

在三相对称绕组中所生产的电动势是对称电动势，即电动势的大小相等、电位差相差120°（电角度），这样，为保证三相绕组中所产生的电动势是对称电动势，三相绕组在定子槽中的绕法必须满足以下两点。

1) 每个绕组线圈的个数、每个线圈的匝数、每个线圈的大小都必须相等，这样可保证每相绕组所产生的电动势大小相等。

2) 三相绕组的首端在定子槽内的排列必须间隔 120°［单位"度"俗称"电角度"，是"相位差"的单位，计量单位为 rad，1° =（π/180）rad］。

图 2-32 所示为 JF132 型交流发电机定子绕组的展开图。这种发电机有 6 对磁极，定子总槽数为 36 个槽，即一对磁极对应 6 个槽。当转子旋转时，转子磁场不断地和定子中的三相绕组做相对运动，在定子绕组中产生交流电动势。每转过一对磁极，定子绕组中的感应电动势就变化一个周期，即 360°，也就是每转过 6 个槽，定子中的感应电动势就变化 360°，所以每个槽对应 60°电角度。这样，要使三相绕组的首端相隔 120°，每相绕组的首端在定子槽中应相隔两个槽（或 8 个槽）。JF132 型发电机定子绕组的 3 个首端 U_1、V_1、W_1 依次放入第 1、9、17 三个槽中，而末端 U_2、V_2、W_2 则相应放入第 34、第 6、第 14 槽中，这时三相绕组之间的相位差为 120°。

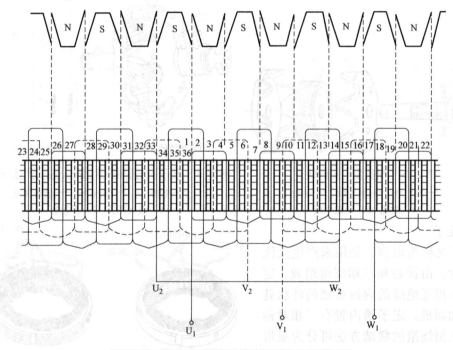

图 2-32　JF132 型交流发电机定子绕组的展开图

3. 整流器

交流发电机的整流器，是由 6 只硅整流二极管组成的三相桥式整流电路，其作用是将三相绕组中产生的三相交流电转换为直流电。有些发电机还有 3 个小功率励磁二极管和 2 个中性点二极管。

如图 2-33 所示，硅整流二极管分为正极管子和负极管子。压装在元件板上的 3 个二极管，引线为二极管的正极，外壳为二极管的负极，俗称"正极管子"，管底涂有红色标记。压装在后端盖上的二极管，引线为二极管的负极，外壳为二极管的正极，俗称"负极管子"，管子涂有黑色标记。3 个正二极管的外壳与元件板接在一起成为发电机的正极，用螺栓引至后端盖外部作为发电机的正极线接线柱，标记为"B"（"A"、"+"或"电枢"）；而 3 个负二极管的外壳与发电机的后端盖接在一起成为发电机的负极。元件板必须与后端盖绝缘，并固定在后端盖上，图 2-34 所示为交流发电机硅整流器实物。

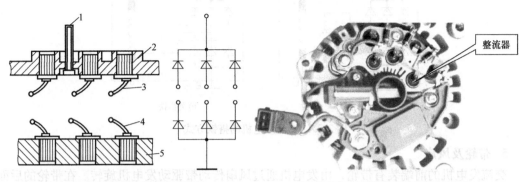

图 2-33　硅整流二极管的安装　　　　　图 2-34　交流发电机硅整流器实物
1—相线接线柱　2—元件板　3—正极管子
4—负极管子　5—后端盖

4. 端盖及电刷组件

前、后端盖的作用是支撑转子总成，并封闭内部构造。它是由非导磁材料铝合金制成的，漏磁少，并具有轻便、散热性能好等优点，如图 2-35 所示。

在后端盖内装有电刷组件，它包括电刷、电刷架和电刷弹簧。电刷架有两种形式（图 2-36）：一种是外装式，从发电机的外部拆下电刷弹簧盖板即可拆下电刷；另一种是内装式，需拆开发电机后才能拆下电刷。电刷通过弹簧与转子轴上的集电环保持接触。外装式电刷的拆装和更换在发电机外部即可进行，拆装检修方便，因此被广泛采用；内装式电刷若需更换电刷，则必须将发电机解体，由于拆装检修不方便，所以现在很少采用。

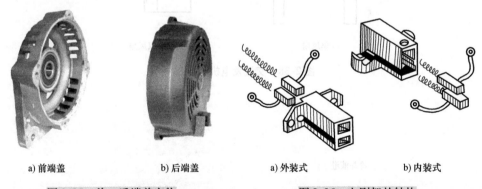

a) 前端盖　　　　b) 后端盖　　　　a) 外装式　　　　b) 内装式

图 2-35　前、后端盖实物　　　　　　图 2-36　电刷架的结构

交流发电机的搭铁形式分为内搭铁和外搭铁两种。内搭铁式交流发电机，励磁绕组的两端通过电刷分别引至发电机后端盖上的接线柱，分别称为"F"（或"磁场"）和"E"（或"搭铁"）接线柱，即励磁绕组的一端在发电机的外壳上直接搭铁，如图 2-37a 所示；外搭铁式交流发电机，励磁绕组的两端引至后端盖上的接线柱，分别称为"F_1"和"F_2"接线柱，且两个接线柱均与发电机的后端盖绝缘，励磁绕组需经调节器搭铁，如图 2-37b 所示。

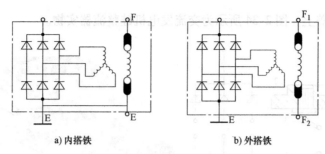

a) 内搭铁   b) 外搭铁

图 2-37 交流发电机的搭铁方式

5. 带轮及风扇

交流发电机的前端装有带轮，由发电机通过风扇传动带驱动发电机旋转。在带轮的后面装有叶片式风扇，前、后端盖上分别有出风口和进风口。当发动机带动发电机高速旋转时，可使空气流经发电机内部，对发电机进行冷却。图 2-38a 所示为奥迪轿车所用发电机上的单风扇。对于一些高档轿车，其发电机的功率大、体积小，为了提高散热强度，一般装有两个风扇，且将风扇叶直接焊在转子上，如图 2-38b 所示。在奥迪 A8 车上安装了日立公司的水冷发电机，如图 2-39 所示。

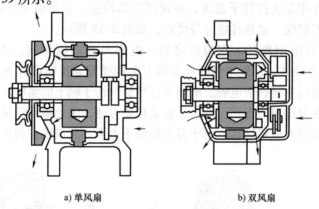

a) 单风扇   b) 双风扇

图 2-38 交流发电机的冷却

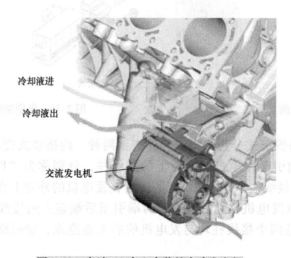

图 2-39 奥迪 A8 车上安装的水冷发电机

6. 交流发电机的型号

根据我国汽车行业标准 QC/T 73—1993《汽车电气设备产品型号编制方法》的规定，汽车交流发电机的型号组成如下。

| 1 | 2 | 3 | 4 | 5 |

第 1 部分为产品代号。交流发电机的产品代号有 JF、JFZ、JFB、JFW 四种，分别表示交流发电机、整体式交流发电机、带真空泵交流发电机和无刷交流发电机。

第 2 部分为电压等级代号。用 1 位阿拉伯数字表示：1—12V；2—24V；6—6V。

第 3 部分为电流等级代号。车用交流发电机的电流等级代号见表2-1。

第 4 部分为设计序号。按产品设计的先后顺序，用阿拉伯数字表示。

第 5 部分为变形代号。交流发电机以调整臂的位置作为变形代号。从驱动端看，Y 表示右边，Z 表示左；没有变形代号则表示无调整臂或调整臂处于中间位置。如果发电机被驱动的旋转方向为逆时针，则最后一个字母为 N。

表2-1　车用交流发电机的电流等级代号

电流等级代号	1	2	3	4	5	6	7	8	9
电流/A	~19	≥20~29	≥30~39	≥40~49	≥50~59	≥60~69	≥70~79	≥80~89	≥90

二、交流发电机的发电过程

1. 电动势的建立

交流发电机产生交流电的基本原理是电磁感应原理，具体地说，交流发电机是利用产生磁场的转子旋转，使穿过定子绕组的磁通量发生变化，在定子绕组内产生交流感应电动势。图 2-40 所示为交流发电机的工作原理图。

当励磁绕组有电流通过时，励磁绕组便产生磁场，转子轴上的两个爪极分别被磁化为 N 极和 S 极。当转子旋转时，磁极交替地在定子铁心中穿过，形成一个旋转的磁场，磁力线和定子绕组之间产生相对运动，在三相绕组中产生交流感应电动势。

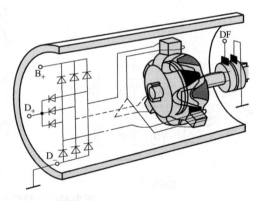

图 2-40　交流发电机的工作原理图

在交流发电机中，由于转子磁极呈鸟嘴形，其磁场的分布近似正弦规律，所以在发电机定子绕组中产生的交流感应电动势也近似正弦规律。

由于三相绕组在定子槽中是对称绕制的，所以在三相绕组中产生的三相电动势也是对称的。因此，在三相绕组中所产生的交流感应电动势可用下列方程式表示。

$$e_U = E_m \sin\omega t = \sqrt{2} E_\Phi \sin\omega t$$

$$e_V = E_m \sin(\omega t - 120°) = \sqrt{2} E_\Phi \sin(\omega t - 120°)$$

$$e_W = E_m \sin(\omega t - 240°) = \sqrt{2} E_\Phi \sin(\omega t - 240°)$$

式中 E_m——相电动势的最大值，单位为 V；
E_Φ——相电动势的有效值，单位为 V；
ω——电角速度（$\omega = 2\pi f$）；
t——时间。

发电机每相绕组所产生的电动势的有效值 E_Φ 为

$$E_\Phi = 4.44 K f N \Phi \ (V)$$

式中 K——定子绕组系数，一般小于1；
f——感应电动势的频率（Hz），且 $f = Pn/60$（P 为磁极对数，n 为转速，单位为 r/min）；
N——每相绕组的匝数；
Φ——磁极的磁通（Wb）。

由此可见，交流发电机的输出电压与频率、定子绕组的匝数及励磁绕组的磁通量成正比。

2. 整流过程

二极管具有单向导电性：当给二极管加正向电压（正极电位高于负极电位）时导通，二极管呈现低电阻状态；当给二极管加反向电压（正极电位低于负极电位）时截止，二极管呈现高电阻状态。利用二极管的这种单向导电性制成了交流发电机的硅整流器，使发电机产生的交流电转变为直流电。硅整流器实际上是一个由 6 只硅整流二极管组成的三相桥式整流电路，如图 2-41 所示。

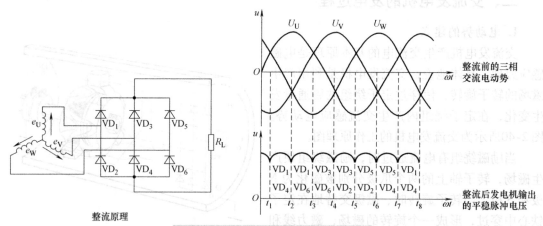

图 2-41 三相桥式整流电路的整流过程

三相桥式整流电路的整流原理如下。

1) 3 个正二极管（VD_1、VD_3、VD_5）的正极分别接在发电机的三相绕组的首端（U_1、V_1、W_1），而它们的负极同接在元件板上，因此，这 3 个正极管子导通的条件是，在某一瞬间，哪一相的电压最高（相对其他两相来说正值最大）则该相的正极管子就导通。

2) 3 个负二极管（VD_2、VD_4、VD_6）的负极分别接在三相绕组的首端，而它们的正极同接在后端盖上，因此，这 3 个负极管子的导通条件是，在某一瞬间，哪一相的电压最低（相对其他两相来说负值最大）则该相的负极管子就导通。

3) 在某一瞬间，同时导通的管子只有两个，即正、负管子各一个。

根据上述原则，其整流过程如下。

1)在 $t_1 \sim t_2$ 时间内,U 相电位最高,而 V 相电位最低,故 VD_1、VD_4 处于正向导通。R_L 两端得到的电压为 U、V 绕组之间的线电压。

2)在 $t_2 \sim t_3$ 时间内,U 相电位最高,而 W 相电位最低,故 VD_1、VD_6 处于正向导通。R_L 两端得到的电压为 U、W 绕组之间的线电压。

3)在 $t_3 \sim t_4$ 时间内,VD_3、VD_6 导通,R_L 两端得到的电压为 V、W 绕组之间的线电压。

依此类推,周而复始,在负载 R_L 两端上便可获得一个比较平稳的直流脉动电压。

有的发电机具有中性点接线柱,如图 2-42 所示。中性点接线柱是从三相绕组的末端引出来的,标记为"N",输出电压为 U_N。由于 U_N 是通过 3 个搭铁的负极管子整流后得到的直流电压(即三相半波整流),所以

$$U_N = \frac{1}{2}U$$

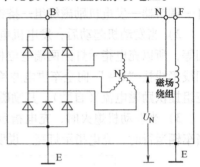

图 2-42 带中性点接线柱的交流发电机

中性点电压 U_N 一般用来控制各种用途的继电器,如磁场继电器、充电指示灯继电器等。实际上,对有些交流发电机来说,在三相绕组的中性点处接上两只中性点二极管与桥式整流器的正、负输出端相连,如图 2-43b 中,VD_7、VD_8 为中性点二极管。此种做法,当发电机高速运转时,可有效地利用中性点电压增加发电机的输出功率。实践证明,在交流发电机上采用中性点二极管后,输出功率可增加 10% ~15%。

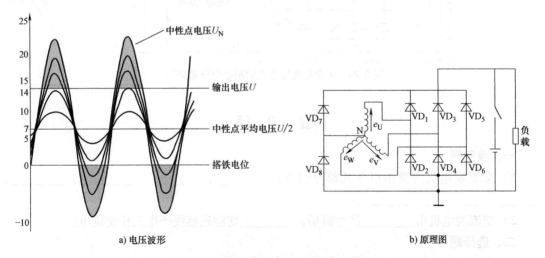

图 2-43 具有中性点二极管的整流电路

3. 励磁方法

交流发电机在无外接直流电源时,由于转子保留的剩磁很弱,所以在低速时仅靠剩磁产生的电动势(小于 0.6V)并不能使二极管导通,发电机也就不能发电。为了克服这一缺点,在发电机开始发电时采用了他励方式,即由蓄电池为励磁绕组提供励磁电流,以增强磁场,使发电机在低速转动时的电压能够迅速上升,从而实现发动机怠速时发电机向蓄电池充电。发电机向蓄电池充电时,励磁方式由他励转变为自励,即励磁电流由发电机自己提供。

简单地说,交流发电机的励磁方法是先他励,后自励。

图 2-44 所示为 9 管交流发电机的励磁电路原理图。9 管交流发电机增加了 3 个功率较小的硅二极管,专供励磁电流,称为励磁二极管,励磁二极管同时也控制充电指示灯。3 个励磁二极管与 3 个负二极管同样组成桥式整流电路,"D+"与正极线接线柱"B+"的电位相等。

其工作原理如下。

1) 当点火开关 S 接通时,其励磁电路(他励)为蓄电池正极—点火开关 S—充电指示灯—调节器—发电机励磁绕组—搭铁,这时充电指示灯亮,表示蓄电池放电。

2) 当发动机起动后,发电机电压高于蓄电池电压时,由于"D+"与"B+"的电位相等,所以充电指示灯因两端电位相等而熄灭,表示发电机正常发电。一方面,由发电机的相线接线柱"B+"向全车供电并给蓄电池充电;另一方面,通过"D+"为发电机的励磁绕组提供励磁电流(自励)。其励磁电路为 D+—调节器—发电机励磁绕组—搭铁。

3) 当发动机熄火时,充电指示灯亮,说明蓄电池在放电,提醒驾驶人关闭点火开关;当车辆运行时,充电指示灯亮,说明充电系统有故障,提醒驾驶人及时维修。

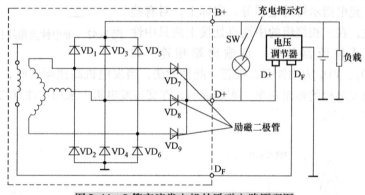

图 2-44 9 管交流发电机的励磁电路原理图

复 习 题

一、填空题

1) 交流发电机主要由以下几部分组成:_____、_____、_____、_____、_____、_____、_____。

2) 交流发电机由_____产生磁场,_____切割磁感线产生三相交流电。

二、选择题

1) 交流发电机的输出( )与频率、定子绕组的匝数及励磁绕组的磁通量成( )。
   A. 电压,反比   B. 电流,正比   C. 电压,正比   D. 电流,反比

2) 整流过程中,当给二极管加( )电压时导通,二极管呈现低电阻状态;当给二极管加反向电压时截止,二极管呈现( )状态。
   A. 正向,高电阻   B. 反向,低电阻
   C. 反向,高电阻   D. 正向,低电阻

3) 当点火开关 S 接通时,其励磁电路(他励)为( )—点火开关 S—充电指示

灯—（　　）—发电机励磁绕组—搭铁。

  A. 蓄电池正极、调节器　　　　　　B. D+、定子

  C. D+、调节器　　　　　　　　　　D. 蓄电池正极、定子

学习任务三　检修交流发电机调节器

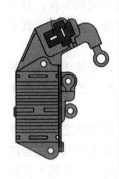

情境引入

故障现象：一辆2016款一汽-大众速腾轿车，行驶83000km，最近驾驶人反映蓄电池电解液消耗过快，几天就要加一次，同时停车时能闻到一股较大的酸性气味。

原因分析：停车检查，用手触摸蓄电池外壳感觉烫手，且在发动机转速为2000r/min时测得蓄电池充电电压为18V，明显是发电机输出电压过高，导致蓄电池过充电。充电电压过高，多数是由调节器故障引起。该发电机属于整体式交流发电机，更换调节器，故障排除。

学习目标

1）熟悉影响交流发电机输出电压的因素。

2）了解调节器的作用和原理。

3）能根据电路图检测、判断电源系统故障。

  由于交流发电机的转子是由发动机通过传动带驱动旋转的，且发动机和交流发电机的转速比为1.7~3，所以交流发电机转子的转速变化范围非常大，这样将引起发电机的输出电压发生较大的变化，无法满足汽车用电设备的工作要求。为了满足用电设备恒定电压的要求，交流发电机必须配用电压调节器，使其输出电压在发动机所有工况下保持恒定。

一、电压调节器的工作原理

  交流发电机的三相绕组产生的三相电动势的有效值 $E_\Phi = 4.44 K f N \Phi$，则交流发电机每相绕组电动势的有效值可写成

$$E_\Phi = Cn\Phi$$

  这里 C 为发电机的结构常数，n 为转子的转速，Φ 为转子的磁极磁通量。也就是说，交流发电机所产生的感应电动势 E 与转速 n 和磁极磁通量 Φ 成正比。当转速 n 升高时，要想使发电机的输出电压保持恒定，只能通过减少磁极磁通量 Φ 来实现。又因为磁极磁通量 Φ 与励磁电流 I_j 成正比，所以减小磁极磁通量也就是减少励磁电流 I_j。

  因此，交流发电机调节器的工作原理是，当交流发电机的转速 n 升高时，调节器通过减小发电机的励磁电流 I_j 来减小磁极磁通量 Φ，从而使发电机的输出电压保持不变。

二、电压调节器的分类

交流发电机调节器可分为触点式电压调节器、晶体管调节器和集成电路调节器。3 种调节器的基本原理都是以转速为基础,通过改变励磁电流来使发电机的输出电压保持恒定。

触点式电压调节器应用较早,这种调节器触点振动频率慢,存在极限惯性和电磁惯性,电压调节精度低,触点容易产生火花,对无线电干扰大,可靠性差,使用寿命短,现已被淘汰。

随着半导体技术的发展,通常采用晶体管调节器。其优点是晶体管的开关频率高,且不易产生火花,调节精度高,还具有质量轻、体积小、使用寿命长、可靠性高、无线电干扰小等优点,广泛应用于商用车。

集成电路调节器除具有晶体管调节器的优点外,还具有超小型的特点,安装于发电机的内部(又称为内装式调节器),减少了外接线,并且冷却效果得到了改善。它广泛应用于高、中、低档的乘用车。

由于交流发电机具有内搭铁、外搭铁之分,所以调节器也有内搭铁、外搭铁之分。在使用过程中,对于晶体管调节器,最好使用汽车说明书中指定的调节器,如果采用其他型号的调节器替代,除标称电压等规定参数与原调节器相同外,代用调节器必须与原调节器的搭铁形式相同,否则发电机可能由于励磁电路不通而不能正常工作。对于集成电路调节器,必须是专用的,是不能替代的。

三、晶体管调节器

晶体管调节器与内搭铁或外搭铁形式的发电机配套使用,也有内、外搭铁的区别,使用前一定要判断其搭铁形式,并与发电机相应的接线柱正确连接。图 2-45 所示为内搭铁式晶体管调节器的基本电路。

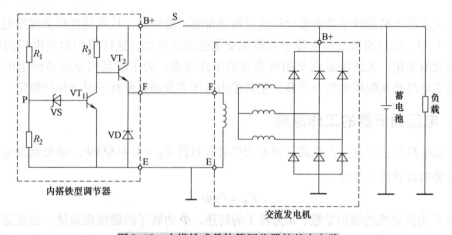

图 2-45 内搭铁式晶体管调节器的基本电路

该电路由 3 个电阻 R_1、R_2、R_3,两个晶体管 VT_1、VT_2,一个稳压管 VS 和一个二极管 VD 组成。电阻 R_1 和 R_2 串联组成一个分压器,接在发电机输出端 B + 与搭铁端 E 之间,直接监测发电机的输出电压 U_B,分压电阻 R 两端的电压 U_P 为

$$U_P = \frac{R_2}{R_1 + R_2} U_B$$

由上式可见，当发电机电压 U_B 升高时，分压电阻 R_2 上的电压 U_P 也升高；反之，U_B 下降，U_P 也下降。也就是说，电阻 R_2 两端的电压可完全反映发电机输出电压 U_B 的变化。当发电机输出电压 U_B 达到规定的调节值时（13.5～14.5V），U_P 正好等于稳压管 VS 的反向击穿电压。

VT_2 为大功率晶体管，起开关作用，用来接通与切断发电机的励磁电路。VT_1 为小功率晶体管，用来放大控制信号。稳压管 VS 是感受元件，串联在 VT_1 的基极电路中，并通过 VT_1 的发射极并联于分压电阻 R_2 的两端，以感受发电机输出电压 U_B 的变化。

电路设计思路是当发电机输出电压 U_B 升高到调节电压上限时，分压电阻 R_2 两端的电压 U_P 加在稳压管 VS 和 VT_1 的基极上，恰好能使稳压管 VS 反向击穿，为 VT_1 提供基极电流，使 VT_1 导通。当发电机输出电压 U_B 下降到调节电压下限时，U_P 不能使稳压管 VS 反向击穿，使 VT_1 无基极电流而截止。

VD 是续流二极管，励磁绕组由接通变为断开状态时，产生的自感电动势（E 端高电位，B 端低电位）经二极管 VD 构成放电回路，防止晶体管 VT_2 被击穿损坏。

晶体管调节器的工作原理如下。

1) 点火开关 S 刚接通时，发动机不转，发电机不发电，蓄电池电压加在分压器 R_1、R_2 上，此时因 U_P 较低不能使稳压管 VS 反向击穿，VT_1 截止。此时，由于 R_3 的分压作用，使得 VT_2 导通，发电机磁场电路接通（他励），此时由蓄电池供给磁场电流，电路为蓄电池正极—点火开关 S—调节器 B 接线柱—晶体管 VT_2—调节器 F 接线柱—发电机 F 接线柱—励磁绕组—发电机 E 接线柱—搭铁—蓄电池负极。

随着发动机的起动，发电机转速升高，发电机他励发电，电压上升。

2) 当发电机电压升高到稍高于蓄电池电压时（发电机转速约在 900r/min 时），发电机自励发电并开始对蓄电池充电，如果此时发电机输出电压 U_B 小于调节器调节电压上限，那么 VT_1 继续截止，VT_2 继续导通，但此时的磁场电流由发电机供给，通路为发电机正极—点火开关 S—调节器 B 接线柱—晶体管 VT_2—调节器 F 接线柱—发电机 F 接线柱—励磁绕组—发电机 E 接线柱—搭铁—发电机负极。

由于磁场电路一直导通，所以发电机电压随转速升高而迅速升高。

3) 当发电机输出电压升高到等于调节上限时，调节器对电压的调节开始。此时，电阻 R_1、R_2 上的分压 U_P 达到 VS 反向击穿电压，VS 导通，VT_1 导通，VT_2 截止，发电机磁场电路被切断，由于没有励磁电流，所以磁通量下降，发电机输出电压下降。

4) 当发电机电压下降到等于调节下限时，电阻 R_1、R_2 分压减小，U_P 下降到 VS 截止电压，VS 截止，VT_1 截止，VT_2 重新导通，励磁电路重新被接通，发电机电压上升。

重复 3) 和 4)，如此周而复始，发电机输出电压 U_B 被控制在一定的范围内，这就是内搭铁式晶体管调节器的工作原理。

以上分析的基本电路与实际应用的晶体管调节器工作电路相比有很大的缺点，如在 VT_2 导通变为截止的瞬间，会由于励磁电流的突变，在励磁绕组中产生很大的自感电动势，这个瞬间高压电动势会损坏调节器的其他电子元件。因此，在实际应用的调节器电路中，会对上面的基本电路作必要的补充和完善。

四、集成电压调节器

集成电路电压调节器又称为IC电压调节器，是根据使用要求，将电路中若干元件集成在同一基片上，制成一个独立的电子芯片。集成电路调节器装在发电机内部，构成整体式交流发电机。

集成电路调节器的工作原理与晶体管调节器的工作原理完全一样，也是根据发电机的输出电压信号，利用晶体管的开关特性控制发电机的励磁电流，使发电机的输出电压保持恒定。

集成电路电压调节器的基本电路根据电压检测方法的不同可分为发电机电压检测法电路和蓄电池电压检测法电路两种，如图2-46所示。

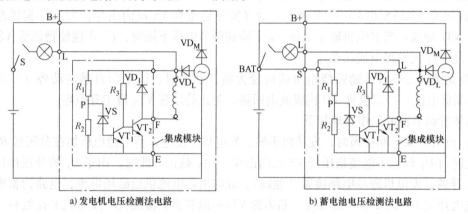

a) 发电机电压检测法电路　　　　b) 蓄电池电压检测法电路

图2-46　集成电路电压调节器的基本电路

1. 发电机电压检测法电路

发电机电压检测法电路如图2-46a所示。加在分压器 R_1、R_2 上的电压是发电机励磁输出端L的电压 U_L，而发电机输出电压为 U_B。因为 $U_L = U_B$，所以调节器检测点P的电压加到稳压管DW上，其电压 U_P 与发电机的端电压 U_B 成正比，因此该线路称为发电机电压检测法线路。

2. 蓄电池电压检测法电路

蓄电池电压检测法电路如图2-46b所示。加在分压器 R_1、R_2 上的电压为蓄电池端电压，由于通过检测点P加到稳压管DW上的反向电压与蓄电池端电压成正比，所以该线路称为蓄电池电压检测法线路。

相比而言，采用发电机电压检测法线路，发电机的引出线可以少一根。不足之处在于，当发电机电压检测原理电路中B+点到蓄电池正极之间的电压降较大时，蓄电池的充电电压将会偏低，使蓄电池充电不足。因此，一般大功率发电机多采用蓄电池电压检测法，使蓄电池的电压得以保证。若采用蓄电池电压检测法电路，则当发电机电压输出线或信号输入线断路时，由于无法检测发电机的工作情况，所以可能造成发电机失控现象，故在多数车型的应用中，都对具体电路做了相应的改进。

如图2-47所示，采用蓄电池电压检测法的线路中，在调节器的分压器与发电机B+点之间增加了一个电阻 R_4 和一个二极管 VD_2，这样，当B+点与蓄电池正极之间或S点与蓄电池正极之间出现断路时，由于 R_4 的存在，所以仍能检测出发电机的端电压 U_B，使调节器正常工作，可以防止发电机电压过高的现象。

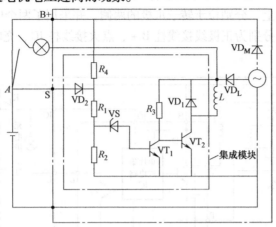

图 2-47　增加 R_4、VD_2 的蓄电池电压检测法电路

五、汽车交流发电机实例

1. 奥迪、红旗轿车所用的交流发电机电路图

如图 2-48 所示，奥迪、红旗轿车采用的是整体式交流发电机，采用了 11 个硅二极管，其中 6 个整流二极管、3 个励磁二极管、两个中性点二极管，集成电路调节器与电刷架制成一体，在发电机的外部有两个接线柱，分别为相线接线柱 B+、磁场接线柱 D+，相线接线柱 B+ 作用是向全车供电，磁场接线柱 D+ 作用是向励磁绕组提供励磁电流、为调节器提供工作电压及控制充电指示灯。

其工作原理如下。

1）接通点火开关 K 蓄电池向发电机提供励磁电流（他励），励磁电路为蓄电池正极—点火开关 K—充电指示灯—二极管 VD—发电机磁场接线柱 D+—励磁绕组—调节器—搭铁。此时，充电指示灯亮。

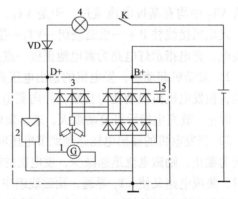

图 2-48　奥迪、红旗轿车交流发电机电路图
1—励磁绕组　2—电压调节器　3—励磁二极管
4—充电指示灯　5—防干扰电容器

2）发动机起动后，发电机的输出电压高于蓄电池的电动势，由于 D+ 与 B+ 电位相等，充电指示灯熄灭，励磁电流由他励变为自励，励磁电路为励磁二极管—励磁绕组—调节器—搭铁。

3）当发电机的输出电压达到调整值时，调节器中起开关作用的晶体管截止，励磁电流迅速下降，发电机的输出电压也迅速下降。当发电机的输出电压小于调整值时，起开关作用的晶体管立刻导通，发电机的输出电压随之升高，就这样循环使发电机的输出电压在调整值范围内。

2. 丰田花冠轿车所采用的整体式交流发电机的电路图

如图 2-49 所示，丰田花冠轿车采用整体式交流发电机，采用两个风扇，风扇在发电机内部并直接焊在转子轴上，分别位于转子爪极的两侧，并采用了两个中性点二极管。发电机的外部有 3 个接线柱，分别为正极线接线柱 B+、点火接线柱 IG、充电指示灯接线柱 L。其工作原理如下。

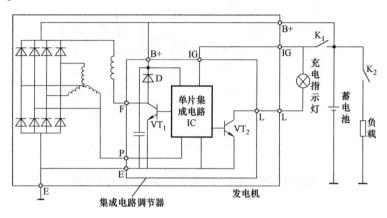

图 2-49　丰田花冠轿车电源电路图

1）接通点火开关 K_1、蓄电池电压经接线柱 IG 到集成电路调节器，使晶体管 VT_1、晶体管 VT_2 中均有基极电流流过，于是 VT_1、VT_2 同时导通，励磁电路为（他励）蓄电池正极—发电机接线柱 B+—励磁绕组—VT_1—搭铁。VT_2 导通时，充电指示灯亮，表示发电机不发电。充电指示灯电路为蓄电池正极—点火开关 K_1—充电指示灯—VT_2—搭铁。

2）发动机起动后，发电机的输出电压高于蓄电池的电动势而小于调节电压时，VT_1 仍导通，但发电机由他励变为自励，并向蓄电池充电。同时，由于 P 点电压输入集成电路使 VT_2 截止，故充电指示灯自动熄灭，表示发电机正常工作。

3）当发电机的输出电压达到调节电压时，集成电路由 IG 点检测到该电压时，VT_1 由导通变为截止，励磁电流迅速减少，发电机的输出电压随之下降；当发电机输出电压低于调整值时，集成电路又使 VT_1 导通，励磁绕组中又有电流通过，发电机的输出电压又重新上升，如此反复，发电机的输出电压将被控制在调节电压范围内。

二极管 VD 为续流二极管，在 VT_1 截止时，用于吸收励磁绕组中产生的自感电动势。

该发电机具有自诊断及保护功能，其原理如下。

1）自诊断功能。当由于励磁绕组断路等因素导致发电机不发电，P 点无电压输出时，集成电路将使 VT_2 导通，充电指示灯一直发亮，提醒驾驶人充电系统有故障。

2）保护功能。当发电机的输出端 B+或信号输入端 IG 与蓄电池的接线有断路故障时，集成电路除了具有上述自诊断功能外，同时集成电路可根据 P 点的电压信号控制 VT_1 的导通与截止，将发电机的输出电压控制在调节电压范围内，防止失去控制。

复 习 题

一、填空题

1）集成电路电压调节器又称为_____。

2）电压调节器的基本原理是以_____为基础，通过改变_____来使发电机的传输电压保持恒定。

二、选择题

1）下列不属于交流发电机调节器的是（　　）。
A. 触点式电压调节器　　　　　　B. 晶体管调节器
C. 电磁感应调节器　　　　　　　D. 集成电路电压调节器

2）下列不属于晶体管调节器优点的是（　　）。
A. 开关频率高　　B. 使用寿命短　　C. 不易产生火花　　D. 调节精度高

3）下列（　　）不属于触点式调节器的缺点。
A. 电压调节精度低　　B. 体积大且质量轻　　C. 可靠性差　　D. 对无线电干扰大

学习任务四　使用与维护电源系统

情境引入

张先生开爱车到4S店做保养。

张先生：刘师傅，你说发动机、变速器要定期保养，那蓄电池需不需要保养呀？

技师刘：我们要走出许多人的误区，其实蓄电池也是需要保养的。如蓄电池接线柱内、外表有腐蚀物，不及时清除会导致电阻值增大，影响蓄电池的正常充电和放电。如使用的是干荷蓄电池，则经常要检查电解液的液面高度，发现液面过低要及时补充蒸馏水。冬季使用蓄电池时，还要注意蓄电池的保暖，有条件的话可半年进行一次补充充电等。这样会延长蓄电池的使用寿命。

学习目标

1）能熟练地给蓄电池充电。
2）能熟练地更换蓄电池。
3）能熟练地借助工具、设备判断蓄电池状态。
4）熟悉发电机的使用与维护。

一、蓄电池的使用与维护

1. 蓄电池的安装位置

蓄电池在车辆上的安装位置或所处的位置对其工作特性具有很大的影响。车辆蓄电池的有利安装位置需要满足以下条件。

① 便于进行维修和保养工作。
② 可在行驶期间防止剧烈受热或受冷。

③ 可保护蓄电池免于受到潮湿、油污、燃油以及机械作用的影响。

④ 在发生碰撞的情况下，能够保护车辆乘员免于受到溢出气体和外泄蓄电池电解液的伤害。

(1) 位于发动机舱内的蓄电池

如果由于设计上的原因将蓄电池安置在发动机或具有强烈热辐射的装置附近，那么蓄电池受到的高温会对其抗老化性产生不利的作用。正极板栅架的腐蚀、水的消耗和自放电的程度都会增加。

为了抵挡这些不利的作用，蓄电池常被安装在合成材料制成的蓄电池箱里，如图2-50所示。如果温度特别高，会额外使用隔热套来保护蓄电池，如图2-51所示。但这并不能在冬季低温条件下为蓄电池提供防冻保护。

图2-50　大众途安（Touran）上蓄电池箱

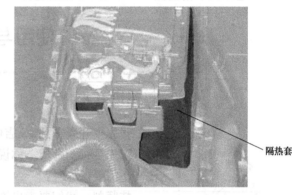

图2-51　大众高尔夫（Golf）上蓄电池隔热套

(2) 位于车辆内部空间/行李舱内的蓄电池

如果蓄电池位于车辆内部区域，那么在使用湿式蓄电池的情况下，始终要选择经过抗倾优化的蓄电池，或选择防泄漏的AGM蓄电池。同样，对于安装在车辆内部空间内的蓄电池，必须装配一条排气软管。

如果车辆在倾覆后车顶着地，蓄电池电解液就可能溢出，乘客将面临受伤危险。通过使用经倾角优化或具有防泄漏功能的蓄电池，就可以将受到电解液伤害的危险降到尽可能低的程度。因此在更换蓄电池时，一定要注意以下两点。

① 一定要使用具有这些特性的蓄电池，如原厂蓄电池。

② 不要忘记将排气软管重新插入蓄电池的中央排气孔。

2. 蓄电池的充电

如果测试显示蓄电池需要充电，应当注意以下几点提示。

① 注意事故防范规定。

② 要保证空间通风状况良好。

③ 蓄电池温度最低必须达到10℃。

④ 电解液温度超过55℃时必须中断充电。

⑤ 尽量不要给蓄电池快速充电，否则会损坏蓄电池。

长时间未在行驶中使用过的蓄电池（例如在库存车辆上的蓄电池），如果其接线端没有断开，那么就会由于车辆的静态电流而发生自放电。如果电解液密度低于$1.14g/cm^3$，那么就可认为蓄电池深度放电。电解液中水含量较高，深度放电的蓄电池在冬季会冻结，有可能存在细微的裂纹，因此必须更换冻结的蓄电池。

深度放电的蓄电池会产生极板硫化现象，即蓄电池的全部极板表面都会硬化。如果在深度放电后立即给蓄电池充电，那么硫化现象就会消退。如果不给这样的蓄电池充电，那么极板就会继续硬化，电量容纳能力会受到限制，导致蓄电池性能降低。

深度放电的蓄电池充电时间必须至少为24h。如果过快地给深度放电的蓄电池充电，蓄电池就无法吸收电流，或者说，蓄电池由于"表面充电"的原因，过早显现了"已充满电"的状态，其实那只是表面现象。

（1）充电方法

蓄电池充电的方法有恒压充电、恒流充电和快速充电3种。

在汽车上，发电机对蓄电池的充电就是恒压充电。恒压充电时，充电初期电流较大，4~5h内即可达到额定容量的90%~95%，随着蓄电池电动势的增加，充电电流逐渐减小为零。因为充电时间较短，所以不需要照管和调整充电电流，适用于补充充电，一般单体电池充电电压选为2.5V，12V蓄电池的充电电压为（14.8±0.05）V，如图2-52所示。

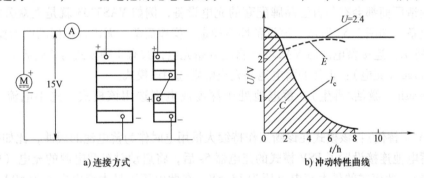

图2-52　恒电压充电

恒流充电的充电电流保持恒定。恒流充电时，随着蓄电池电动势的增加，应逐步提高充电电压。为缩短充电时间，通常将充电过程分为两个阶段，第1阶段采用较大的充电电流，使蓄电池的容量迅速恢复。当单体电池电压达到2.4V，开始电解水产生气泡时，转入第2阶段，将充电电流减小一半，直到完全充足电为止，如图2-53所示。充电电流的大小应按蓄电池容量选择，充电电流过大，会降低蓄电池性能；充电电流过小，会使充电时间过长。

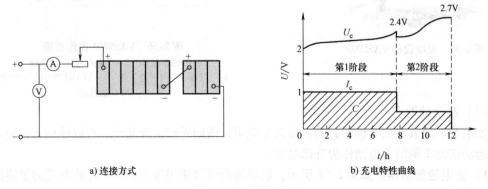

图2-53　恒电流充电

快速充电就是采用专门的快速充电机进行充电，补充充电只需 0.5～1.5h，大大地缩短了充电时间，提高了充电效率，其缺点是不能将蓄电池完全充足电，影响蓄电池的寿命。快速充电适用于电池集中、充电频繁、要求应急的场合。目前常用的快速充电方法有脉冲快速充电和大电流递减充电，如图 2-54 所示。

蓄电池尽量不要使用快速充电，快速充电会造成蓄电池的损坏。

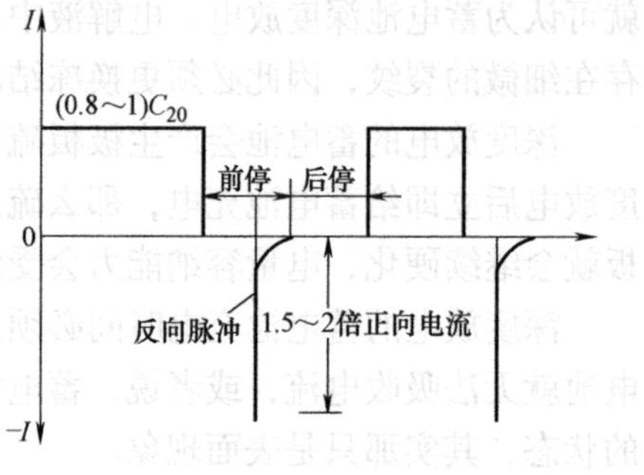

图 2-54 脉冲快速充电电流波形

（2）充电设备

在有车载网络的车辆上进行维修和保养工作时（例如在给控制单元升级时），蓄电池会承受负载，必须用充电器提供辅助，利用充电器可避免蓄电池发生过量放电。在充电器运行时，蓄电池、充电器和用电器相互连接在一起，充电器提供恰好可以使蓄电池保持100%充电状态的电流。蓄电池为用电器提供最高的电流，同时通过恒定电压得到充电。

汽车制造厂商都会有与自己品牌配套的充电设备，例如 VAS5903 就是大众公司配套的一款充电设备，如图 2-55 所示。该设备性能稳定，操作简单，无语言障碍的图形操作面板，如图 2-56 所示。连接蓄电池后 VAS5903 自动开始充电，共有 4 种模式可供选择。

1）Charge（充电）：正常的蓄电池补充充电则选用该模式。

2）Refresh（激活/再生）：蓄电池处于深度放电则选用该模式，先小电流再高电压充电。

3）FSV（替代）：该模式在诊断工作持续大量用电时作为蓄电池的缓冲，比如控制单元升级时。蓄电池连接设置了 FSV 模式的充电器 5s 后，将启动对车载电源的充电（电压－电流特性曲线）。此模式的最大充电电压为 13.5V，在此电压下最大充电电流为 50A，一旦电压由于高用电负荷接入而降低，电流将随之调整且升高；12.4V 时为 62A，12.0V 时可达 70A，过热保护有限制性地使用。

4）I-check（自检）：系统带检测功能，检查蓄电池接收充电的能力。

图 2-55 充电设备 VAS5903

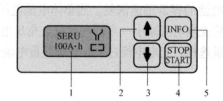

图 2-56 VAS5903 操作面板
1—Display 显示　2—"Up" 向上调节键
3—"Down" 向下调节键　4—START/STOP 开/关键
5—INFO 信息键

（3）起动辅助

如果蓄电池放电而车辆不起动，那么车辆可以借助外部电源起动。可以使用蓄电池起动器或起动辅助车辆的蓄电池作为外部电源。

1）蓄电池起动器。如图 2-57 所示，起动辅助可以使用带 2m 长的起动电缆的紧凑型便携式起动器。蓄电池起动器在蓄电池没电/电量较低时不受电网限制，能给车辆提供起动辅助。根据车外温度和蓄电池电容，可以执行 15~30 个起动过程。设备有防深度放电保护，工作时无尖峰电压。起动过程结束，端子钳可以无电压地从车辆蓄电池上拆除。

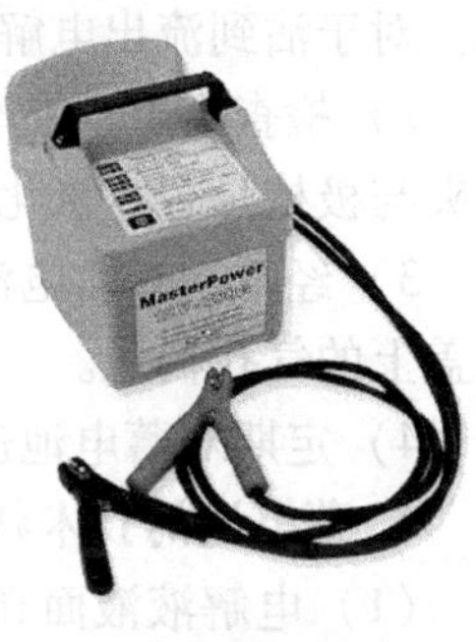

蓄电池起动器的安全电子装置在连接起动电缆后自动检查车辆是否短路。有短路的情况下，会锁定起动辅助。电子装置也能识别到接反了电极的起动电缆。起动电缆接反了电极时，设备会切换到故障状态，由此避免了继发性损坏。

起动过程由安装的发光二极管监控。

2) 辅助车辆的蓄电池。起动辅助也可以使用其他车辆（起动辅助车辆）的蓄电池。对于这种起动辅助需要合适的起动辅助电缆，如图 2-58 所示。通过这根电缆按照规定顺序将起动辅助车辆的蓄电池正极端子/起动辅助点（+）和蓄电池负极端子/起动辅助点（-），与接受起动辅助车辆的蓄电池正极端子/起动辅助点（+）和一个合适的搭铁接头连接起来。

图 2-57 便携式起动器

发动机缸体或与发动机缸体固定拧到一起的金属件或起动辅助点（-）可以用作搭铁接头。蓄电池位于车内的车辆在发动机舱内有一个起动辅助点或两个起动辅助点，如图 2-59 所示。

图 2-58 起动辅助电缆

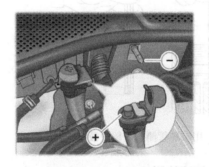

图 2-59 大众辉腾（Phaeton）发动机舱内起动辅助点

为了避免起动辅助装置损坏，必须注意以下基本规定。

① 起动辅助仅使用横截面足够大的起动辅助电缆和绝缘的端子钳进行。
② 车辆之间不允许存在接触，否则在连接正极端子时就有电流流过。
③ 敷设起动辅助电缆，使其不会被发动机舱内旋转的部件碰到。
④ 放电的蓄电池必须正确连接到车载电网上。
⑤ 两个蓄电池都必须具有相同的额定电压。
⑥ 供电蓄电池的电容必须与放电蓄电池的电容大体相当。
⑦ 带车内蓄电池的车辆中连接的顺序和起动辅助点的位置请参见相应的操作手册。

3. 蓄电池的维护

为了使蓄电池经常处于完好状态，延长其使用寿命，对使用中的蓄电池需要进行下列维护工作。

1) 检查蓄电池外壳，外壳损坏会引起电解液泄漏。流出的电解液会对车辆造成严重损坏。对于沾到流出电解液的车辆部件，必须立即用肥皂水处理或进行更换。

2）检查蓄电池在车上安装是否牢靠，起动电缆与极柱的连接是否紧固，检查电缆线的线夹与极柱是否有氧化物，如有，则及时清除。

3）经常检查蓄电池盖表面是否清洁，及时地清除盖上的灰尘、电解液等脏物，保持加液盖上的气孔畅通。

4）定期对蓄电池进行补充充电，以保证蓄电池始终保持充足电的状态。

4. 蓄电池的技术状况检查

（1）电解液液面高度检测

电解液液面高度应高出极板 10~15mm，液面高度可用玻璃管测量，如图 2-60 所示。目前使用的新型蓄电池都是采用塑料透明体，可以从蓄电池侧面观测液面高度，液面高度应位于最高和最低液面标记之间，如图 2-61 所示。液面过低时，应补加蒸馏水。注意：除非确定液面降低是由于溅出所致，否则不允许加入硫酸溶液。对于不透明外壳的全封闭免维护蓄电池，则不能也无须进行电解液面高度的测量。

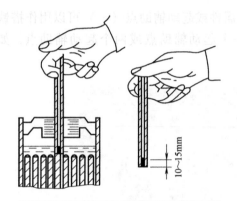

图 2-60 用玻璃管测量电解液液面高度

图 2-61 用观察法检测电解液液面高度

（2）电解液检测

放电程度可以通过测量电解液的密度得到。根据实际经验，密度每下降 0.01g/cm^3 相当于蓄电池放电 6%，因此根据所测得的电解液密度就可以粗略地估算出蓄电池的放电程度。如图 2-62 所示，电解液密度用吸式密度计测量；电解液密度还可用专用的折射仪测量，如图 2-63 所示。注意在测量电解液密度时，同时要测量电解液温度，并将实际测得的电解液密度值换算为 25℃时的相对密度，换算公式如下：

$$\rho_{25℃} = \rho_t + \beta(t - 25)$$

式中　$\rho_{25℃}$——25℃时的电解液相对密度；
　　　ρ_t——实际测得的电解液密度；
　　　t——实际测得的电解液温度；
　　　β——密度温度系数（$\beta = 0.00075\text{g/cm}^3$）。

（3）放电计检测

蓄电池的主要作用是给起动机提供大电流，因此蓄电池的主要性能也就是起动性能。高率放电计是模拟接入起动机负荷，测量蓄电池在大电流（接近起动机起动电流）放电时的端电压，用以判断蓄电池的起动能力和放电程度，如图 2-64 所示。

项目二 电源系统

图 2-62 密度计测量电解液密度

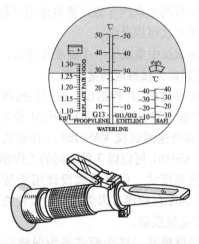

图 2-63 折射仪测量电解液密度

测试时，用力将高率放电计触针压紧蓄电池正、负极，保持 5s。若蓄电池端电压能保持在 9.6V 以上，则说明该蓄电池性能良好，但容量不足；若稳定在 10.6~11.6V，则说明蓄电池是充足电状态；若蓄电池端电压迅速下降，则说明蓄电池已损坏。

（4）测试仪检测

蓄电池的状态检测应优先使用蓄电池测试仪 VAS6161（大众），如图 2-65 所示。

图 2-64 蓄电池起动性能测试的结果

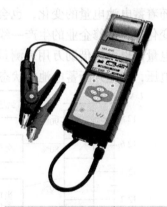

图 2-65 蓄电池测试仪 VAS6161

使用蓄电池测试仪 VAS6161 测量时不进行负荷测试，而是使用电导率测量原理。此测试会测量蓄电池内电阻，在测试仪中会立即分析测量并在显示屏中显示测量结果，根据需要可以用测试仪集成打印机将测量结果打印出来，打印凭条如图 2-66 所示。因为使用测试仪检测不会给蓄电池增加负荷，所以充电状态不好的蓄电池也可以测试。

1）蓄电池测试仪 VAS6161 的优点。

① 执行检测时，蓄电池既不用拆下，也不用断开。

② 测试仅持续约 10s。

③ 测试仪无须冷却阶段，因此可以连续进行多次测量。

④ 测试仪有一个集成打印机。

⑤ 在测试仪中有一个用于存储所测定的数据的 SD 卡。

⑥ 所有的大众汽车原厂蓄电池型号都存储在蓄电池测试仪 VAS6161 中。

⑦ 测试仪可以升级。

⑧ 测试仪中集成了一个温度传感器，它利用红外线原理可以无接触地测量温度。

⑨ 可以使用 2D 扫描仪，通过扫描图 2-9 的 2D 代码，可避免蓄电池测试仪 VAS6161 设置错误。

2）蓄电池测试仪 VAS6161 工作模式。蓄电池测试仪 VAS6161 可以以 3 种不同的工作模式工作。

① 保养模式。保养模式设计用于新车辆许可前的静止和库存程序，因为这样可以检查库存任意时间的蓄电池质量。

② 保修模式。这个模式是为保修期内的蓄电池设计的。在检测之后立即就有一个明确的陈述，说明蓄电池是否能够通过保修结算。

③ 服务模式。服务模式适用于保修期外的所有车辆和其他品牌蓄电池。这个模式为客户谈话提供论据和在蓄电池必须立即更换时及时进行提示。

（5）万用表检测

随着蓄电池电量的变化，也会引起蓄电池端电压的变化。在维修企业的生产一线为了快速判断蓄电池电量，也可以借助万用表测量电池正、负极之间的电压，快速判断蓄电池的状态，具体标准如图 2-67 所示。

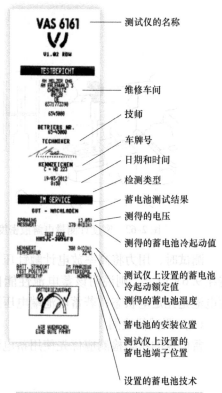

图 2-66 VAS6161 检测结果打印凭条

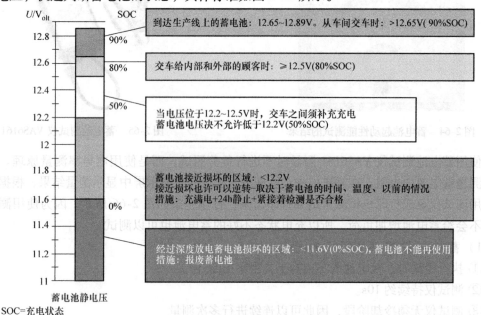

图 2-67 蓄电池电压与电量关系图

5. 蓄电池的使用

（1）蓄电池的选择

选装蓄电池时，主要根据外形尺寸、极桩位置、蓄电池极性和额定容量进行。容量不能太大也不能小，小了易导致起动困难，大了易导致蓄电池长期充电不足。

（2）电解液的选择

目前蓄电池所使用的电解液一般都是购买配置好的标准电解液，无须维修站自己配置电解液。在给蓄电池加注电解液时，要选择电解液的密度，一般情况下应该选择密度偏低的电解液。寒冷地区选择电解液的前提是保证电解液不结冰。电解液的密度与冰点的关系见表2-2。

表2-2　电解液的密度与冰点的关系

电解液密度/（g/cm³）	1.10	1.15	1.20	1.25	1.30	1.31
冰点/℃	-7	-14	-25	-50	-66	-70

（3）冬季使用蓄电池的注意事项

冬季使用蓄电池，应经常保持蓄电池处于充足电状态，这是因为放电后的蓄电池电解液密度会降低，增大了结冰的危险。

冬季给蓄电池补加蒸馏水时，只能在给蓄电池充电前进行，并通过充电使蒸馏水较快地和电解液混合，减少电解液结冰的危险。

由于冬季蓄电池容量降低，要注意对蓄电池的保暖，或起动之前对发动机进行预热，以便使发动机容易起动。

（4）新蓄电池的使用

一般情况下，新蓄电池在使用之前应参考说明书，以说明书为准。非干荷蓄电池在使用之前应进行初充电；干荷电池在使用之前不需要进行初充电，加注电解液30min后即可使用。

（5）蓄电池的储存

使用中的蓄电池暂不使用时，有两种储存方式，即湿储存和干储存。短期不使用的蓄电池应该选择湿储存。湿储存的方法是先将蓄电池充足电，电解液液面调至正常高度，密封加液盖上的通气孔，然后将蓄电池放置在室内。湿储存的时间不宜超过6个月，期间应定期检查电解液的密度或用高率放电计检查其容量，当容量下降25%时应立即充电。

存放时间较长的蓄电池应该采用干储存。干储存的方法是先将蓄电池以20h放电率完全放电，倒出电解液，用蒸馏水多次冲洗至无酸性，将蒸馏水全部倒出，晾干蓄电池后旋紧加液孔盖密封储存。干储存蓄电池启用前和新蓄电池相同。

新蓄电池应按说明书的要求进行存放。

二、交流发电机的使用与维护

1. 使用注意事项

1）蓄电池必须负极搭铁，不得接反，否则会烧坏发电机与调节器中的电子元件。

2）当发电机工作时，不允许以试火的方法检查发电机的正极线接线柱是否发电，否则将损坏发电机的整流器。

3）当发电机不发电或发电量小时，应及时到修理厂检修，否则易导致蓄电池充电不足。

4）当发电机正常工作时，切不可任意拆动用电设备的连接线，以防止引起电路中的瞬时过电压而损坏电子元件。

5）当发动机自行熄火时，应及时关闭点火开关，以防止蓄电池通过励磁电路放电。

6）选用专用调节器。特殊情况临时使用代用调节器时，注意代用调节器的标称电压与搭铁极性。

2. 维护注意事项

（1）在车辆日常使用中应定期检查的项目

1）发电机传动带的状况。过松将影响发电机的发电量，过紧将导致轴承早期损坏。图 2-68 所示为轿车发电机传动带松紧度的检测，其中，a 的标准值为 10～15mm。不过现在奥迪新款发动机多采用自动张紧轮，无须检查传动带的张紧度。

2）发电机、调节器的线束连接是否可靠。

3）蓄电池的电缆线与极柱、发动机与底盘的搭铁线等是否可靠。

4）检查蓄电池有无充电不足的现象。

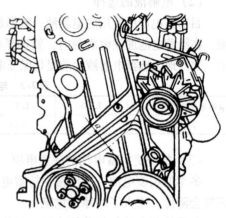

图 2-68　轿车发电机传动带松紧度的检测

5）检查蓄电池有无过充电现象。

（2）维护发电机时要进行检查的项目

1）如图 2-69 所示，通过使前、后轴承在转子轴上旋转的办法检查轴承有无噪声、晃动或发涩。如果有任何一种情况，那么都需更换轴承。

2）目测检查集电环。如果集电环烧蚀、划伤、变色、变脏，那么可用细砂布抛光。

3）目测定子绕组和励磁绕组有无绝缘物烧蚀的迹象。如果有，那么更换定子或转子总成。

4）目测前、后端盖，风扇及带轮有无裂纹。如果有，那么更换该部件。

图 2-69　发电机轴承的检测

5）当电刷高度小于 7mm 时，必须予以更换。

（3）发电机拆装的注意事项

1）必须先拆下蓄电池的搭铁线，后断开发电机与调节器的线束。

2）当拆卸发电机轴承时，必须使用顶拔器。

3）一般情况下，发动机的带轮、风扇和前端盖不必从转子轴上卸下来。

4）当拆卸整流器及后端盖上的接线柱时，所有的绝缘衬套和绝缘垫圈不得丢失。

3. 零件检测

（1）转子的检测

用万用表可检测励磁绕组是否短路、断路，如图 2-70 所示。用万用表可以检测励磁绕组的电阻，如阻值低于标准值，则说明励磁绕组短路；如果阻值为无限大，则说明励磁绕组断路。

如图 2-71 所示，用万用表可检测励磁绕组是否搭铁。每个集电环与转子轴之间的阻值都是无穷大，如果阻值很小，则说明励磁绕组搭铁。

无论励磁绕组是短路、断路还是搭铁，都必须更换转子。但是，更换转子的费用与更换发电机的费用接近,当励磁绕组需要更换时,可以直接更换发电机。

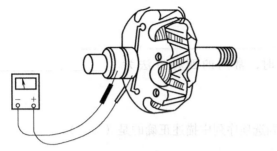

图 2-70 检查励磁绕组是否短路、断路

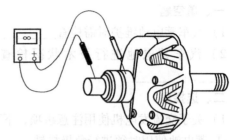

图 2-71 检查励磁绕组是否搭铁

(2) 定子的检测

用万用表可以检测定子绕组是否断路和搭铁。如图 2-72 所示,用万用表可以检测定子绕组是否断路。检测时,每次任取两个首端,测量 3 次,阻值均应小于 0.5Ω。如果阻值有无穷大的情况,则说明励磁绕组断路,需要更换定子总成。

如图 2-73 所示,用万用表可检测定子绕组是否搭铁。测量 3 次,阻值均为无穷大;如果有不是无穷大的情况,那么说明定子绕组搭铁,需要更换定子总成。

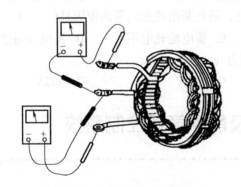

图 2-72 检测定子绕组是否断路

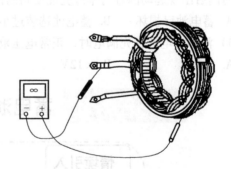

图 2-73 检测定子绕组是否搭铁

定子绕组短路很难检测,这是因为一个正常的定子绕组的阻值非常低。如果所有其他部件的检测均属正常,但输出的电压却很低,那么其原因可能是定子绕组间短路。无论定子绕组是断路、短路还是搭铁,均需更换定子总成。

(3) 二极管的检测

首先将与定子之间的连线断开,用万用表的两个表笔分别接到二极管的引线与壳体上,测量二极管的正向电阻和反向电阻。二极管的正向电阻应为 8~10Ω,反向电阻应在 1000Ω以上。若正、反向电阻均为 0,则说明二极管短路;若正、反向电阻均为无穷大,则说明二极管断路。若发现其中有一个二极管断路、短路,则需要更换整流器总成。

(4) 电刷的检测

电刷的标准是高度 14mm,磨损至 7mm 时,应进行更换。

复 习 题

一、填空题

1）汽车蓄电池维护时需检查_____、_____、_____、_____。

2）汽车蓄电池进行技术状况检查时，常用的四种方法为_____、_____、_____、_____。

二、选择题

1）关于交流发电机使用注意事项，下列选项序列中描述正确的是（   ）。

① 蓄电池使用时须进行负极搭铁。

② 发电机工作时，可以用试火的方法检查发电机的正极接线柱是否发电。

③ 当发电机出现不发电或发电量小时，应及时检修。

④ 当发电机正常工作时，不可随意拆动用电设备的连接线。

⑤ 当发动机自行熄火时，应及时关闭点火开关。

⑥ 选用调节器可选任意产品。

A. ①③④⑥   B. ②③⑤⑥   C. ①③④⑤   D. ①②④⑤

2）陈先生在4S店里检修蓄电池时，发现电池电压处于10V以下，并且在充满电静置一段时间后出现起动困难与车灯亮度变暗的情况，请判断出现此问题的原因是（   ）。

A. 蓄电池已损坏   B. 蓄电池选装过小   C. 蓄电池充电不足   D. 蓄电池漏液

3）汽车蓄电池在充满电时，正常电压范围为（   ）。

A. =12V   B. <12V   C. >12V   D. ≥12V

学习任务五　蓄电池及能源管理控制系统

情境引入

故障现象：一辆2017年奥迪A6L（C7）轿车，行驶61 000km。最近驾驶人发现，当点火开关打开几分钟后MMI（多媒体交互系统）显示屏上就会显示"请您起动发动机，否则系统将在3min内自动关闭"，如不起动发动机MMI，随后就会自动关闭。

原因分析：该车带有"蓄电池及能源管理控制系统"，该系统的主要功能在于对蓄电池充、放电状态进行监控，目的是避免蓄电池过度放电以及保证车辆随时可以起动，蓄电池电量过低就会有该故障显示，这是明显的蓄电池故障，更换蓄电池故障即可排除。

项目二 电源系统 | 63

学习目标

1）熟悉能源管理控制系统的任务。
2）熟悉能源管理控制单元 J644 的 3 个功能模块的控制内容。
3）更换完蓄电池能用专用仪器对能源管理控制系统进行匹配。

在奥迪 A8（D3）车上首次安装了蓄电池及能源管理控制系统，其主控单元代号为 J644，如图 2-74 所示。

车内电子部件以及电子控制单元的增多增加了对电能供应的要求。无节制地消耗电能会导致汽车各种状态下可使用的电能急剧下降。

能源管理控制单元的主要功能在于，对蓄电池充放电状态进行监控，在特殊情况下通过 CAN 总线对用电器进行调节，借助切断功能使电能消耗最小，且提供最优的充电电压。这一调节的目的是避免蓄电池过度放电以及保证车辆随时可以起动。

能源管理控制单元 J644 被直接安装在行李舱内右侧，靠近蓄电池处，如图 2-75 所示。

到后续推出的车型 J644 的功能就集成在了数据总线诊断接口控制单元 J533 内，虽没有了控制单元 J644，但电源管理功能还在，且由 J533 替代。

图 2-74　能源管理控制单元 J644

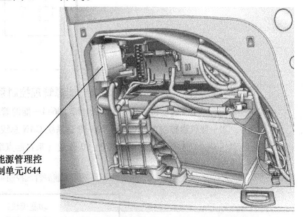

图 2-75　能源管理控制单元 J644 的安装位置

一、能源管理控制单元 J644 的任务

使用能源管理控制单元 J644 能够持续地对蓄电池进行监控，它用于检测蓄电池的充电状态（SOC 充电状态）和起动能力，在发动机运转时，控制单元调节着发电机输出最佳的充电电压。它也可进行卸载（减少用电器）及提升怠速。为了降低发动机停机时静态电流的消耗，能源管理控制器在特殊情况下通过 CAN 总线将用电器切断，以此避免蓄电池过度放电。

图 2-76 所示为能源管理控制系统功能线路图。

二、能源管理控制单元 J644 的功能模块

能源管理控制单元 J644 的任务被划分为 3 大功能模块。这些功能模块在不同的车辆状态条件下被激活，如图 2-77 所示。

功能模块 1 是蓄电池管理。它负责监测蓄电池的状态（一直处于激活状态）。

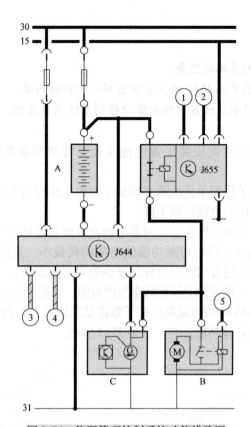

图 2-76 能源管理控制系统功能线路图

A—蓄电池　B—起动机　C—交流发电机　J644—能源管理控制单元　J655—用于切断蓄电池的继电器
①、②—接气囊控制单元 J234　③—舒适系统 CAN 总线，高电位　④—舒适系统 CAN 总线，低电位
⑤—50 号线（来自起点继电器 2J695）

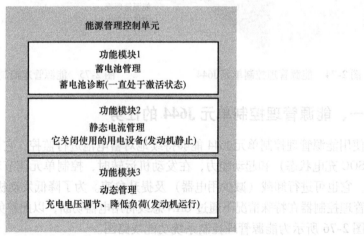

图 2-77 能源管理控制单元 J644 的功能模块

功能模块 2 是静态电流管理。在需要时，它关闭使用的用电设备（发动机静止）。

功能模块 3 是动态管理。它负责充电电压调节以及降低负荷（发动机运行）。

3 大功能模块将在车辆状态确定时起作用。车辆状态被分为 3 种，见表 2-3。

表 2-3 车辆状态

车辆状态	蓄电池管理	静态电流管理	动态管理
15 号线关闭	激活	激活	—
15 号线接通，但发动机不运转	激活	激活	—
15 号线接通，但发动机运转	激活	—	激活

三、功能模块 1——蓄电池管理

为了进行蓄电池诊断，蓄电池管理控制单元必须得到以下数据，如图 2-78 所示。

① 蓄电池温度。
② 蓄电池电压。
③ 蓄电池电流。
④ 蓄电池工作时间。

蓄电池电流和蓄电池电压是在控制单元里检测的。这里蓄电池的温度是采用一种数学算法计算出来的，与此不同的是，蓄电池电压是在蓄电池正极上测量得到的。

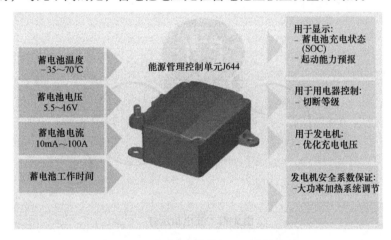

图 2-78 能源管理控制单元蓄电池管理

1. 蓄电池状态指示

蓄电池起动能力以及目前的充电状态是在组合仪表里显示的，如图 2-79 所示。这两大部分的信息是静态电流管理和动态管理的基本量。最佳的充电电压是经由一个接口供发电机使用的。

蓄电池充电状态指示可以经由 MMI（多媒体交互系统）的 CAR 功能调出。在柱状图中以 10% 的数量级显示，在 60%～80% 的充电状态是正常的，如图 2-80a 所示。当发动机停止转动时，如果用电设备持续处于开启状态，那么蓄电池就会放电。如果发动机的起动能力因此受到影响，那么 MMI 就会显示起动发动机的要求，以

图 2-79 仪表显示蓄电池状态

避免在之后的 3min 内系统被自动切断，如图 2-80b 所示。

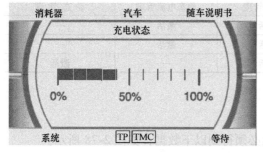
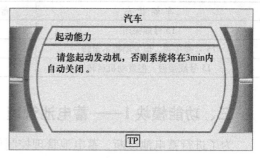

a) MMI 上显示蓄电池充电状态　　　　　　b) MMI 上提示"起动发动机"

图 2-80　能源管理控制系统在 MMI 上的显示

2. 充电指示灯

充电指示灯安装在组合仪表的转速表内。与其他汽车不同，它受控于能源管理控制单元，如图 2-81 所示。

图 2-81　充电指示灯

四、功能模块 2——静态电流管理

能源管理控制单元 J644 内的静态电流管理功能是在需要时关闭相关的用电设备。它是在点火开关关闭或点火开关打开，但发动机不起动时才激活。

汽车熄火后必须减少静态电流，这是为了让蓄电池较少放电，以保证汽车长时间停放后还能正常起动。当蓄电池显露出已处于极低电量的状态时，为了能保证发动机可靠起动，就得关闭舒适系统和信息娱乐系统的用电设备。一个控制单元控制下的哪些用电器被切断，在执行过程中按等级确定。

控制单元关闭用电器有 6 个等级。蓄电池的电量越低，关闭的等级就越高。能源管理控制单元通过 CAN 总线调整所需的切断等级，经组合仪表的限制功能告知驾驶人，如图 2-82 所示。

1. 切断等级 1

在舒适系统 CAN 总线上的用电器被关闭。

项目二 电源系统

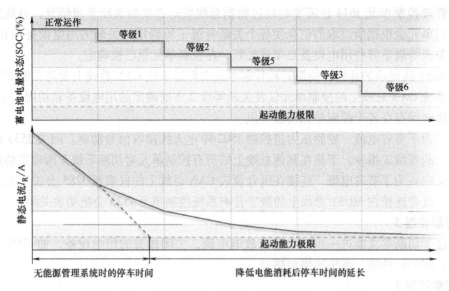

图 2-82 根据蓄电池电量状态（SOC）分为 6 个切断等级

2. 切断等级 2

操作这个切断等级后，能够进一步地关闭舒适 CAN 总线上的用电设备，对信息娱乐系统也会进行一些限制，如图 2-83 所示。

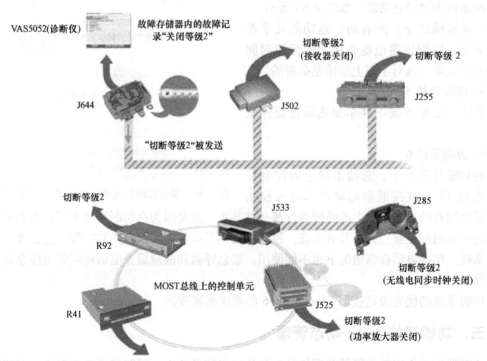

图 2-83 与切断等级 2 相关的用电设备
J644—能源管理控制单元　J502—轮胎压力监控控制单元　J255—自动空调控制单元　R41—CD 换碟机
R92—CD-ROM 驱动器　J533—数据总线诊断接口（网关）　J285—组合仪表　J525—数字式音响功率放大器

能源管理控制单元 J644 在需要时通过数据总线发送必要的关断等级信息。总线系统上接通的控制单元会根据所读取的信息使各个关断等级下所确定应关断的用电设备停止工作。在相应的关断等级下哪些用电设备必须被关断，在控制单元里已被确定。

如图 2-83 所显示的那样，能源管理控制单元向舒适系统 CAN 总线上发送关断等级 2 指令。舒适系统 CAN 总线上的控制单元仅使关断等级 2 下所确定的用电设备和功能不起作用，这些确定值被保存在各个控制单元的软件里。

例如，为了节省电流，轮胎压力监控器 J502 停止天线接收信号功能。网关 J533 向其他总线发送关断等级 2 指令，于是在其他总线上的所有控制单元对切断等级 2 所确定的用电器的关断作反应。为了节省电流，连接在组合仪表 CAN 总线上的仪表板 J285 会关闭无线电时钟的接收，或者连接在 MOST 总线上的数字音响系统控制单元 J525 会把功放关闭。

3. 切断等级 3

操作这个切断等级能进一步减小静态放电电流，关闭相关的用电设备，如 MMI 显示器旋转机构、前照灯洗涤、清洗喷嘴加热等。

4. 切断等级 4

切断等级 4 是运输模式，它是通过故障诊断仪实施的。在运输模式下，汽车在长时间停放以及运输过程中能够极大地降低蓄电池的放电。在能源管理控制单元 J644 里有一个匹配通道来激活此功能，如图 2-84 所示。

在运输模式下，所有的舒适功能几乎都会被关闭，以保证蓄电池在最长的停留时间里都不会放电。这对于海上运输是必要的。

5. 切断等级 5

在这个切断等级下驻车加热装置会停止工作。

6. 切断等级 6

在切断等级 6 下，总线系统上的控制单元只有在 15 号线接通和起动汽车时可被唤醒。其他所有的总线系统上的唤醒事件都会被禁止。这是因为在切断等级 6 下，蓄电池的起动能力只是刚好足够，为了节省电流，控制单元不再以任何其他理由被唤醒。这也涉及信息娱乐系统，车内电话在该情况下也不能使用。紧急呼救和故障服务电话呼叫将由应急备用电池来保证。

图 2-84 通过诊断仪实现运输模式的打开/关闭

切断等级的优先级是按 1—2—5—3—6 的顺序来实现的。

五、功能模块 3——动态管理

动态管理的作用是将能源合理地分配到各独立的系统上，同时向蓄电池提供足够的充电电流。它在发动机运转时起作用。

各主要独立功能是蓄电池电压调节、卸载、大功率加热系统调节、怠速提升、接入发电机、发电机动态调节。动态能源管理通过对能源网络电压、蓄电池电流及发电机负荷情况的测量来监控能源网络的负荷状态。

1. 蓄电池电压调节

能源管理控制单元 J644 通过数据电缆（BBS）通知发电机所需要的额定电压。由发电机进行调节。蓄电池管理器（功能模块1）由蓄电池温度及充电状态获得额定电压值。在控制单元中，获得的额定值被传给动态管理（功能模块3），然后传给发电机，如图 2-85 所示。

在引导性故障查询里（VAS6150E）有数据阅读块，可用于检测发电机额定电压，并经数据电缆检测通信情况。在诊断仪中，可以为达到诊断目的改变发电机的额定电压。

2. 卸载

在发动机加速过程中，能源管理控制单元可按照发动机控制单元的要求减少发动机的负荷。当发动机控制单元提出卸载要求时，为了降低发电机消耗的功率，能源管理控制的第一步是减少大功率用电器，第二步是降低发电机电压。

为此，能源管理控制单元通过舒适系统 CAN 总线向自动空调控制单元 J255 发送要求，对诸如前风窗玻璃加热、座椅加热、后风窗玻璃加热及 PTC 加热等各种加热系统进行调节，如图 2-86 所示。

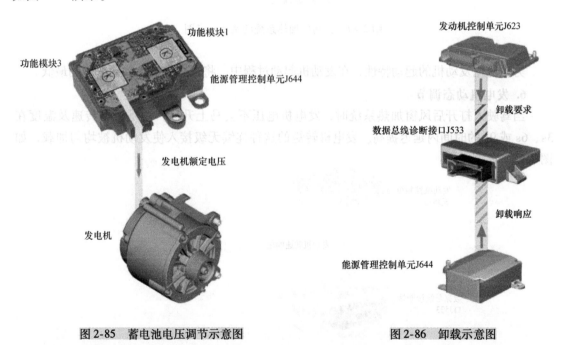

图 2-85　蓄电池电压调节示意图　　　　图 2-86　卸载示意图

3. 大功率加热系统的调节

能源管理控制单元 J644 通过自动空调控制单元 J255 对前风窗加热系统、后风窗加热系统、后座加热系统以及座椅加热系统的加热功率进行无级调节。它确定了最大的能够被调节的加热功率，如图 2-87 所示。

4. 怠速转速提升

为了优化电网供电以及蓄电池的充电，能源管理系统可以按照发动机控制单元的等级（7%和12%）提高怠速转速。

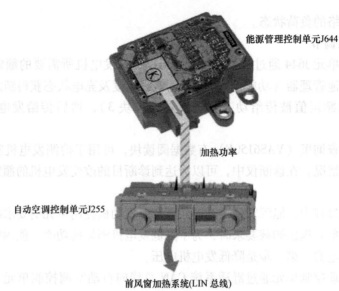

图 2-87 大功率加热系统的调节示意图

5. 发电机接入

为了优化发动机的起动特性，在发动机起动过程中，将发电机的接收功率降到最低。

6. 发电机动态调节

当驾驶人打开后风窗加热系统时，发电机电压不会马上升高，而是根据转速及温度在3s、6s 或 9s 的时间内延迟提高。发电机转矩的这种连续无级接入使发动机被均匀加载，如图 2-88 所示。

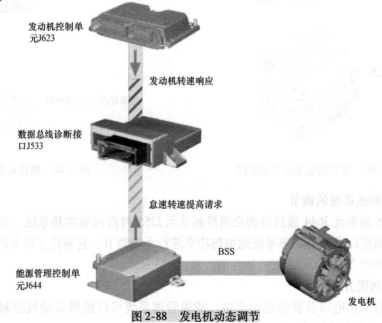

图 2-88 发电机动态调节

六、奥迪第二代能源管理系统

从 2008 年 6 月起，奥迪车型上的能源管理控制单元 J644 的功能集成在了数据总线诊断接口控制单元 J533 内，J533 变成了能源管理系统的主控单元，也就是说 J533 具备了蓄电池能量管理功能，此功能是通过将一根 LIN 导线连接到蓄电池监控控制单元 J367 来实现的，该控制单元位于蓄电池的负极旁，系统组成如图 2-89 所示。相较于旧系统增加了 J367，J367 监控蓄电池的充电和放电电流、蓄电池电压、蓄电池温度，J533 根据这 3 个参数和其他信息计算蓄电池当前的状态。其他的控制策略和第一代一样。

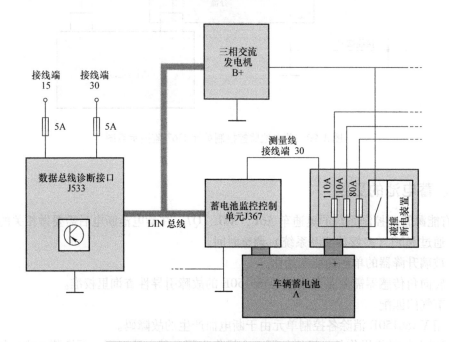

图 2-89 奥迪第二代能源管理系统组成示意图

蓄电池监控控制单元 J367 监控示意图如图 2-90 所示，核心部分是一个 CPU（中央处理器），该处理器用于确定 3 个测量参数，以及与数据总线诊断接口 J533 通信。

蓄电池的电流在负极处进行测量，此外蓄电池负极还连接在 J367。流入蓄电池负极的总电流流经 J367 或者确切地说是流经一个分流电阻器。该分流电阻器的阻值在毫欧级范围内。此电阻值必须非常小，以保证功率损耗以及所产生的热量值尽可能小。作用在分流电阻器上的电压与电流成正比，CPU 可以测量电压降进而计算回流到蓄电池中的电流量。

蓄电池电压通过直接将电压测量装置连接在蓄电池正极上测得。同时，还需在蓄电池正极和 J367 之间接一根测量线。

蓄电池温度的测量需要使用蓄电池模块中的 NTC 温度传感器。由于蓄电池监控控制单元 J367 直接固定在蓄电池上，所以在 J367 模块内即可通过 NTC 温度传感器测量蓄电池温度，随后由软件进行处理。

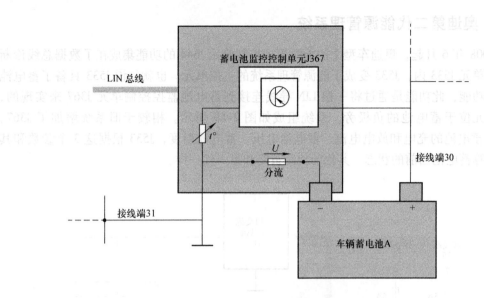

图 2-90　蓄电池监控控制单元 J367 监控示意图

七、蓄电池的更换

带有能源管理控制系统的奥迪车 A6L、A8L、Q7，在蓄电池断电后需要做相关的操作。
1）通过 MMI（多媒体交互系统）调整时间。
2）玻璃升降器的单触功能初始化。
3）转向角传感器需要路试或在 VAS6150E 的故障引导性查询里校准。
4）节气门匹配。
5）用 VAS6150E 消除各控制单元由于断电而产生的故障码。

除了以上的常规操作外，还增加了一个操作步骤：蓄电池匹配。更换蓄电池必须是奥迪原厂的，这是因为更换时必须通过"引导性功能"执行"A－更新后进行蓄电池匹配"，按照提示输入蓄电池的厂家代码、序列号，系统会根据蓄电池的放电特性来计算切断等级的时刻。如果不编码或错误编码，那么会影响控制单元对蓄电池的诊断结果，造成错误判断，如切断等级执行过早或过晚。

复习题

一、填空题
1）奥迪 A6C7 能源管理控制单元的代号为_____。
2）能源管理控制单元包括的功能是_____、_____、_____。

二、选择题
1）奥迪 A8D3 能源管理控制单元的安装位置在（　　）。
A. 前排乘员座椅下面　　B. 发动机舱右侧　　C. 驾驶舱后座下面　　D. 行李舱内右侧
2）下列哪一项不是蓄电池监控控制单元 J367 监控的内容？（　　）
A. 蓄电池容量的大小　　　　　　　　B. 蓄电池电压

C. 蓄电池温度　　　　　　　　　　D. 蓄电池流入、流出的电流
3) 下列（　　）是能源管理控制单元功能模块 3 的功用。
A. 监测蓄电池电流的大小　　　　　B. 控制车内用电设备的开关
C. 充电、调节电压以及降低负荷　　D. 监测蓄电池电压的高低

学习任务六　48V/12V 轻混系统

情境引入

在汽车维修车间，车主与维修师傅对话。

车主王先生：刘师傅我发现一个比较奇怪的事情，我的 A8D5 有两块蓄电池，一块在行李舱的后围板右侧，一块电池带个铝合金外壳安装在备胎槽内，个头还比较大，这是怎么回事啊？

刘师傅：您这车是 3.0T EA839 发动机，配备了奥迪最新的 48V 轻混系统，所以增加了一块 48V 的锂离子蓄电池，原来的交流发电机变成了现在的起动发电两用机，代号为 C29，还增加了一个变换器可以将 48V 变为 12V 给 12V 的车载电网供电，也可以将 12V 变为 48V 给 48V 的锂离子蓄电池充电。该系统主要的目的还是应对国六排放，提高起停时的舒适性，还可实现能量回收。现在大众、奥迪、奔驰、宝马以及国产品牌吉利、长城都在配备。

学习目标

1) 掌握 MHEV 系统的工作原理。
2) 能说出 48V/12V MHEV 系统的组成部件。
3) 能指出 48V/12V MHEV 系统组成部件的安装位置。
4) 了解 48V/12V MHEV 系统组成部件的功能。
5) 了解 48V/12V MHEV 系统和 12V 电气系统的连接关系。
6) 能操作断开和恢复 48V/12V MHEV 系统供电。

随着欧盟和我国新排放标准的实施，各大主机厂为了应对更严苛的排放要求推出了一系列节能减排的措施，其中有一项技术就是轻混（MHEV），MHEV 是 Mild Hybrid Electric Vehicle 的缩写，是"轻度混合动力电动车"的意思。这种车上通常多了一个蓄电池以及一个小电机，因此，像增强型能量回收以及通过电机来辅助内燃机这样的功能就能实现了。内燃机负责车辆驱动和产生电能，MHEV 是无法纯电动行驶的。

目前的主流轻混技术主要有 48V 轻混和 12V 轻混。48V MHEV 电源系统有两块蓄电池，一块是 12V 的铅酸蓄电池，一块是 48V 的锂离子蓄电池，12V 的交流发电机也变成了 48V 的起动发电电机；12V MHEV 也同样有两块蓄电池，一块是 12V 的铅酸蓄电池，一块是 12V 的锂离子蓄电池，12V 的交流发电机也变成了 12V 的起动发电电机。下面主要以奥迪 A8（D5）和奥迪 A6L（C8）为例来分别介绍这两种系统。

一、奥迪A8（D5）48V MHEV系统

奥迪A8（D5）是第一个装备有48V主供电网的奥迪车型。具体地说就是使用了水冷式传动带驱动的起动发电两用机以及一个48V锂离子蓄电池。这个48V供电网同时也是MHEV（轻度混合动力电动车）技术的基础。48V MHEV系统的引入还出现了两个新的端子名称：端子40，表示48V正极侧；端子41，表示48V负极。

1. 48V供电网部件

48V供电网的主要部件是传动带驱动的起动发电两用机和锂离子蓄电池。这个传动带驱动的起动发电两用机在作为发电机用时，其功能就是为48V供电网提供电能；如果作为起动机用时，那它就得被看作是48V供电系统中的用电器了。变换器就是48V供电网和12V供电网之间的连接部件。

12V供电网中使用铅酸蓄电池来为所有的12V用电器供电，在奥迪A8（D5）上，这些用电器包括了全部控制单元以及12V齿轮式起动机。但该起动机只在冷起动时起动内燃机用，在其他时候的起动则由48V传动带驱动的起动发电两用机来完成。奥迪A8（D5）48V供电网电路图如图2-91所示。

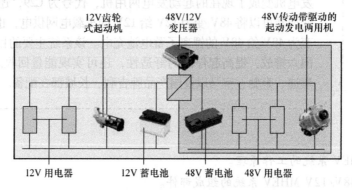

图2-91 奥迪A8（D5）48V供电网电路图

2. 电能管理

数据总线诊断接口J533（网关）负责12V供电网和48V供电网的电能管理。J533从蓄电池监控控制单元J367处获取12V蓄电池的状态信息，J367通过LIN总线与J533进行通信。传动带驱动的起动发电两用机通过子总线⊖系统把信息发送给发动机控制单元J623，J623通过FlexRay总线⊖来与网关进行通信。

网关是通过混合动力CAN总线⊜（CAN-Hybrid）来与变换器以及48V蓄电池进行通信的。奥迪A8（D5）48V拓扑结构示意图如图2-92所示。

奥迪A8（D5）48V系统部件安装位置如图2-93所示。

3. 起动发电两用机C29

C29是48V传动带驱动式起动发电两用机。当作发电机用时，它为48V蓄电池充电并

⊖ 大众奥迪主机厂自主开发的高速CAN数据总线，有时也称为专用CAN数据总线。
⊖ 数据总线的一种，传输速度为10Mbit/s，双绞线分别是FlexRay-H（绿色）和FlexRay-L（粉色）。
⊜ 高速CAN数据总线的一种。

项目二 电源系统　75

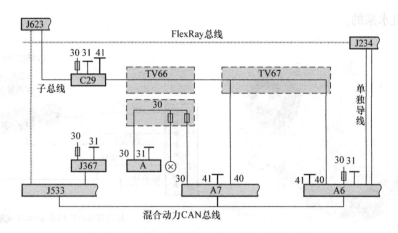

图 2-92　奥迪 A8（D5）48V 拓扑结构示意图

J533—数据总线诊断接口（网关）　J623—发动机控制单元　J234—安全气囊控制单元
J367—蓄电池监控控制单元　C29—48V 起动发电两用机　A—12V 铅酸蓄电池　A6—48V 锂离子蓄电池
A7—48V/12V 变压器　TV66—发动机舱内分线器　TV67—48V 电池上部分线器

图 2-93　奥迪 A8（D5）48V 系统部件安装位置

给变压器输送 48V 直流电。该电机既可以做起动机用，还可以为内燃机提供帮助（Boost - 功能[一]）。

起动发电两用机 C29 是水冷式的，它配备有一个电动水泵。C29 通过子总线（也常被称作专用 CAN 总线）来与发动机控制单元进行通信，通过脉冲宽度调制信号（PWM - 信号）来操控起动发电两用机水泵 V621。

起动发电两用机水泵 V621 的操控情况根据发动机的不同而不同。如果配备的是 3.0 - TDI 发动机，如图 2-94 所示，那么该水泵是连接在起动发电两用机上的；如果配备的是 3.0 - TFSI 发动机，那么该水泵是直接连在发动机控制单元上的。对于 V621 接入发动机冷却循环中的方式，不同发动机各有不同，在某些发动机上是通过主水泵来帮助冷却液流经起

[一]　起动发电两用机，此时是当电动机使用，用于辅助内燃机。

动发电两用机水泵的。

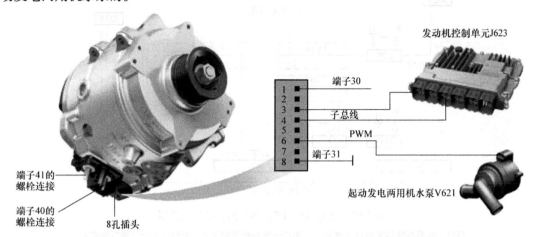

图 2-94　起动发电两用机 C29 端子连接（3.0TDI）

4. 48V 蓄电池 A6

奥迪 A8（D5）上的 48V 锂离子蓄电池安装在行李舱坑内的中间位置。锂离子蓄电池与铅酸蓄电池相比有几个优势，比如能量密度更高，循环稳定性更好。但这种蓄电池有个缺点，即要防止蓄电池电子装置导致蓄电池单体深度放电。这是因为这种深度放电会导致蓄电池单体短路和蓄电池损坏。机械损坏也会导致内部短路，潮气进入也会导致化学反应，因此一定要防止损坏蓄电池壳体。由于蓄电池壳体是塑料制的，所以蓄电池在车上是安装在一个金属保护罩中，并用夹板固定在车的底板上，如图 2-95 所示。

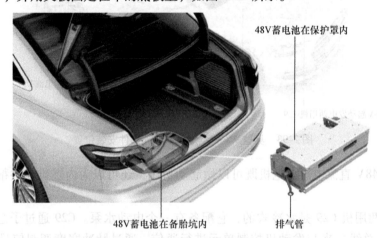

图 2-95　奥迪 A8（D5）48V 蓄电池安装位置

48V 蓄电池由塑料壳体、控制单元（蓄电池管理）、13 个锂离子蓄电池单体、1 个继电器、1 个熔断体、4 个风扇组成。

48V 蓄电池使用混合动力 CAN 总线，可使用车辆诊断仪用诊断地址 0021 来调用。这个 48V 直流系统的正极侧称为端子 40，负极侧称为端子 41，外围电气连接图如图 2-96 所示。

48V 蓄电池内的控制单元会测量各个电池单体的电压和温度，并把这些数据传送给数据总线诊断接口 J533。另外，如果蓄电池温度超过了 28℃，那么该控制单元会接通内部的 4

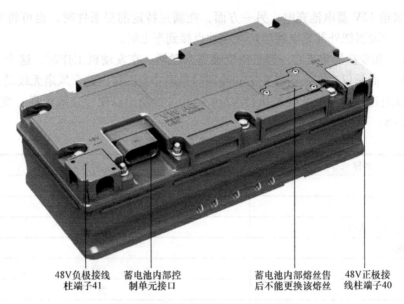

图2-96 48V蓄电池外围电气连接图

个风扇。

除了12V供电和控制单元混合动力通信线外，48V蓄电池内部控制单元上还连接有安全气囊控制单元J234的信号线。在触发的情况下，48V蓄电池中的继电器会断开，于是48V供电网就没电了。48V蓄电池技术数据见表2-4。

表2-4 48V蓄电池技术数据

名称	蓄电池（48V A6）
诊断地址	0021
通信	混合动力CAN总线
正极/负极端子名称	40/41
额定电压/V	48
容量/A·h	9.6
电池格数量	13
电池格电压/V	3.68
工作温度/℃	-30~60
重量/kg	约10
冷却	空气冷却，通过激活4个风扇来实现

在发动机运转着时，直接由起动发电两用机给48V蓄电池充电。在使用外部的12V充电器进行充电时，48V蓄电池是通过变换器来充电的。充电器不可直接连接到48V蓄电池上。

5. 48V/12V变换器A7

变换器A7在奥迪A8（D5）上，安装在右后行李舱装饰板的后面，在12V蓄电池的上方。该变换器也像12V蓄电池那样，移开盖板就可够得到。

48V/12V变换器A7是双线变换器，就是说：一方面，发电机发出的48V电压可以转换为12V电压来给12V蓄电池充电;另一方面,在满足特定前提条件时,也可将12V转换成48V电压,比如说当把外部充电器经跨接起动点接到车上时。

风扇V274和变换器集成在一起且由变换器来激活。在发动机工作时,这个风扇并不是一直在工作的,而是仅在变换器需要主动冷却时风扇才会工作。这个风扇无续动功能,在售后服务中可以通过变换器地址码来执行V274的元件诊断,以便检查该风扇。变换器A7技术数据见表2-5。

表2-5 变换器A7技术数据

名称	变压器,48V/12V A7
诊断地址	00C4
通信	混合动力CAN总线
48V正极/负极端子名称	40/41
12V端子名称	30
功率/kW	约3
重量/kg	约2.5
冷却	空气,被动式

即使行驶状况是车辆的"正常"工作状态,也还是可能有其他情形。这些情形连同其对变换器和48V蓄电池以及12V蓄电池的影响,都归纳到表2-6中。

表2-6 变换器A7工作对照表

发动机运行	端子15	外部12V充电器	变换器	48V蓄电池内的继电器
是	接通	否	48~12V	接合
否	接通	否	48~12V	接合
否	接通	是	12~48V	接合
否	关闭	是	12~48V	接合
否	关闭	否	无功能	断开

6. 轻度混合动力功能

这种48V轻度混合动力电动车可为驾驶人带来很多新功能,这既提高了效率,也提高了驾驶舒适性。这些新功能需要另外的操纵和显示。

1)车速小于22km/h也可实现自动起停。
2)起动发电两用机可辅助内燃机来工作。
3)更强的能量回收功能。
4)内燃机可关闭的智能惯性滑行。
5)通过起动发电两用机改善了内燃机的起动舒适性。
6)通过起动发电两用机改善了内燃机关闭时的舒适性。
7)通过起动发电两用机可让内燃机立即再起动(改变主意的情形)。

7. 48V车载电网的检修

车上采用48V供电系统后,可能会导致有触电危险。因此,服务站工作人员必须能识别出48V供电网,并能安全地去执行各种检修工作。48V供电网的检修工作只能在断了电的情况下来进行，且只能由具有电工基本知识的受过培训的人员来进行。

进行电气维修时需要建立48V断电状态，通过在车辆诊断测试仪上关闭电源来达到48V系统的断电状态，所需要的专用工具和维修设备为专用检测仪VAS6150E，具体流程如下。

1) 连接车辆诊断测试仪。
2) 选择运行模式"诊断"并启动。
3) 选择选项卡"特殊功能"。
4) 选择目录"48V车载电网"。
5) 在目录中选择"切断48V车载电网电源"。
6) 启动选择的程序，并根据车辆诊断测试仪显示屏上的说明进行操作。

48V系统的重新运行和断开操作路径基本相同，只是在最后一步选择"重新运行48V车载电网"，当然也可以选择手动断开48V电源系统。

二、奥迪A6L（C8）12V MHEV系统

奥迪A6L（C8）配备MHEV（轻度混合动力电动车）。4缸发动机的奥迪A6L（C8），是12V MHEV；配备6缸发动机的，是48V MHEV。12V MHEV上除了有传统的铅酸蓄电池外，还有一个12V锂离子电池以及一个12V起动发电两用机，其结构示意图如图2-97所示。和48V MHEV一样，12V MHEV也是无法实现纯电动驱动的。

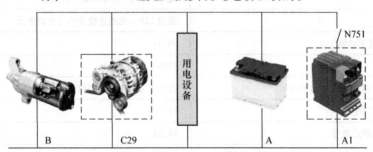

图2-97　12V MHEV结构示意图
B—起动机　C29—起动发电两用机　A—12V铅酸蓄电池　A1—12V锂离子电池
N751—12V锂离子电池内置继电器

该起动机是12V小齿轮起动机，用于在发动机润滑油温度低于45℃时起动内燃机。这个12V起动机的小齿轮按常见那样，与发动机飞轮上的齿圈啮合。

起动发电两用机C29有两个功能：在当作发电机使用时，它为车载供电网提供电能并为两个蓄电池充电，在当作电动机使用时，它用于起动内燃机（当然只有在发动机润滑油温度高于45℃且在自动起停模式时）。另外，它还会在某些行驶状况时用于辅助内燃机来驱动车辆。由于采用的是多楔传动带，所以这个起动发电两用机在起动发动机时是非常安静的，且几乎无振动。

蓄电池A是68A·h/380A AGM蓄电池，它安装在右侧后围板内。与绝大多数奥迪车型一样，蓄电池监控控制单元J367安装在该蓄电池的负极接线柱上。该蓄电池在更换之后，必须与蓄电池管理系统进行适配。蓄电池壳体上的正极线中有烟火式蓄电池断开元件，这样

的话，在发生碰撞事故时，安全气囊控制单元 J234 就可将蓄电池主电缆断开了（也就是断电了）。第二蓄电池 A1 是锂离子电池，它与铅酸蓄电池是并联的。该蓄电池通过一个内置继电器与铅酸蓄电池接通。第二蓄电池安装在流水槽内右侧，通过流水槽盖板上的保养盖就可够到。为了防止机械损伤，第二蓄电池配备有铝质防护壳体。

1. 起动发电两用机 C29

在 12V MHEV 上，起动发电两用机 C29 是 12V 传动带驱动式起动发电机两用机。这个 12V 传动带驱动式起动发电两用机是风冷式的。

C29 通过 LIN 数据总线与发动机控制单元 J623 连接。按常规，这个起动发电两用机也使用了一个专用的张紧元件，其作用是保证多楔传动带能以一个较大的包角缠绕在起动发电两用机的传动带轮上，如图 2-98 所示。12V MHEV 系统 C29 技术数据见表 2-7。

图 2-98　起动发电两用机 C29

表 2-7　12V MHEV 系统 C29 技术数据

名称	起动发电两用机 C29
诊断地址	无/发动机控制单元是主控制器
通信	通过 LIN-总线连接发动机控制单元
12V 正极/负极端子名称	30/31
转速范围	1500~22000r/min
传动比（起动发电两用机-内燃机）	约 3∶1（取决于发动机）
电机模式时的额定电压	12V
发电机模式时的额定电压	14.3V
电机模式时的额定功率（为内同提供帮助，最长 5s）	约 2kW
发电机模式时的额定功率（能量回收，最长 30s）	约 6kW
发电机模式时的持续额定功率	约 3kW
电机模式时的最大转矩	60N·m
重量	约 9.5kg

2. 第二蓄电池 A1

在铅酸蓄电池的壳体内，主要有蓄电池单体、隔板、连接条和电解液。而锂离子蓄电池与此不同，内部还包含有例如蓄电池内置控制单元以及继电器。借助这个继电器，可以"切断"正极接线柱。因此，在这个继电器脱开时，该接线柱是无电压的。为了防止机械损伤，第二蓄电池是放置在铝质防护壳体内的，如图 2-99 所示。不对 12V 锂离子电池进行主动冷却。

第二蓄电池与铅酸蓄电池是并联的。根据发动机型号情况，第二蓄电池在起动过程中或者起动刚完成后会接合（接通）。如果点火开关关闭了，那么这个继电器会再次断开，于是第二蓄电池就又与车载供电网断开了。在某些特定工况下（例如在散热器风扇或者辅助水泵续动过程中），该继电器在断开了15号接线柱后也会保持接通状态。

如果把一个外部充电器接到车载供电网上，那么即使15号接线柱已断开了，约30s后该继电器也会接合（接通），以便能给第二蓄电池充电。在发生了安全气囊触发的事故时，安全气囊控制单元J234会把一个信号发送到蓄电池控制单元，该继电器就断开了。在拆下第二蓄电池时，必须对蓄电池进行目视检查和评估。12V锂离子蓄电池技术数据见表2-8。

图2-99　12V锂离子电池防护壳

表2-8　12V锂离子蓄电池技术参数

名称	第二蓄电池A1
诊断地址	80
通信	混合动力CAN总线
12V正极/负极端子名称	30/31
额定电压	12V
电池格数量	4
容量	11A·h
可用电能	0.15kW·h
工作温度	-30~65℃
重量	约5kg，不包括防护壳
冷却	空气冷却，被动式
安装位置	流水槽内右侧，在防护壳内

复　习　题

选择题

1）在48V MHEV系统中，48V正极供电线的端子代号是（　　）。
A. 87　　　　　B. 40　　　　　C. 30　　　　　D. 15

2）奥迪A8D5配备有48V MHEV系统，其电源管理的主控单元是（　　）。
A. 蓄电池监控控制单元J367　　　　B. 发动机控制单元J623
C. 数据总线诊断接口J533　　　　　D. 起动发电机C29

3）进行电气维修时需要建立48V断电状态，断电的手段有（　　）。
A. 手动断电　　B. 诊断仪断电　　C. 不需要断电　　D. A和B两种方法都可以

项目三 起动系统

学习任务一 认识起动机结构及工作特性

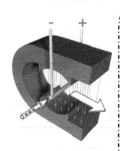

情境引入

在汽车维修车间，师徒对话。

学徒工：王师傅，汽车用起动机主要由几部分组成？

王师傅：起动机主要由 3 部分组成：直流串励式电动机，其作用是将电能转化为机械能，产生转矩带动飞轮旋转；传动机构的作用是将电动机转矩传递给飞轮，起动后飞轮齿圈与驱动齿轮自动打滑脱离；电磁开关主要用来控制起动机驱动齿轮与发动机飞轮齿圈啮合，控制起动机主电路。

学习目标

1) 理解起动机的构造、主要部件的作用及工作原理。
2) 熟悉单向滚柱式离合器的结构及工作过程。
3) 能熟练地使用万用表检测电磁开关。
4) 了解起动机的工作特性。

汽车发动机是靠外力起动的，常用的起动方式有人力起动和电力起动两种。人力起动简单，但是不方便，劳动强度大，目前只在部分汽车上作为后备方式而保留着。电力起动操作简单、起动迅速可靠、重复起动能力强，因此在现代汽车上广泛采用。

一、起动系统的组成

起动系统由蓄电池、起动机、起动继电器、点火开关等组成，如图 3-1 所示。起动机在点火开关和起动继电器的控制下，将蓄电池的电能转化为机械能，带动发动机飞

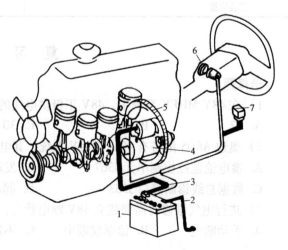

图 3-1 起动系统总成

1—蓄电池 2—搭铁电缆 3—起动机电缆
4—起动机 5—飞轮 6—点火开关 7—起动继电器

轮齿圈使曲轴转动，完成发动机的起动。

二、起动机的分类及型号

目前，典型的起动机结构有以下几种类型。

1）普通起动机。
2）减速起动机。
3）永磁起动机。

根据我国行业标准 QC/T 73—1993《汽车电气设备产品型号编制方法》的规定，起动机的型号如下。

| 1 | 2 | 3 | 4 | 5 |

1）产品代号：起动机的产品代号 QD、QDJ、QDY 分别表示起动机、减速起动机及永磁起动机（包括永磁减速起动机）。
2）电压等级代号：1—12V；2—24V。
3）功率等级代号：其含义见表3-1。
4）设计序号。
5）变形代号。

表3-1 功率等级代号的含义

功率等级代号	1	2	3	4	5	6	7	8	9
功率/kW	~1	>1~2	>2~3	>3~4	>4~5	>5~6	>6~7	>7~8	>8

例如：QD124——额定电压为12V、功率为1~2kW、第4次设计的起动机；QD1225——额定电压为12V、功率为1~2kW、第25次设计的起动机。

三、起动机的结构

起动机是起动系统的主要组成部分。起动机由直流串励式电动机、传动机构和操纵机构3个部分组成，如图3-2所示。

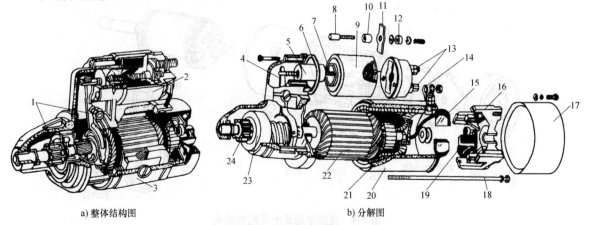

a) 整体结构图　　b) 分解图

图3-2 起动机的结构图

1—传动机构　2—电磁开关　3—直流串励式电动机　4—拨叉　5—活动铁心　6—垫圈　7—弹簧　8—顶杆　9—线圈体　10、12—绝缘垫　11—接触盘　13—接线柱　14—连接铜片　15—电刷　16—端盖　17—防护罩　18—穿钉　19—搭铁电刷　20—外壳　21—定子绕组　22—电枢　23—单向离合器　24—驱动齿轮

1. 直流串励式电动机

直流串励式电动机的作用是将蓄电池输入的电能转化为机械能，产生电磁转矩。

（1）工作原理

直流串励式电动机是将电能转化为机械能的装置，是以通电导体在磁场中受磁场力作用这一原理为基础制成的，其工作原理图如图3-3所示。

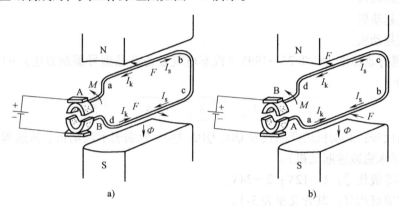

图3-3 直流串励式电动机的工作原理图

当电路接通时，电流通过电刷和换向器流入电枢绕组。如图3-3a所示，换向片A与正电刷接触，换向片B与负电刷接触，绕组中电流方向为a→b→c→d，根据通电导体在磁场中受电磁力的原理（左手定则），绕组ab边、cd边均受到电磁力F的作用，由此产生逆时针方向的电磁转矩M使电枢转动；当电枢转动至换向片A与负电刷接触，换向片B与正电刷接触时，电流改由d→c→b→a（换向器适时地改变了电枢绕组中的电流方向），如图3-3b所示，但电磁转矩的方向仍保持不变，使电枢按逆时针方向继续转动。

由于一个线圈所产生的力矩太小，转速又不稳定，所以电动机的电枢绕组是由很多线圈组成的，换向器的片数也随线圈的增加而增加。

（2）构造

直流串励式电动机由磁极、电枢、换向器、电刷和端盖组成，如图3-4所示。

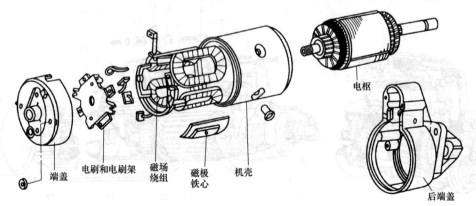

图3-4 直流串励式电动机的结构

1）电枢。电枢由电枢轴、电枢绕组、换向器、铁心等组成，其作用是产生电磁转矩，如图 3-5a 所示。电枢铁心由硅钢片叠成后固定在轴上，铁心外围均开有线槽，用以放置电枢绕组。为了得到较大的转矩，须尽可能地提高电枢电流（一般为 200~600A），因此，电枢绕组都是用较粗的矩形裸铜线绕制而成，在铜线与铁心之间、铜线与铜线之间用绝缘纸隔开。电枢绕组的两端均匀地焊在换向片上。电枢绕组一般用波绕法，如图 3-5b 所示，与每一绕组两端相连接的换向片相隔 90°。此种绕法电阻较低，有利于提高转矩。

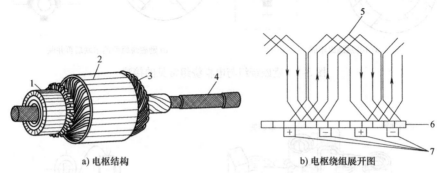

图 3-5 电枢

1、6—换向器 2—铁心 3、5—电枢绕组 4—电枢轴 7—电刷

由电动机的工作原理可知，换向器的作用是将电源提供的直流电转变为电枢绕组所需要的交流电，以保证电枢绕组所产生的转矩方向不变。换向器由铜片和云母片相间叠加而成，铜片之间用云母片绝缘。

2）磁极。磁极的作用是产生磁场，它由固定在机壳上的磁极铁心和磁场绕组组成。为了增大磁场强度，大多数起动机采用 4 个磁极。通过螺钉将磁极铁心固定在电动机的外壳上，磁极与磁路如图 3-6 所示。励磁绕组也是采用矩形粗铜线绕制而成的（电流达到 200~600A）。励磁绕组与电枢绕组常见的接法如图 3-7 所示。由于励磁绕组与电枢绕组串联，故这种电动机称为直流串励式电动机。

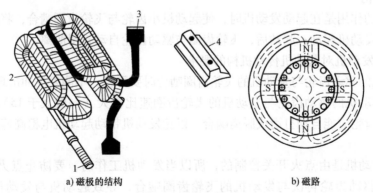

图 3-6 磁极与磁路

1—接线柱 2—励磁绕组 3—电刷 4—铁心

3）电刷与电刷架。电刷与电刷架的作用是将电流引入电动机，使电枢产生定向转矩。电刷一般是用铜和石墨粉压制而成的，有利于减小电阻及增加耐磨性。电刷装在电刷架中，借弹簧压力压在换向器上，如图 3-8 所示。一般电动机内装有 4 个电刷，其中两个电刷直接搭铁，称为搭铁电刷。

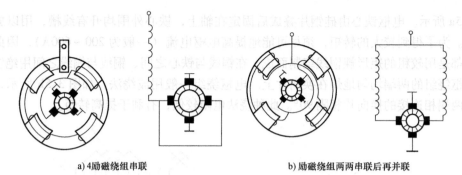

a) 4励磁绕组串联　　　b) 励磁绕组两两串联后再并联

图 3-7　励磁绕组与电枢绕组常见的接法

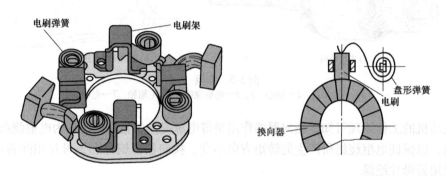

图 3-8　电刷及电刷架

4）轴承。因为起动机每次工作的时间很短，并且承受的是冲击载荷，所以起动机轴承一般都采用青铜石墨轴承或铁基含油轴承。而减速起动机电枢轴的转速很高，其电枢轴承采用滚柱轴承或球轴承。

2. 传动机构

传动机构的作用是在起动发动机时，使起动机小齿轮与飞轮齿圈啮合，将起动机的转矩传递给曲轴使发动机起动；起动后，飞轮齿圈与驱动齿轮自动打滑脱离。

（1）汽车发动机对起动机传动机构的要求

1）起动机的驱动齿轮与发动机的飞轮齿圈啮合时要平稳，不能发生冲击现象。

2）由于起动机的驱动齿轮与发动机的飞轮齿圈速比很大（一般大于15），因此发动机起动后，驱动齿轮应能自动打滑或脱离啮合，以免发动机带动起动机电枢高速旋转造成电枢绕组"飞散"。

3）因为起动机是由点火开关控制的，所以当发动机工作时，要防止点火开关误操作，而使起动机的驱动齿轮再次与发动机的飞轮齿圈啮合，导致起动机与发动机飞轮齿圈的损坏。

图 3-9 所示为传动机构的工作示意图。图 3-9a 所示为起动机不工作时所处的位置。图 3-9b 所示为在电磁开关作用下，驱动齿轮与飞轮齿圈正在啮合，此时起动机的主电路还没有接通。图 3-9c 所示为驱动齿轮与发动机飞轮齿圈完全啮合，此时主电路接通，电枢轴开始带动发动机曲轴旋转。发动机起动后，驱动齿轮与飞轮齿圈仍处于啮合状态，单向离合器打滑，驱动齿轮在飞轮的带动下空转；当松开点火开关后，驱动齿轮在电磁开关的作用

下，与发动机飞轮齿圈脱离啮合。

起动机传动机构的主要部件是单向离合器。其作用是在起动时将电枢产生的电磁转矩传递给发动机飞轮；而当发动机起动后，单向离合器立刻打滑，以防止发动机飞轮带动电枢高速旋转，造成电枢绕组"飞散"。

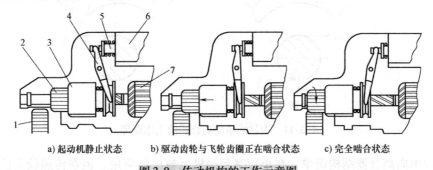

a) 起动机静止状态　　b) 驱动齿轮与飞轮齿圈正在啮合状态　　c) 完全啮合状态

图 3-9　传动机构的工作示意图

1—飞轮　2—驱动齿轮　3—单向离合器　4—拨叉　5—活动铁心　6—电磁开关　7—电枢

(2) 常见的起动机单向离合器

1) 滚柱式单向离合器。滚柱式单向离合器是通过改变滚柱在楔形槽中的位置来实现分离和结合的，其结构如图 3-10 所示。

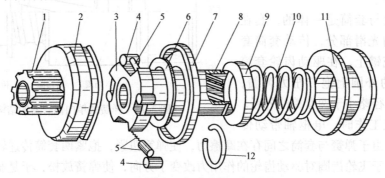

图 3-10　滚柱式单向离合器的结构

1—驱动齿轮　2—外壳　3—十字块　4—滚柱　5—弹簧　6—垫圈　7—护盖
8—花键套筒　9—弹簧座　10—啮合弹簧　11—拨环　12—卡簧

单向离合器的外壳 2 与驱动齿轮 1 为一体，外壳 2 与十字块 3 之间形成 4 个楔形槽，每个槽中有一个滚柱；十字块 3 与花键套筒 8 为一体，花键套筒 8 内侧带键槽，套在电枢的花键部位上。其工作过程如下：当起动机开始工作时，拨叉拨动拨环 11，使驱动齿轮 1 与发动机飞轮齿圈啮合，电磁转矩由电枢轴传到花键套筒 8 与十字块 3，使十字块 3 同电枢轴一同旋转。此时，由于飞轮齿圈给起动机驱动齿轮 1 的反作用力，滚柱在摩擦力矩的作用下滚入楔形槽的窄端而卡死（图 3-11a），于是驱动齿轮 1 和花键套筒 8 成为一个整体，带动飞轮，起动发动机。当发动机起动后，发动机飞轮带动驱动齿轮 1 旋转，外壳 2 的转速高于十字块 3 的转速，此时滚柱在摩擦力矩的作用下滚向楔形槽的宽端而打滑（图 3-11b）。这样发动机的转矩就不能通过驱动齿轮 1 传递给电枢，可防止电枢因高速飞转而造成电枢绕组"飞散"事故。

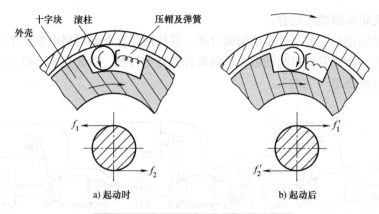

图3-11 滚柱式单向离合器的工作原理

滚柱式单向离合器结构简单,在小功率起动机上被广泛应用。但在传递较大的转矩时,滚柱易变形卡死,因此滚柱式单向离合器不适用于功率较大的起动机。

2)弹簧式单向离合器。弹簧式单向离合器是通过扭力弹簧的径向收缩和放松来实现分离和结合的,其结构如图3-12所示。

驱动齿轮与套筒是一体的,套在电枢轴前端的光滑部分,传动套筒套在电枢轴的花键上。在驱动齿轮套筒与传动套筒的外圆上抱有扭力弹簧,扭力弹簧的内径略小于两套筒的外径。

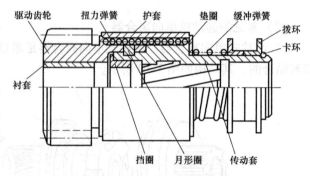

图3-12 弹簧式单向离合器的结构

当起动机工作时,电枢轴带动传动套筒旋转。由于弹簧与套筒之间存在摩擦力,使弹簧扭紧,抱紧两套筒传递转矩。当发动机起动后,由于飞轮齿圈对驱动齿轮的作用力改变了方向,使弹簧放松,于是驱动齿轮只能在电枢轴的光滑部分高速空转,防止了电枢轴超速运转带来的危险。

弹簧式单向离合器结构简单、成本低、使用寿命长,但由于扭力弹簧的轴向尺寸较长,所以一般只应用在大功率的起动机上。

3. 电磁开关

电磁开关称为起动机的操纵机构或控制机构,主要用来控制起动机驱动齿轮与发动机飞轮齿圈啮合,控制起动机主电路(电流为200~600A)。

(1)电磁开关的结构

图3-13所示为电磁开关的结构与工作原理图。电磁开关主要由吸拉线圈7、保持线圈8、活动铁心9、接触盘6等组成。其中,吸拉线圈7与电动机串联,保持线圈8与电动机并联,直接搭铁。活动铁心9一端通过接触盘6控制主电路的导通,另一端通过拨叉11控制驱动齿轮的啮合。在起动机电磁开关上有3个接线柱:主接线柱3(接蓄电池的起动电缆)、起动接线柱5(接点火开关起动档或起动继电器)和点火线圈附加电阻短路接线柱2(接点火线圈)。

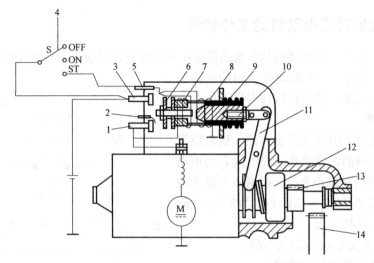

图 3-13 电磁开关的结构与工作原理

1、3—主接线柱　2—附加电阻短路接线柱　4—点火开关　5—起动接线柱　6—接触盘　7—吸拉线圈
8—保持线圈　9—活动铁心　10—调节螺钉　11—拨叉　12—单向离合器　13—驱动齿轮　14—飞轮

(2) 起动机的工作过程

1) 起动时，将点火开关打到起动档（ST），电磁开关通电，其电路为蓄电池正极→起动机主接线柱3→点火开关4→起动机接线柱5 ⎨ 保持线圈8→搭铁。
⎩ 吸拉线圈7→主接线柱1→直流串励式电动机→搭铁。

此时，吸拉线圈7与保持线圈8的电流方向相同、磁场方向相同，活动铁心9在两个线圈磁场力的共同作用下克服回位弹簧的作用向左移动，通过拨叉11使驱动齿轮13与发动机飞轮14啮合。当驱动齿轮13与飞轮啮合后，接触盘6将主接线柱1、3内侧触头接通，于是起动机的主电路接通（电流为200~600A），其电路为蓄电池正极→主接线柱3→接触盘6→主接线1→励磁绕组→电刷→电枢绕组→电刷→搭铁。

这时，直流电动机产生电磁转矩，通过单向离合器带动曲轴旋转，起动发动机。

2) 发动机起动后，单向离合器打滑。

3) 松开点火开关，点火开关从起动档（ST）回到点火档（IG），这时从点火开关到起动接线柱5之间已没有电流，吸拉线圈7与保持线圈8由原来的并联转为串联，其电路为蓄电池正极→主接线柱3→接触盘6→主接线柱1→吸拉线圈7→保持线圈8→搭铁。

此时，吸拉线圈7与保持线圈8的电流方向相反、磁场方向相反，磁吸力相互抵消，因此，活动铁心9在回位弹簧的作用下迅速右移，使主电路断开，驱动齿轮13与飞轮14脱离啮合，起动机停止工作。

在接触盘6接通主电路之前，电流经吸拉线圈7到励磁绕组与电枢绕组，因此电枢产生了一个较小的电磁转矩，使驱动齿轮13在缓慢的旋转状态下与飞轮14平稳啮合。主电路接通后吸拉线圈7被短路，活动铁心9由保持线圈8产生的磁吸力来保持；主电路接通的同时，接触盘6将附加电阻短路接线柱2接通，使点火线圈的附加电阻短接，提高点火电压。现在附加电阻已经很少采用，因此这个接线柱或不接线，或已经被取消。

四、直流串励式电动机的工作特性

在直流电动机中，励磁绕组与电枢组的连接方式可分为串励式、并励式和复励式3种形式，如图3-14所示。汽车起动机所用的电动机为直流串励式电动机，其工作特性有以下几点。

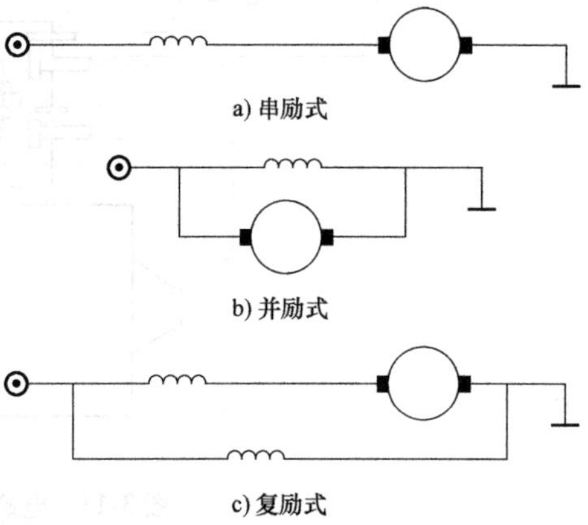

1. 转矩特性

图3-14a所示为串励式励磁方法，励磁绕组与电枢绕组是串联的，因此其励磁电流 I_j 与电枢电流 I_s 相等。在磁路未饱和时，磁通 ϕ 与励磁电流 I_j 成正比，即 $\phi = C_1 I_j = C_1 I_s$（C_1 为常数），故电动机产生的电磁转矩为

$$M = C_m \phi I_s = C_m C_1 I_s I_s = C I_s^2$$

式中　C_m——电动机的结构常数；
　　　C——常数。

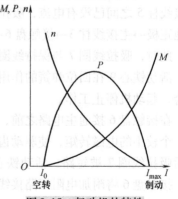

图3-14　直流电动机的励磁方法

在磁场未饱和时，串励式直流电动机的电磁转矩 M 与电枢电流 I_s 的二次方成正比。在磁路饱和时，磁极磁通 ϕ 为常数，电磁转矩与电枢电流成直线关系，如图3-15中的曲线 M 所示。

由上式可知，当电枢电流相同时，串励式直流电动机产生的电磁转矩比并励式直流电动机产生的电磁转矩（$M = CI_s$）要大得多。这是汽车起动机采用串励式电动机的原因之一。

当电枢在电磁力矩的作用下转动时，电枢绕组在转动的同时切割磁力线而产生感应电动势，根据右手定则可判断其方向与电枢电流 I_s 的方向相反，故称为反电动势，用 E_f 表示。$E_f = C_m \phi n$（C_m 为电动机的结构常数），这样，外加电压 U 除一部分降落在电枢绕组的电阻 R_s 和励磁绕组的电阻 R_j 上外，另一部分则用来平衡反电动势 E_f，即

$$U = E_f + I_s R_s + I_s R_j$$

$$I_s = \frac{U - E_f}{R_s + R_j} = \frac{U - C_m \phi n}{R_s + R_j}$$

在起动瞬间，由于发动机的阻力矩很大，起动机处于完全制动的情况下，$n = 0$，所以 $E_f = 0$。此时电枢电流 I_s 将达到最大值（称为制动电流），产生最大转矩（称为制动转矩），从而使起动机易于起动。这就是汽车上采用直流串励式电动机的另一个主要原因。

2. 转速特性

由电动机的电压平衡方程式可知，起动机的转速为

$$n = \frac{U - I_s(R_s + R_j)}{C_m \phi}$$

由上式可知，直流串励式电动机在轻载时 I_s 小、转速高，重载时 I_s 大、转速低，如图3-15中的曲线 n 所示。

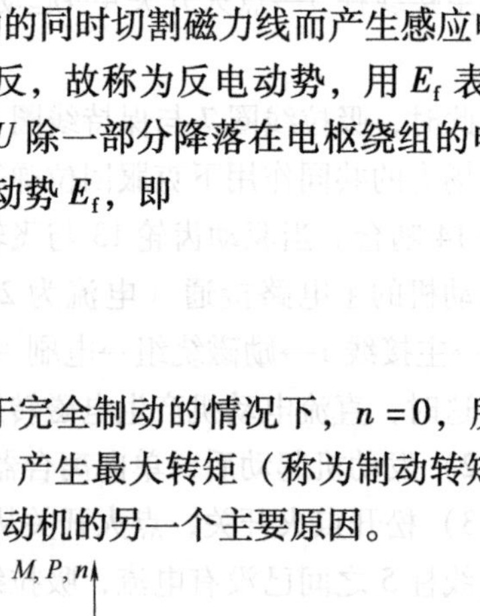

直流串励式电动机在重载时转速低而转矩大的特性，可以保证起动安全可靠，但是在轻载和空载时的转速很高，容易造成电枢绕组飞散。因此，直流串励

图3-15　起动机的特性

式电动机不可在轻载或空载下运行。

3. 功率特性

起动机的输出功率 P 可以通过测量电枢轴上的输出转矩 M 和电枢转速 n 来确定，即

$$P = \frac{Mn}{9550}$$

式中　M——起动机的输出功率（N·m）；
　　　n——电枢的转速（r/min）。

从上式可以看出，完全制动（$n=0$）和空载（$M=0$）两种情况下，起动机的功率都等于零。如图 3-15 中的曲线 P 所示，在 I_s 接近全制动电流的一半时，起动机的输出功率最大。因为起动机工作时间很短，所以允许在最大功率状态下工作。通常把起动机的最大输出功率称为起动机的额定功率。

五、影响起动机功率的使用因素

1. 接触电阻

接触电阻主要是指蓄电池的极柱与起动机电缆线、起动机电缆线与搭铁、接触盘与主接线柱内侧触头、起动机电刷与换向器片等接触不良产生的电阻，会导致起动主电路电阻增大，起动电流下降，使起动机功率下降。另外，起动机电缆线不要随意更换，最好使用与车型配套的电缆线，否则电缆线过长、过细都会使电阻增大，使起动机功率下降。

2. 蓄电池的容量

蓄电池的容量越小，则内阻越大，起动电流下降，使起动机功率下降，因此，在使用蓄电池时要保证蓄电池充足电。

3. 温度

温度低时会引起蓄电池的内阻增大，容量下降，导致起动机的输出功率下降。

六、起动机的典型结构

1. 普通式起动机

红旗与奥迪等轿车采用的起动机为普通式起动机，其结构如图 3-16 所示。电动机为直流串励式电动机，采用滚柱式单向离合器。红旗轿车起动系统电路如图 3-17 所示，电磁开关上有两个接线柱：30 为主接线柱，50 为起动接线柱。起动系统中没有起动继电器，这是因为点火开关起动档容量大，允许起动机电

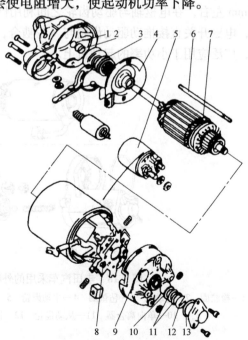

图 3-16　普通式起动机的结构
1—开口弹簧圈　2—推力垫圈　3—单向离合器
4—中间轴承　5—电磁开关　6—穿钉
7—转子　8—电刷架　9—后端盖
10—密封垫　11、13—垫片　12—锁紧片

磁开关线圈内的电流（小于20A）短时间内通过。

工作过程：起动发动机时，将点火开关打到起动档，电磁开关接通，拨叉使单向离合器的驱动齿轮与飞轮啮合，接触盘使起动机的主电路接通，电枢绕组产生电磁转矩，带动发动机曲轴旋转；当发动机起动后，单向离合器打滑，松开点火开关到点火档，主电路断开，拨叉使驱动齿轮与飞轮脱离啮合，完成起动动作。

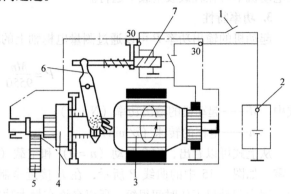

图3-17 红旗轿车起动系统电路
1—点火开关 2—蓄电池
3—电枢 4—单向离合器
5—飞轮 6—拨叉 7—电磁开关

2. 减速起动机

减速起动机的结构特点是在电枢和驱动齿轮之间装有一级减速齿轮（一般速比为3～5），其优点是，在同样的输出功率下，体积和质量比普通起动机的减小30%～50%，并便于安装，提高了起动转矩，有利于低温起动。起动机的减速机构常见的有外啮合式、内啮合式及行星齿轮式3种。

（1）外啮合式减速起动机

图3-18所示为丰田汽车采用的外啮合式减速起动机分解图。该起动机的传动中心距离为30mm左右，在电枢轴与驱动齿轮之间利用惰轮作中间传动，且电磁开关铁心与驱动齿轮同轴，电磁开关直接推动驱动齿轮与飞轮啮合，无须拨叉，起动机的减速传动效率高，成本适中，广泛应用于小功率的起动机上。

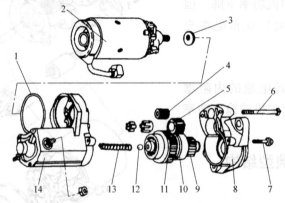

图3-18 丰田汽车采用的外啮合式减速起动机分解图
1—橡胶圈 2—电动机 3—毡垫圈 4—主动齿轮 5—惰轮 6—穿钉 7—螺栓 8—外壳 9—驱动齿轮
10—单向离合器 11—从动齿轮 12—钢球 13—回位弹簧 14—电磁开关

（2）内啮合式减速起动机

图3-19所示为内啮合式减速起动机的结构图，该种起动机的传动中心距离为20mm左右，减速传动效率高，但成本高。

（3）行星齿轮式减速起动机

行星齿轮式减速起动机的传动中心距离为零，输出轴与电枢轴同心，可使整机尺寸减

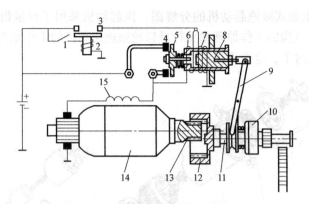

图 3-19 内啮合式减速起动机的结构图

1—起动开关 2—起动继电器 3—起动继电器触点 4—主接线柱内侧触头 5—接触盘
6—吸拉线圈 7—保持线圈 8—活动铁心 9—拨叉 10—单向离合器 11—螺旋花键轴
12—内啮合减速齿轮 13—主动齿轮 14—电枢 15—励磁绕组

小。同时该种起动机的传动比最大，可达 4.5:1，大大减小了起动机的起动电流。如图 3-20 所示，行星齿轮减速器在电枢轴与驱动齿轮之间传递动力，3 个行星轮装在行星轮架上，内齿圈固定不动。当电枢轴旋转时，太阳轮带动 3 个行星轮绕内齿圈的内齿旋转，行星轮绕内齿圈的运动带动行星轮架旋转，行星轮架与输出轴连接。其动力传递路线为电枢轴（太阳轮）→行星轮及支架（与输出轴一体）→滚柱式单向离合器→驱动齿轮→飞轮。

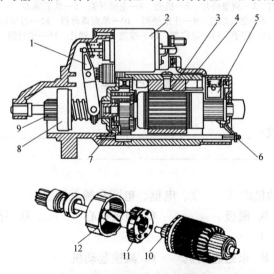

图 3-20 行星齿轮式减速起动机

1—拨叉 2—电磁开关 3—电枢 4—磁场 5—电刷 6—换向器 7—行星齿轮减速机构
8—单向离合器 9—驱动齿轮 10—太阳轮 11—行星轮架 12—内齿圈

3. 永磁式起动机

永磁式起动机以永磁材料为磁极，具有质量轻、结构简单等优点。由于永磁式电动机的机械特性较差，所以永磁式电动机必须配有减速机构，即永磁式起动机一般都是永磁减速式起动机。该种起动机一般都用 2~3 对磁极，在其他方面与有励磁绕组的起动机一样，应用车型为美国通用公司生产的部分轿车、国产北京切诺基等。

图 3-21 所示为永磁式减速起动机的分解图。该起动机采用了行星齿轮减速机构、滚柱式单向离合器，减速机构的工作原理参见行星齿轮减速起动机的工作原理，其他部分的工作原理在前面都已叙述过了，这里不再讲述。

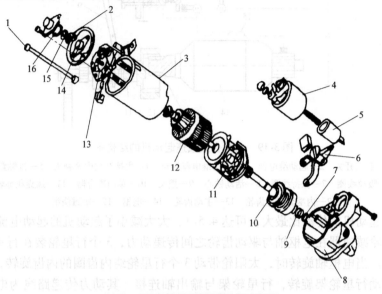

图 3-21 永磁式减速起动机分解图
1—穿钉 2—调整垫片 3—机壳 4—电磁开关 5—活动铁心 6—拨叉
7—卡环 8—驱动端盖 9—止推垫圈 10—单向离合器 11—行星齿轮机构
12—转子 13—电刷架 14—端盖 15—锁片 16—密封圈

复 习 题

一、填空题
1）起动系统的组成：_____、_____、_____、_____。
2）起动机的类型：_____、_____、_____。

二、选择题
1）直流串励式电动机由（　　）、电枢、电刷和端盖组成。
A. 磁场绕组　　　B. 磁极　　　C. 磁极铁心　　　D. 外壳
2）QDJ 表示（　　）。
A. 起动机　　　B. 永磁起动机　　　C. 减速起动机
3）起动机主要由（　　）三个部分组成。
A. 直流串励式电动机、传动机构、电磁开关
B. 交流励磁电动机、传动机构、蓄电池
C. 直流串励式电动机、蓄电池、电磁开关
D. 交流励磁电动机、蓄电池、电磁开关

学习任务二 认识起动系统控制电路

情境引入

故障现象： 2018年一汽-大众宝来轿车，装用1.6L 81kW发动机，行驶50 000km，出现不能起动故障。

原因分析： 首先检查蓄电池电量，打开前照灯亮度足够，按压喇叭声音洪亮，说明蓄电池不缺电，再检查蓄电池线连接牢靠。打起动档时，测量电磁开关"T1"号端子为12V，说明点火开关50信号以及从点火开关到起动机电磁开关的控制线完好。最后更换起动机故障排除，拆开发现电磁开关内部接触盘和触点严重烧蚀，导致电路接触不良。

学习目标

1）能熟练地阅读、分析起动电路图。
2）能根据电路图在车上找到起动系统的相关元件。
3）能根据起动电路图诊断起动系统故障。

一般汽车起动机都是由点火开关起动档来控制的。但是，由于起动机的电磁开关工作电流较大，若直接由点火开关控制起动机的电磁开关，点火开关会因此而经常烧坏。为此，在一些汽车上的起动控制电路中加装了起动继电器，以避免起动机电磁开关的电流直接通过点火开关起到保护点火开关的作用。此外，有的起动机控制电路还具有防止误操作的功能，即在发动机工作时，若点火开关打到起动档，起动机也不能工作，以避免打坏驱动齿轮和飞轮齿圈。

一、带有起动继电器的起动系统控制电路

如图3-22所示，发动机起动时，将点火开关起动档（ST位）接通，继电器的电磁线圈通电，使触点闭合，电源的电流便经继电器的触点通往起动机电磁开关的起动机接线柱。电磁开关通电后，便控制起动机开始正常工作。从电路中可以看出，起动期间流经点火开关起动档和继电器线圈的电流较小，大电流经过继电器开关流入起动机，保护了点火开关。

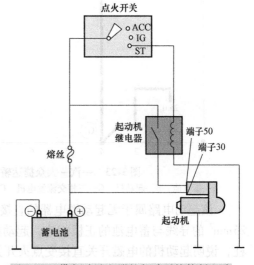

图3-22 带起动继电器的起动系统控制电路

二、一汽-大众捷达轿车(配置点火开关)起动机控制电路

一汽-大众捷达轿车(配置点火开关)起动机控制电路如图3-23所示。

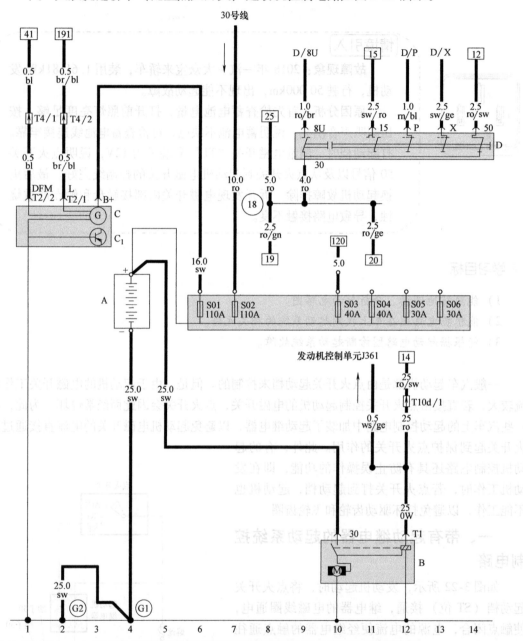

图3-23 一汽-大众捷达轿车(配置点火开关)起动机控制电路
A—蓄电池 B—起动机 C—三相交流发电机 C_1—电压调节器 D—点火起动开关 J361—发动机控制单元

该起动电路属于无起动继电器的直接控制式起动电路。起动机 B 的 30 号端子通过黑色 25mm² 的导线与蓄电池的正极相连,起动机的控制端子 T1 连接到点火开关 D 的 50 号接线柱,说明起动机的电磁开关直接受点火开关的控制。当点火开关旋转到起动位置时,点火开关的 50 号接线柱有电,接通电磁开关回路,电磁开关再接通起动机主电路,起动机工作。

三、一汽-大众速腾轿车 1.6L（配置点火开关）起动机控制电路

汽车电气系统引入车载网络后，整个控制原理就发生了变化，起动系统也是一样，如图 3-24 所示为一汽-大众速腾轿车 1.6L（配置点火开关）起动机控制电路图，该车搭载 0AM（DSG）自动变速器。

如图 3-24a 所示，当点火开关 D 打到 ST 位，此时点火开关 D 就将 ST 信号传输给转向柱电子装置控制单元 J527；变速杆 P 位锁止开关 F319 将变速杆位置信号传给转向柱电子装置控制单元 J527；如图 3-24b 所示，此时变速杆处于 P/N 位时发动机可正常起动，否则无法起动；如图 3-24c 所示，接收到信号的转向柱电子装置控制单元 J527 又将 ST 信号和 P/N 位置信号传输给车载电网控制单元 J519；同时，如图 3-24d 所示，防盗止动系统控制单元 J362 通过防盗止动系统读识线圈 D2 核实钥匙的身份是否合法，并将核实信息通过 CAN 总线传输给数据总线诊断接口 J533；J533 还要把身份核实信息传给车载电网控制单元 J519，最终由车载电网控制单元 J519 控制起动继电器 J682，给起动机电磁开关通电，主电路接通，起动机工作，具体电路如图 3-24e、图 3-24f 所示。

如果搭载的是手动变速器，也就不用去考虑变速杆 P 位锁止开关 F319 的位置信号了。

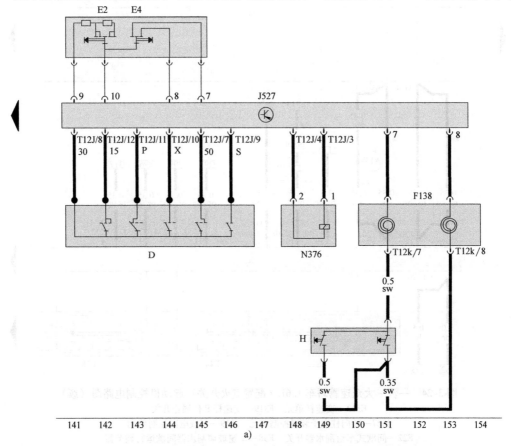

图 3-24 一汽-大众速腾轿车 1.6L（配置点火开关）起动机控制电路图

D—点火开关　E2—转向信号灯开关　E4—手动防眩目功能和远光瞬时接通功能开关
F138—安全气囊螺旋电缆和带集电环的复位环　H—信号蜂鸣器控制
J527—转向柱电子装置控制单元　N376—点火钥匙防拔出锁电磁铁

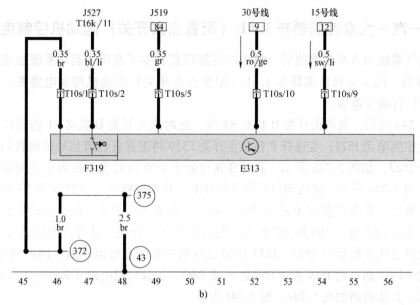

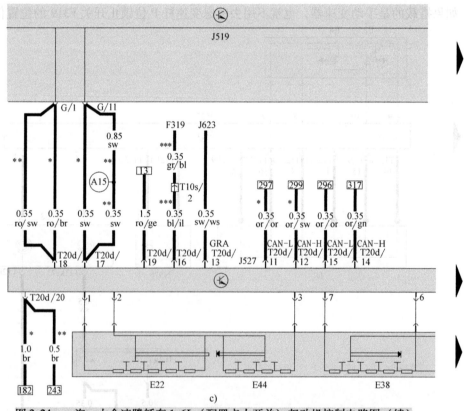

图 3-24　一汽 - 大众速腾轿车 1.6L（配置点火开关）起动机控制电路图（续）
E313—变速杆单元　F319—变速杆 P 位锁止开关
J527—转向柱电子装置控制单元　J519—车载电网控制单元
E22—间歇式车窗刮水器开关　E38—车窗玻璃刮水器间歇运行调节器
E44—车窗玻璃清洗泵开关（清洗刮水自动装置和前照灯清洗装置）
J623—发动机控制单元　*到 2008 年 09 月止　**从 2008 年 09 月起　***仅用于配置自动变速器的车辆

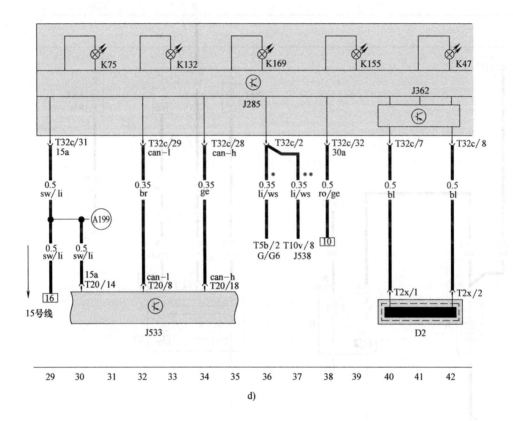

图3-24 一汽-大众速腾轿车1.6L（配置点火开关）起动机控制电路图（续）
D2—防盗止动系统读识线圈 G—燃油存量显示传感器
G6—预供给燃油泵 J285—仪表板中控制单元
J362—防盗止动系统控制单元 J533—数据总线诊断接口 J538—燃油泵控制单元
K47—ABS指示灯 K75—安全气囊指示灯 K132—电控节气门故障信号灯
K155—ESP和ASR指示灯 K169—变速杆锁指示灯
＊仅用于装备1.6L/74kW的汽车 ＊＊仅用于装备1.4L/96kW或1.8L/118kW的汽车

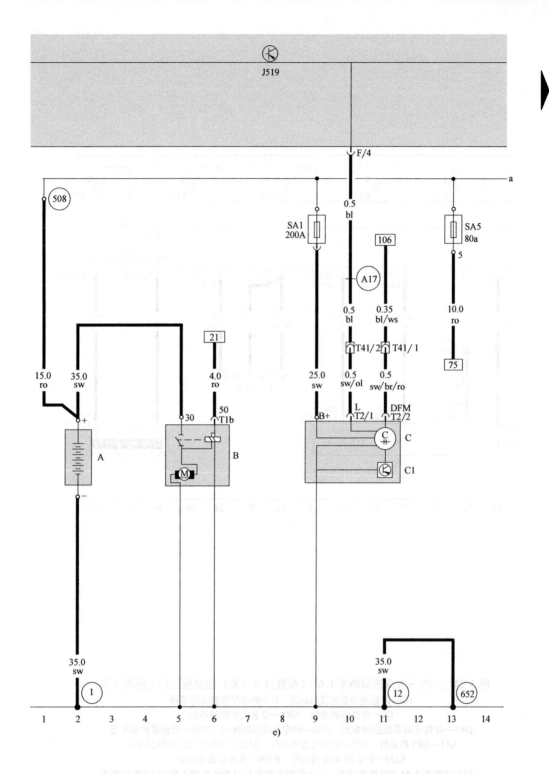

图 3-24 一汽-大众速腾轿车 1.6L（配置点火开关）起动机控制电路图（续）
B—起动机 C—三相交流发电机 C1—电压调节器 J519—车载电网控制单元

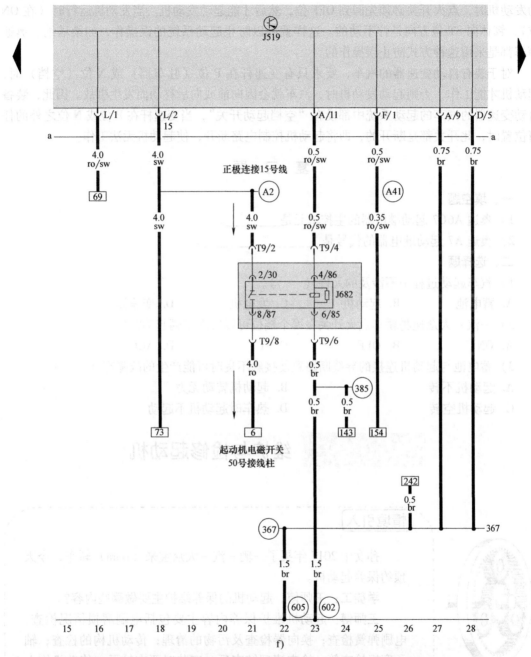

图 3-24 一汽-大众速腾轿车 1.6L（配置点火开关）起动机控制电路图（续）
J519—车载电网控制单元　J682—起动继电器

四、防止起动系统的误操作

当发动机工作时，起动机是不能工作的，大多数汽车采用点火开关锁体控制。起动时，点火开关拨动顺序为 OFF 位（关断档）→ON 位（运行档）→ST 位（起动档）；重复打起动档时，点火开关必须从 OFF 开始，即当发动机没有起动或发动机自动熄火，需要再次起动发动机时,点火开关必须先回到 OFF 位,然后才能起动发动机。当发动机运行时(在 ON 位),锁体向 ST 位方向是拧不动的。这样就可以防止起动系统的误操作,如桑塔纳、奥迪等车都是采用这种方式防止误操作的。

对于装有自动变速器的汽车,要求只有变速杆在 P 位(驻车档)或 N 位(空档)时,起动机才能工作,否则起动发动机时,汽车就会因向前或向后移动而发生事故。因此,装备自动变速器的汽车的起动系统中都设有"空档起动开关",当变速杆在 P 位或 N 位之外的任何位置时,此开关都是断开的,即将起动机控制电路断开,使起动机无法工作。

复 习 题

一、填空题

1)奥迪 A6C7 起动继电器的主控单元是_____。
2)奥迪 A7 起动继电器的代号是_____、_____。

二、选择题

1)汽车起动过程中不涉及的元件( )。
  A. 蓄电池　　　　B. 起动机　　　　C. 发电机　　　　D. 变速器
2)一汽 – 大众速腾轿车点火开关在哪个档位可以实现车辆起动?( )
  A. ON　　　　　　B. OFF　　　　　C. ST　　　　　　D. ACC
3)蓄电池与起动机连接的导线断路致使接触不良时可能产生的故障有( )。
  A. 起动机不转　　　　　　　　　B. 起动机转动无力
  C. 起动机空转　　　　　　　　　D. 热车时起动机不起动

学习任务三　维护与检修起动机

情境引入

孙女士 2017 年买了一辆一汽 – 大众宝来(Bora)轿车,今天预约保养起动机。

学徒工: 王师傅,起动机的保养维护主要做哪些内容?

王师傅: 起动机维护保养内容主要包括电刷磨损情况检查;电刷弹簧检查;换向器检查及污物的清理;传动机构的检查;轴承磨损检查等。检查清理结束后,安装时要在轴承、传动机构上涂抹合适的润滑脂。

学习目标

1)能熟练地维护和保养起动机。
2)能熟练地检查起动机各部件状态的好坏。
3)能根据检查结果判断起动机故障点。

一、起动机的使用与维护注意事项

1. 使用注意事项

1）起动发动机，应踩下离合器踏板或将变速杆置于空档，严禁挂档起动来移动车辆。

2）每次接通起动机的时间不应超过5s，重复起动时应停歇2min。

3）发动机起动后，应立即松开点火开关（或起动按钮），使起动机停止工作，以减小单向离合器不必要的磨损。

4）当发动机连续3次不能起动时，停止起动并进行简单的检查，如蓄电池的容量、极柱的连接、油路、电路等，否则蓄电池的容量将急剧下降，起动发动机变得更加困难。

2. 维修注意事项

1）在车上进行起动机检测之前，一定要将变速杆置于空档位置，并实施驻车制动。

2）在拆卸起动机之前，应先拆下蓄电池的搭铁电缆。

3）有些起动机在起动机与法兰盘之间使用了多块薄垫片，在装配时应按原样装回。

二、起动机的检修

起动系统发生故障后，经过诊断确定是起动机故障时，需将起动机从车上拆下进行检修。

1. 励磁绕组的检修

励磁绕组的导线截面积较大，通电电流非常大，易出现的故障是短路与搭铁，而断路可能性很小，应重点检查短路与搭铁故障。

励磁绕组短路故障的检查如图3-25所示。将蓄电池的电压加在励磁绕组两端，注意控制电流，同时用一铁片在4个磁极上分别感受磁吸力的大小。如果某一磁极有磁吸力明显低于其他磁极，则表明该磁极上的励磁绕组短路。

励磁绕组搭铁故障的检查如图3-26所示，用万用表检查电刷与起动机外壳之间的导通情况，若导通，则说明磁极绕组有搭铁故障。

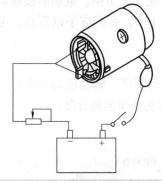

图3-25 励磁绕组短路故障的检查

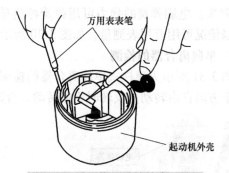

图3-26 励磁绕组搭铁故障的检查

励磁绕组断路故障的检查如图3-27所示，用万用表检查励磁绕组两端的导通情况，若不导通，则说明励磁绕组有断路故障。

以上每种故障现象发生，都需要更换励磁绕组或更换起动机总成。

2. 电枢的检修

（1）电枢绕组

电枢绕组搭铁故障的检查如图3-28所示，可用万用表检测换向器与电枢轴之间的导通情况，若导通，则说明有搭铁故障，应更换电枢。

（2）换向器

换向器的表面有轻微烧蚀时，用细砂纸打磨即可；严重烧蚀时（径向圆跳动大于 0.05mm），可在车床精加工，但铜片厚度不得小于 2mm。修整后，云母片的高度应与原标准一致，国产车的铜片应与云母片等高，进口车的铜片应比云母片高 0.2mm 以上。

（3）电枢轴

电枢轴的常见故障是弯曲变形，其检测方法如图 3-29 所示，用百分表测量电枢轴的弯曲程度，径向圆跳动不大于 0.15mm，否则应予以校正。

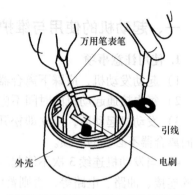

图 3-27 励磁绕组断路故障的检查

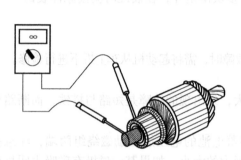

图 3-28 电枢绕组搭铁故障的检查

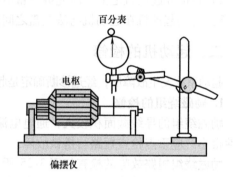

图 3-29 电枢轴的弯曲度检测方法

3. 电刷与电刷架的检修

电刷使用的极限高度为标准高度的 2/3，小于极限值时应予以更换。电刷的接触面不应小于 75%。电刷弹簧的弹力可用弹簧秤测量，弹力应大于 12N，否则应予以更换。电刷架的绝缘情况可用万用表测量，如图 3-30 所示。

4. 单向离合器的检测

图 3-31 所示为滚柱式单向离合器的检测方法，握住传动套筒，转动驱动小齿轮，应能朝一个方向自由转动；反转时不能转动，否则就有故障，应更换单向离合器。

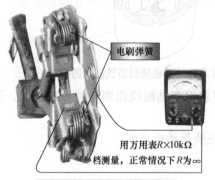

图 3-30 电刷架的绝缘检测

图 3-31 滚柱式单向离合器的检测方法

5. 电磁开关的检修

1）将两表针分别接于磁场接柱和电磁开关外壳，若有电阻，则说明保持线圈良好；若电阻为零，则为短路；若电阻无穷大，则为断路，如图3-32所示。

2）将两表针分别接于磁场接柱和起动机接线柱，若有电阻，则说明吸拉线圈良好；若电阻为零，则为短路；若电阻无穷大，则为断路，如图3-33所示。

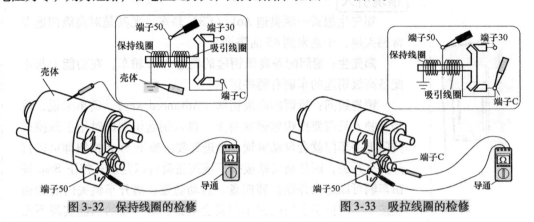

图3-32 保持线圈的检修　　　　　　　　图3-33 吸拉线圈的检修

3）用手将接触盘铁心压住，让电磁开关上的电源接线柱与起动机接线柱连通，测量两接柱的电阻应为零，否则为接触不良。

复 习 题

一、填空题

1）起动机检修时应进行_____的检修、_____的检修、_____的检修、_____的检测、_____的检修。

2）将万用表两表针分别接于磁场接柱和起动机接线柱，若有电阻，则说明_____；若电阻为零，则为_____；若电阻无穷大，则为_____。

二、选择题

1）下列选项中关于起动时注意事项正确的是（　　）。【多选】

A. 起动发动机，应踩下离合器踏板或将变速杆置于空档，严禁挂档起动来移动车辆

B. 每次接通起动机的时间不应超过2s，重复起动时应停歇2min

C. 发动机起动后，应立即松开点火开关（或起动按钮），使起动机停止工作，以减少单向离合器不必要的磨损

D. 当发动机连续多次不能起动时，应停止起动并进行简单的检查

2）起动机小齿轮无法与飞轮齿圈啮合的原因可能是（　　）。

A. 蓄电池亏电　　B. 单向离合器打滑　　C. 电刷过短　　D. 飞轮齿圈磨损严重

3）下列不会引起起动机运转无力的是（　　）。

A. 吸拉线圈断路　　　　　　　　　　B. 蓄电池亏电

C. 换向器脏污　　　　　　　　　　　D. 电磁开关中接触片烧蚀、变形

学习任务四　检修高级钥匙（Advanced Key）系统

情境引入

郑先生想买一辆奥迪 A6L（C8）轿车，尤其是对高级钥匙非常感兴趣，于是来到 4S 店咨询。

郑先生：请问配备高级钥匙的奥迪 A6L 轿车，在功能上与不配备高级钥匙的车辆有哪些区别？

销售顾问：所谓的高级钥匙（Advanced Key），简单来说，就是驾驶人只需要把钥匙带在身上，进入钥匙识别区时用手触摸或拉门把手车门就会自动解锁，坐进驾驶区按下 Start 按钮即可以打开点火开关，踩住制动踏板按下该按钮就可以起动；按下 Stop 按钮车辆可以熄火并锁住转向盘、启动防盗；离开车辆关门后触摸或按一下门把手上的按钮车门就会上锁，这一切的功能实现不需要把钥匙拿出来就可以完成，非常方便、快捷。

学习目标

1) 熟悉无钥匙起动系统的组成的功能且能熟练操作。
2) 了解系统元件的功能。
3) 能读懂系统工作流程图。
4) 能借助诊断仪分析、判断系统故障。

无钥匙进入起动许可系统（Keyless Go）也称作高级钥匙功能（Advanced Key）。简单来说，就是驾驶人只需要随身带着钥匙，进入钥匙识别区（与门把手的距离小于 1.5m）时用手拉把手车门就会打开，如图 3-34 所示；坐进驾驶区按下 Start 按钮可以打开点火开关，再踩住制动踏板按下该按钮就可以起动；按下 Stop 按钮车辆可以熄火并锁住转向盘、启动防盗；离开车辆关门后按一下门把手上的按钮车门就会上锁，如图 3-35 所示。

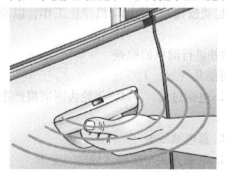

图 3-34　高级钥匙打开车门示意图

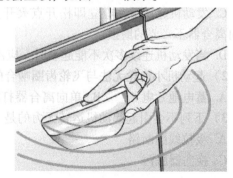

图 3-35　高级钥匙关闭车门示意图

本学习任务将以奥迪 A6L（C6）和第一代奥迪 A7 Sportback 为例，讲述无钥匙进入起动许可系统的工作原理。对系统的控制分为 3 个基本部分：使用和起动授权控制单元 J518、无钥匙使用授权天线读入单元 J723、使用和起动授权控制开关 E415。这 3 个部分通过子总线来完成相互之间的通信联系，如图 3-36 所示。使用和起动授权控制单元 J518 是系统的主控制单元，同时也是 CAN 舒适总线系统的一个用户。

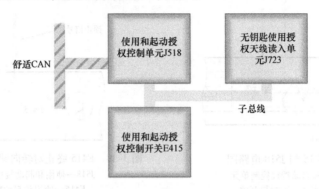

图 3-36 无钥匙进入起动许可系统组成示意图

一、带使用和起动授权控制单元 J518 的高级钥匙系统

1. 系统元件

（1）使用和起动授权开关 E415

使用和起动授权开关 E415，其实就是点火开关，如图 3-37 所示，除作为点火起动开关外，还集成了其他功能。

1）估算点火开关内钥匙的位置。点火开关内用 4 个开关来估算点火钥匙的位置，这些开关的信息通过局域总线及双导线（起监控作用）以二进制代码的形式传送到使用和起动授权控制单元上，如图 3-38 所示。

图 3-37 使用和起动授权开关 E415

2）与使用和起动授权控制单元一起切断转向锁支路。为了避免单独锁止转向柱，除了在使用和起动授权控制单元 J518 内断开外，还须在使用和起动授权开关 E415 内终止对机电式转向锁止机构电动机的供电，如图 3-39 所示。当 15 号接线柱接通时，供电就总是处于被切断状态。

3）对自动变速器来说，从变速器的档位开关 F305 中读入 P 位。这个信号用于操纵集成的电磁式点火开关防拔锁止机构。当蓄电池没电时，可以按下机械式应急开锁机构来拔出钥匙，如图 3-40 所示。

4）读入使用和起动授权按钮 E408 的信息（仅指有 Advanced Key 的车型）。使用和起动授权按钮 E408 的位置信息由使用和起动授权开关 E415 来使用，是出于安全考虑的，如图 3-41 所示。

5）读入制动灯开关 F 的信号（仅指有 Advanced Key 的车型）。为了能起动带有使用和起动授权按钮的车，必须踏下制动踏板。

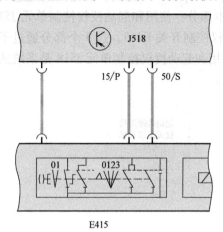

图3-38　E415与J518电路图
J518—使用和起动授权控制单元
E415—使用和起动授权开关

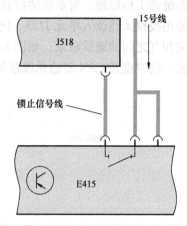

图3-39　E415终止对转向锁止机构供电示意图
J518—使用和起动授权控制单元
E415—使用和起动授权开关

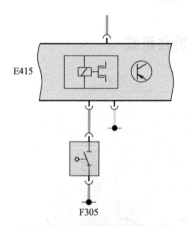

图3-40　E415读取P位示意图
F305—变速器的档位开关
E415—使用和起动授权开关

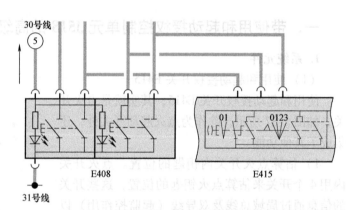

图3-41　E415读入按钮E408的信息示意图
E415—使用和起动授权开关　E408—使用和起动授权按钮

6）通过集成的读识线圈与钥匙进行数据交换。如果钥匙已插入使用和起动授权开关内S触点接合（所谓S触点，也就是钥匙插入点火开关时的状态，在传统奥迪车系中，它是指钥匙插入点火开关但15端子未接通时转向柱解锁、收音机接通的那一点，而如今配有电子点火开关的车则是指钥匙插入点火开关时的状态），那么电子装置就通过读出线圈将电能输送到钥匙内，然后钥匙通过脉冲转发器和读出线圈将钥匙识别码发送到该开关内，该开关再将这个信息发送到使用和起动授权控制单元。

（2）使用和起动授权控制单元J518

在使用和起动授权控制单元内集成有机电式转向柱锁止机构，如图3-42所示。它还具有以下功能。

1）接线柱控制。使用和起动授权控制单元J518通过接线柱15、75x、50、S和P将信息放到CAN舒适总线上。然后控制单元J518操纵接线柱15和75x的继电器，并将起动请求信号发送给发动机控制单元 J623。

2）锁止转向柱。在使用和起动授权控制单元 J518 内集成有用于锁止转向柱的电动机和传动机构。有两个集成的微开关用于检查锁止位置，只有当转向系统完全松开时，15 号接线柱才接通。

3）防盗锁和元件保护。该控制单元是这些功能的主控制器。

4）CAN-通信。该控制单元是 CAN 舒适总线的用户，使用和起动授权系统的所有元件都通过该控制单元进行数据交换。

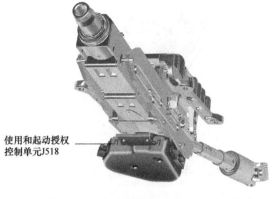

图 3-42　使用和起动授权控制单元 J518 的安装位置

该控制单元同时也是相关元件的诊断转接口。所有数据如代码、防盗器数据等都存储在使用和起动授权控制单元内。

5）读入自动变速器控制单元 J217 的 P/N 信号。该信号用于操纵组合仪表 J285 的显示屏上有关发动机起动的内容，如图 3-43 所示。

提示踩下离合器踏板

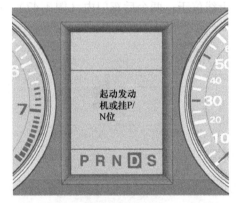
提示起动前挂入 P/N 位

图 3-43　有关发动机起动的内容显示

（3）车钥匙

该车钥匙上有一个带折叠式机械钥匙齿的部分，用于驾驶人侧车门和行李舱盖的锁芯，如图 3-44 所示。脉冲转发器的功能就集成在电子装置内，没有电池也可工作。电子装置由一块集成的电池供电，以完成遥控和 Advanced Key 功能。

（4）无钥匙使用授权天线读入单元 J723

该控制单元位于仪表板右侧的杂物箱后，如图 3-45 所示。该控制单元使用车门外把手传感器信号来控制使用和起动授权天线。

（5）车门外把手接触传感器 G415 ~ G418

车门外把手内的电容式传感器如图 3-46 所示，当识别出把手接触后，会向无钥匙使用授权天线读入单元发送一个短促信号，天线读入单元分析该信号后，通过使用授权天线向车钥匙发出一个询问。

图3-44 奥迪A6L（C6）车钥匙/遥控器

图3-45 无钥匙使用授权天线读入单元J723的安装位置

车上锁后约80s，或无授权钥匙操纵20s后，传感器关闭。

（6）使用和起动授权天线R134～R138

车上共有4根发射天线，车辆使用这些天线与车钥匙进行无线通信，天线的发射频率为24.5kHz。车钥匙分析这4个信号，并根据每根天线的场强来确定车钥匙的位置。

天线位于：两个后车门内（图3-47）、中央副仪表板上、后保险杠内。

图3-46 车门外把手接触传感器

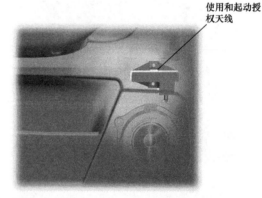

图3-47 后车门内使用和起动授权天线安装位置

（7）使用和起动授权按钮E408

起动-停止按钮的功能与首次在2003款奥迪A8（D3）车上使用的按钮模块是一样的，如图3-48所示。出于安全考虑，使用和起动授权控制单元J518及使用和起动授权开关E415都要使用这个按钮位置信号。

2. 系统功能

（1）打开车门

高级钥匙打开车门信号传递过程流程图如图3-49所示。

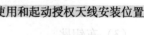

图3-48 使用和起动授权按钮E408

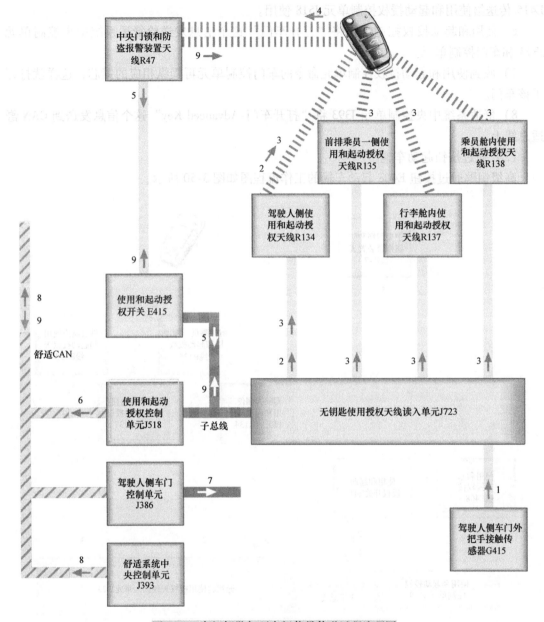

图 3-49 高级钥匙打开车门信号传递过程流程图

1）驾驶人将手放入门把手的凹坑内，车门外把手接触传感器 G415 就会将"手指已放入把手凹坑"这个信息发送给无钥匙使用授权天线读入单元 J723。

2）天线读入单元 J723 通过驾驶人一侧的使用和起动授权天线 R134 将一个唤醒信号发送到车钥匙上。

3）天线读入单元 J723 通过所有的使用和起动授权天线给车钥匙发送一个信号。

4）车钥匙根据这些信号来确定钥匙在车上的位置，并将这个信息发送到中央门锁和防盗报警装置天线 R47。

5）中央门锁和防盗报警装置天线 R47 接收到信息，这个信息由使用和起动授权开关

E415传送给使用和起动授权控制单元J518使用。

6) 使用和起动授权控制单元将"打开车门"这个信息发送给舒适系统中央控制单元J393和车门控制单元。

7) 收到使用和起动授权控制单元命令的车门控制单元再操纵相应的锁芯,这样就打开了该车门。

8) 舒适系统中央控制单元J393将"打开车门-Advanced Key"这个信息发送到CAN舒适总线上。

(2) 通过按钮起动车辆

高级钥匙通过按钮E408起动车辆的工作流程图如图3-50所示。

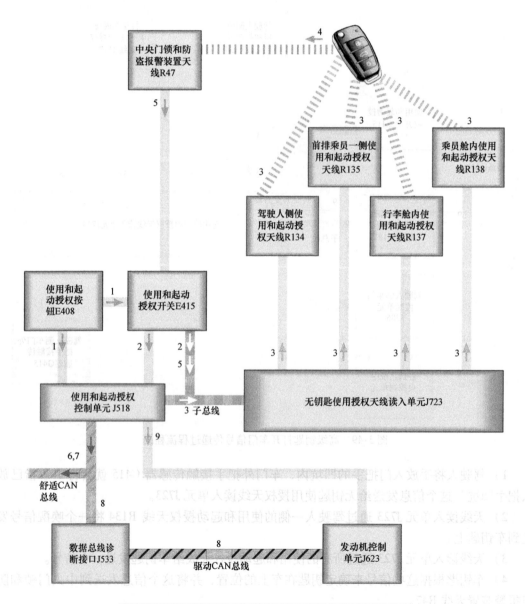

图3-50 高级钥匙通过按钮E408起动车辆的工作流程图

1) 驾驶人将使用和起动授权按钮 E408 完全按下，这个按钮通过"点火开关接通"和"发动机起动"将信息发送到使用和起动授权开关 E415 和使用和起动授权控制单元 J518 上。

2) 使用和起动授权开关 E415 将这个按钮信息通过数据线继续传至使用和起动授权控制单元 J518，在这里两个按钮信息进行比较。

3) 控制单元 J518 将钥匙查询信息发送给无钥匙使用授权天线读入单元 J723，天线读入单元 J723 通过所有的使用和起动授权天线将一个信号发送给车钥匙。

4) 车钥匙根据这个信号来确定钥匙在车上的位置，并将其信息发送给中央门锁/防盗报警装置天线 R47。

5) 中央门锁/防盗报警装置天线 R47 收到这个信息，然后该信息通过使用和起动授权开关 E415 被传送给使用和起动授权控制单元 J518 使用。

6) 由于钥匙的使用特点，S 触点信号就被发送到 CAN 舒适总线上，转向系统就开锁了。

7) 转向锁完全打开后，接线柱 15 就接通了。

8) 接线柱 15 接通后，发动机控制单元 J623 与使用和起动授权控制单元 J518 之间就开始经数据总线进行数据交换了，然后防盗锁被停用。

9) 使用和起动授权控制单元将"起动请求"这个信号发送给发动机控制单元 J623。发动机控制单元 J623 检查离合器是否已踏下或变速杆是否已置于 P 位或 N 位（指自动变速器），然后会自动起动发动机。

二、不带使用和起动授权控制单元 J518 的高级钥匙系统

在对新款奥迪 A5 上所有舒适系统电子控制单元的改进中，舒适系统中央控制单元 J393 的改进最大。自奥迪 A5 起，"新"舒适系统控制单元 J393 包括了以下控制单元（原先为独立装置）的所有功能，如图 3-51 所示。

① "旧"舒适系统控制单元 J393。
② 使用和起动授权控制单元 J518。
③ 用于智能无钥匙进入系统的天线读取单元 J723。

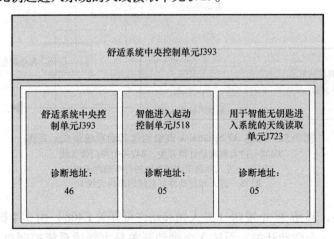

图 3-51 舒适系统中央控制单元 J393 功能示意图

为了保证 J393、J518 和 J723 这 3 个独立控制单元顺畅过渡到"新"舒适系统控制单元，系统保留了不同的诊断地址"46"和"05"。天线读取单元 J723（用于高级钥匙系统）以前也是通过地址码"05"进行诊断的。此控制单元是一个 LIN 总线系统用户，其主控制器是使用和起动授权控制单元 J518。属于"旧"舒适系统控制单元的 J393，也可通过地址码"46"在"新"舒适系统控制单元中搜索到。虽然控制单元 J519 和 J723 已经取消（不再作为独立控制单元），但是使用和起动授权控制单元 J518 与天线读取单元 J723（用于高级钥匙系统）仍可通过地址码"05"进行诊断。

第一代奥迪 A7 Sportback 是高级钥匙系统（Advanced Key）重新整合的代表，以后各个车型该系统结构上虽然有差别，但原理是相同的。下面以奥迪 A7 Sportback 为例讲述整合后不带使用和起动授权控制单元 J518 的高级钥匙系统。

1. 高级钥匙起动系统

（1）系统组成

其系统组成示意图如图 3-52 所示。该系统将进入起动控制单元 J518、天线读取单元 J723 集成在舒适性控制单元 J393 内。

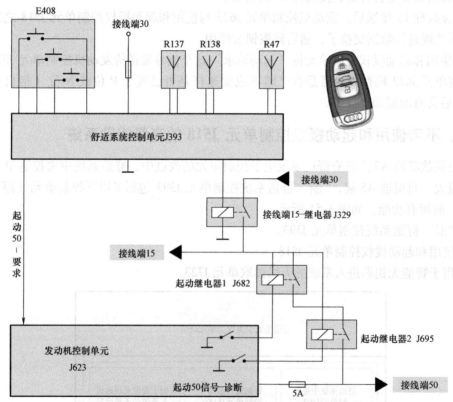

图 3-52 奥迪 A7 Sportback 高级钥匙起动系统组成示意图
E408—进入和起动许可开关　R47—中央门锁天线
R137—进入和起动许可系统的行李舱内天线
R138—进入和起动许可系统的车内天线 1

考虑到安全性，起动/停止按钮（进入和起动许可开关 E408）由 3 个微动开关实现。按下该按钮就按下了 3 个微动开关，而这 3 个微动开关是由舒适系统控制单元 J393 单独读取的，其中某个微动开关的损坏不会引起整个系统失灵。当识别到至少两个微动开关按下时，则被理解为驾驶人希望起动，并促使发动机起动或打开点火开关。

（2）系统天线

奥迪 A7 Sportback 的无钥匙起动系统需要如下两根车内天线：进入和起动许可系统的车内天线1 R138、进入和起动许可系统的行李舱内天线 R137。它们的安装位置如图 3-53（中控台中的 MMI 操作单元下方）、图 3-54（行李舱内的后部端板旁）所示。

图 3-53　天线 R138 的安装位置

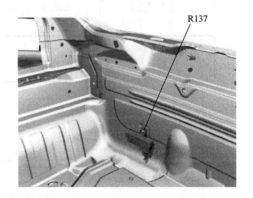

图 3-54　天线 R137 的安装位置

（3）起动过程

1）驾驶人按下起动/停止按钮 E408。

2）通过读取 3 个微动开关信号，舒适系统控制单元 J393 判断是否按下按钮。

3）舒适系统控制单元在时间上交错地触发两根车内天线 R137 和 R138。

4）位于车内的钥匙接收到两根天线的消息并测量其接收强度。

5）钥匙发出一个消息，带有两个接收强度、钥匙标志信号和钥匙的防盗锁密码信息。

6）舒适系统控制单元通过中央门锁的天线 R47 接收钥匙消息。

7）舒适系统控制单元检查钥匙消息，确认发送消息的车钥匙是否具有正确的防盗锁密码。

8）根据所测得的接收强度，舒适系统控制单元检查发送信息的车钥匙是否位于车内（包括行李舱）。

9）如果满足接线端 15 的起动条件，则将触发接线端 15 继电器。

10）发动机控制单元通过 CAN 总线和一根离散线路获得起动 50—要求。

11）如果满足发动机起动的各项条件，则发动机控制单元将触发两个起动 50 继电器。

12）起动机将被通电、啮合并使汽车发动机转动。

13）一旦发动机转速超过最低值，则开始喷油，发动机控制单元接管发动机管理并停止触发两个接线端 50 继电器，发动机开始运转。

2. 通过应急感应线圈起动车辆

奥迪 A7 Sportback 使用和起动授权开关 E415 的取消使得开发一种紧急起动装置十分必要，以便在遇到特定的技术问题时仍然能够起动车辆。

为此开发出了一款 LIN 总线用户，它连接至舒适系统控制单元 J393 并含有一根感应线圈,如图 3-55 所示。由于它只用于特殊情况,所以被称为应急感应线圈,在奥迪售后服务中,它被称为防盗锁止系统的读识线圈 D2。

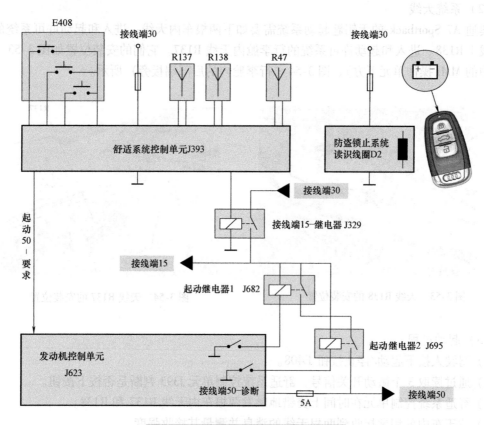

图 3-55　应急感应线圈起动车辆示意图
E408—进入和起动许可开关　R47—中央门锁天线
R137—进入和起动许可系统的行李舱内天线
R138—进入和起动许可系统的车内天线 1

在出现下列故障时,需要使用防盗锁止系统的读识线圈 D2 来起动车辆。
① 车钥匙中的电池电量用完。
② 两根车内天线中的一根不可用。
③ 高频天线 R47 失灵。
④ 受到当地 HF(高频)无线电信号干扰(例如存在具有相同频率的干扰源)。
这里以钥匙电池用完为例阐述通过防盗锁止系统读识线圈 D2 起动车辆的过程。
1) 驾驶人按下起动/停止按钮 E408。
2) 通过读取 3 个微动开关,舒适系统控制单元 J393 理解为按下按钮。
3) 控制单元 J393 在时间上交错地触发两根车内天线 R137 和 R138。
4) 当舒适系统控制单元在预设的时间窗口期内没有得到车钥匙的响应时,将执行以下步骤。
① 组合仪表给出下面的提示,如图 3-56 所示。
② 同时通过 LIN 总线触发防盗锁止系统读识线圈 D2。

图 3-56　钥匙无法识别时的仪表显示情况

5）此时如果将车钥匙放置在应急感应线圈的标记上，则它将传输其防盗锁密码。必须将车钥匙放置在如图 3-57 所示的标记位置上，位置偏离则可能导致钥匙信息无法读取。

a) 应急感应线圈位置示意图

b) 钥匙靠近应急感应线圈位置示意图

图 3-57　应急感应线圈

6）防盗锁密码将通过 LIN 总线传输给舒适系统控制单元 J393 并由其进行评估。

7）如果满足接线端 15 的打开条件，则将触发接线端 15 继电器 J329 并打开点火开关（15 号线有电）。

8）发动机控制单元通过 CAN 总线和一根离散线路取得起动 50—要求。

9）如果满足发动机起动的各项条件，则发动机控制单元将触发两个起动继电器 J682、J695。

10）起动机将被通电、啮合并使汽车发动机转动。

11）一旦发动机转速超过最低值，则开始喷油，发动机控制单元接管发动机管理并停止触发两个起动继电器 J682、J695，发动机开始运转。

3. 高级钥匙进入系统

高级钥匙进入系统是奥迪 A7 Sportback 全系标配，它是高级钥匙起动系统的一个很好的补充。配置高级钥匙进入系统时，将额外安装两根天线：左侧进入和起动许可系统天线 R200、右侧进入和起动许可系统天线 R201。具体安装位置如图 3-58 和图 3-59 所示，其系统组成示意图如图 3-60 所示。

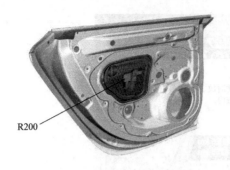

图 3-58 位于左后车门内的天线 R200

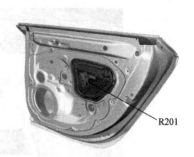

图 3-59 位于右后车门内的天线 R201

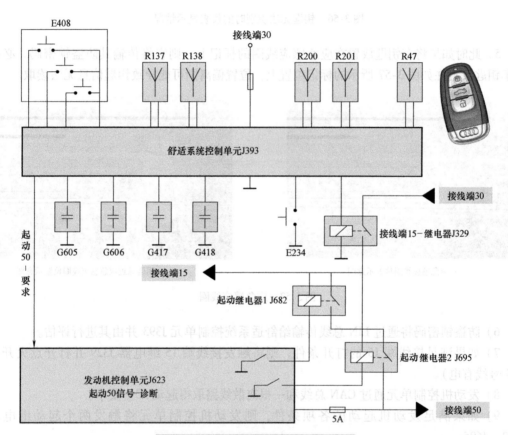

图 3-60 高级钥匙进入系统组成示意图

E234—行李舱盖把手解锁按钮　E408—进入和起动许可开关　G417—左后车门把手接触式传感器
G418—右后车门把手接触式传感器　G605—左前车门把手接触式传感器　G606—右前车门把手接触式传感器
R137—进入和起动许可系统的行李舱内天线　R138—进入和起动许可系统的车内天线 1
R200—左侧进入和起动许可系统天线　R201—右侧进入和起动许可系统天线

这里以通过驾驶人侧车门上的门把手解锁车辆为例进行说明。

1）驾驶人握住驾驶人侧车门的门把手。

2）舒适系统控制单元 J393 通过左前车门把手接触式传感器 G605 识别出驾驶人的动作。

3）舒适系统控制单元 J393 交错地触发进入和起动许可系统的 4 根天线 R137、R138、

R200 和 R201。

4)位于车辆内或车辆附近区域与该车辆配对的钥匙接收到这 4 根天线的消息,并测量各自的接收强度。

5)钥匙发出一个消息,带有 4 个接收强度、钥匙标志信号和钥匙的防盗锁密码信息。

6)舒适系统控制单元通过中央门锁的天线 R47 接收钥匙消息。

7)舒适系统控制单元检测发送消息的车钥匙是否具有正确的防盗锁密码。

8)舒适系统控制单元通过检测所收到的接收强度,确定发送消息的车钥匙是否位于车外的驾驶人侧车门附近区域。

9)如果解锁车辆的各项条件均满足,则相应的信息将被传送至 CAN 舒适总线并将车辆解锁。

复 习 题

一、填空题

1)奥迪 A6(C6)高级钥匙低频天线的主控单元是_____。

2)奥迪 A6(C7)高级钥匙系统识别钥匙身份、位置的高频天线是_____。

二、选择题

1)哪个天线无钥匙起动时不会用到?(　　)

A. R137　　　B. R138　　　C. R47　　　D. R200

2)奥迪 A7 高级钥匙的主控单元是(　　)。

A. J393　　　B. J623　　　C. J533　　　D. J255

3)奥迪 A7 应急感应读识线圈的代号是(　　)。

A. R137　　　B. D2　　　C. R138　　　D. J533

项目四 点火系统

学习任务一 认识点火系统构造及工作原理

情境引入

王先生爱车到 4S 店保养。

王先生：我比较喜欢车。我想请教一下：汽车 12V 的电源怎么就能把可燃混合气点燃呢？

技师刘：汽油发动机都有一套点火系统，其主要任务就是在合适的时候点燃混合气实现发动机对外做功。该系统中有一个叫作点火线圈的零件，它的任务就是负责把 12V 电压变成 30kV 高电压，高电压作用在火花塞上形成电火花从而点燃可燃混合气。

学习目标

1) 了解点火系统的作用、要求、分类、组成。
2) 熟悉点火系统的基本工作原理。
3) 熟悉点火线圈、分电器、点火控制器及火花塞的结构和原理。
4) 熟悉点火系统的工作过程。

一、点火系统的工作原理

1. 点火系统的作用

在汽油发动机中，气缸内的可燃混合气是由电火花点燃的，而产生电火花的功能是由点火系统来完成的。

点火系统的作用是将汽车电源供给的低电压转变为高电压，并按照发动机的工作顺序与点火时刻的要求，适时、准确地将高电压送至各缸的火花塞，使火花塞跳火，点燃气缸内的混合气。

2. 发动机对点火系统的要求

在发动机不同工况和使用条件下，点火系统应保证可靠而准确地点燃混合气。为此，点火装置应满足下面 3 个基本要求。

（1）能产生足以击穿火花塞间隙的电压

发动机正常工作时，击穿火花塞间隙的电压一般为 10kV 左右；而在低温起动时，由于火花塞电极温度低，气缸内的温度与压力均低，混合气雾化不良，击穿火花塞间隙的电压需要在19kV以上。为了保证发动机点火的可靠性，点火系统必须有一定的次级电压裕量储备，但过高的次级电压，将造成线路绝缘困难，成本提高。一般点火系统的次级电压设计能力为30kV，或者稍高一些。

（2）电火花应具有足够的能量

要使混合气可靠点燃，火花塞产生的电火花必须具有一定的能量。发动机正常工作时，由于混合气压缩终了的温度已接近其自燃温度，所以所需的火花塞能量很小（1~5mJ）。但发动机在低温起动时，因为混合气雾化不良，所以需要较高的火花能量。为了保证发动机可靠点火，一般应保证火花塞跳火时有100mJ以上的火花能量。

（3）点火时刻应适应发动机的工况

首先，点火系统应按发动机的工作顺序进行点火。一般6缸发动机的点火顺序为1—5—3—6—2—4，4缸发动机的点火顺序为1—3—4—2，但也有不同，应以制造厂家提供的技术数据为准。其次，必须在最有利的时刻进行点火。

3. 点火系统的分类

目前应用在汽车上的点火装置较多，大致可分为以下几种。

（1）按点火能量的储存方式分类

1）电感储能式电子点火系统（电感放电式电子点火系统）。

2）电容储能式电子点火系统（电容放电式电子点火系统）。

（2）按信号发生器的原理分类

1）电磁感应式电子点火系统，如丰田车系。

2）霍尔效应式电子点火系统，如大众车系。

3）光电式电子点火系统，如日产车系。

（3）按照初级电路的控制方式分类

1）传统点火系统或称为蓄电池点火系统，现已淘汰，这里不介绍。

2）电子点火系统，应用于化油器式发动机的点火系统，如早期生产的普桑、捷达、奥迪、红旗等车型。这里没有特别说明的均指电子点火系统。

3）计算机控制点火系统，广泛应用于电控发动机的点火系统。

（4）按照高压电的配电方式分类

1）机械配电点火系统（有分电器点火系统）。

2）计算机配电点火系统（无分电器点火系统）。

在以上各种点火系统装置中，相对于电容储能式来说，电感储能式点火系统的应用较为广泛；在电感储能式点火系统中，以电磁感应式和霍尔效应式的应用较为广泛；有分电器的点火系统在中低档车中还在应用，新款车型现在都是无分电器点火系统。

所谓电感储能式电子点火系统，就是点火系统火花的能量以磁场的形式储存在点火线圈中的点火系统。所谓电容储能式电子点火系统，就是点火系统火花的能量以电场的形式储存在专门的储能电容器中的电子点火系统。

4. 电子点火系统的组成

电子点火系统的组成如图4-1所示，它主要包括以下几部分。

（1）电源

点火系统的电源为蓄电池或发电机，其作用是给点火系统提供低压直流电源，电压一般为 12V。

（2）点火线圈

点火线圈的作用是将 12V 低电压变成 30kV 的高电压脉冲直流电，其结构与自耦变压器的相似，因此也称为变压器或升压器。

（3）分电器

分电器由配电器、信号发生器和机械点火提前机构等组成。配电器的作用是将点火线圈产生的高压电，按照发动机的工作顺序送至各缸火花塞；信号发生器的作用是产生脉冲信号，送给点火控制器，由点火控制器控制初级电路的通断；点火提前机构的作用是随发动机转速和负荷的变化改变点火提前角。

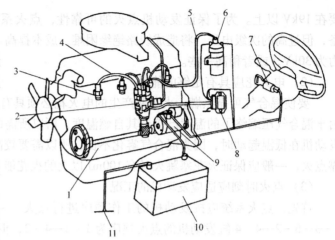

图4-1 电子点火系统的组成
1—中间轴 2—分电器 3—火花塞
4—分高压线 5—中央高压线 6—点火线圈
7—点火开关 8—点火控制器
9—起动机 10—蓄电池 11—搭铁端

在早期的电子点火系统中，机械点火提前机构位于分电器中，而现在的计算机控制点火系统中，机械点火机构已经取消，点火提前角由计算机来完成。在有些计算机控制发动机系统中已取消了分电器，点火信号来自曲轴位置传感器和凸轮轴位置传感器，高压电由点火线圈直接送给火花塞（一般是一个点火线圈控制一个火花塞，也有的是一个点火线圈控制两个火花塞）。

（4）点火控制器

点火控制器也称为点火模块，其集成电路主要由整形电路、放大电路和开关电路组成。其主要作用是起开关作用，用来控制点火系统初级电路的通断。

（5）火花塞

火花塞的作用是将高电压引入气缸燃烧室，产生电火花点燃混合气。

（6）高压线

高压线的作用是连接点火线圈、分电器及各个火花塞。

（7）点火开关

点火开关的作用是控制点火系统的初级电路。

5. 电子点火系统的基本工作原理

图4-2 所示为点火系统的结构图。图4-3 所示为点火系统的工作原理图。在点火系统中，一般将点火线圈初级绕组 N1 所在的闭合电路称为初级电路（低压电路）；将点火线圈的次级绕组 N2 所在的闭合电路称为次级电路（高压电路），点火线圈到火花塞的电路称为高压电路。流经初级绕组 N1 的电流为初级电流，一般初级电流为 7~8A。初级电路的电压为电源电压 12V，次级电路的电压为 30kV 左右的高电压。

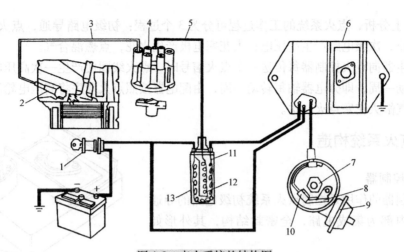

图 4-2 点火系统的结构图

1—点火开关　2—火花塞　3—分高压线　4—分电器盖及分火头
5—中央高压线　6—点火控制器　7—信号转子　8—永久磁铁
9—真空调节器　10—信号线圈　11—初级绕组　12—次级绕组　13—点火线圈

发动机工作时，分电器中信号发生器的转子也随之旋转。转子旋转时，在信号发生器的感应线圈中便产生正弦脉冲信号。当信号发生器传送给点火控制器的信号为正向脉冲时，点火控制器中起开关作用的晶体管导通，初级电路导通，电路为蓄电池的"＋"极→点火开关→点火线圈的"＋"接线柱→初级绕组 N1→点火线圈的"－"接线柱→点火控制器→搭铁。点火系统的工作原理图（图 4-3）：点火系统的初级电路导通时，初级绕组便产生磁场。当信号发生器传送给点火控制器的信号为负脉冲信号时，点火控制器中起开关作用的晶体管截止，初级电路被切断，初级电流及磁场迅速消失，这时，在点火线圈两个绕组中都产生了感应电动势。由于次级绕组 N2 的匝数多，所以在点火线圈的次级绕组中产生高压电。此时，随分电器轴一同旋转的分火头正好对准分电器盖上某缸的旁电极，高压电由分高压线送给火花塞，使火花塞跳火，点燃混合气。

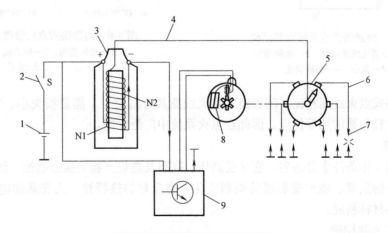

图 4-3 点火系统的工作原理图

1—蓄电池　2—点火开关　3—点火线圈　4—中央高压线　5—配电器
6—分高压线　7—火花塞　8—信号发生器　9—点火控制器

根据以上分析，点火系统的工作过程可分为3个过程：初级电路导通，点火能力储存；初级电路截止，次级电路产生高压电；火花塞电极产生火花，点燃混合气。

信号发生器向点火控制器每传送一个点火信号时，点火线圈便产生一次高压电，信号发生器转子转动一周，即分电器轴每转动一周，由配电器按照点火顺序将高压电轮流引至各气缸，使各个气缸火花塞点火一次。

二、点火系统构造

1. 点火控制器

点火控制器的作用是控制点火系统初级电路的导通与截止。其内部为集成电路，全密封结构，其外形如图4-4所示。

2. 点火线圈

点火线圈由初级绕组、次级绕组和铁心等组成。按磁路结构形式的不同，点火线圈可分为开磁路式点火线圈和闭磁路式点火线圈，开磁路点火线圈已经淘汰。

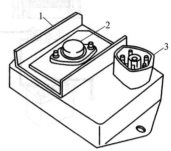

图4-4　点火控制器的外形
1—散热片　2—晶体管　3—端子

闭磁路式点火线圈也称为高能点火线圈，其结构如图4-5所示。在"口"字形或"日"字形铁心内绕有次级绕组，在次级绕组外面绕有初级绕组，初级绕组产生的磁通通过铁心构成闭合磁路，其磁路如图4-6所示。

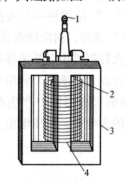

图4-5　闭磁路式点火线圈的结构
1—中心高压线接线柱　2—次级绕组
3—铁心　4—初级绕组

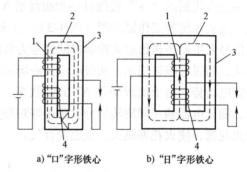

a) "口"字形铁心　　b) "日"字形铁心

图4-6　闭磁路式点火线圈磁路
1—初级绕组　2—磁力线
3—铁心　4—次级绕组

与开磁路式点火线圈相比，闭磁路式点火线圈具有漏磁少、能量损失小、转换效率高、体积小、质量轻和易散热等优点，因此在点火系统中广泛应用。

3. 火花塞

火花塞的工作条件十分恶劣，它承受高压、高温及燃烧产物的强烈腐蚀。因此，火花塞必须具有足够的强度，能承受温度的剧烈变化，有良好的热特性，火花塞的电极应采用难熔、耐腐蚀的材料制成。

（1）火花塞的构造

火花塞的结构如图4-7所示，其中心电极用镍铬合金制成，具有良好的耐高温、耐腐蚀性能；中心电极做成两段，中间加有导电玻璃，由于导电玻璃和瓷绝缘体的膨胀系数相近，所以导电玻璃主要起密封作用。火花塞间隙多为 1.0~1.2mm。

（2）火花塞的热特性

火花塞的热特性是指火花塞下部（裙部）的温度特性。实践证明，火花塞裙部温度保持在 500~600℃时，落在绝缘体上的油滴能立即烧去，通常将这个温度称为火花塞的自净温度。低于这个温度时，火花塞易产生积炭；高于这个温度时，在火花塞表面易产生炽热表面点火，形成早燃。因此，要使火花塞正常工作，就要保证火花塞的裙部温度为自净温度。

火花塞的热特性主要决定于绝缘体裙部的长度。绝缘体裙部长的火花塞，受热面积大、传热距离长、散热困难、裙部温度高，称为"热型"火花塞；反之，裙部短的火花塞，吸热面积小、传热距离短、散热容易、裙部温度低，称为"冷型"火花塞，如图 4-8 所示。热型火花塞用于低压缩比、低转速、小功率的发动机中；冷型火花塞用于高压缩比、高转速、大功率的发动机中。

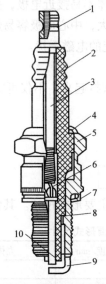

图 4-7 火花塞的结构
1—接线螺母 2—瓷绝缘体 3—金属杆 4、8—内密封圈 5—壳体
6—导电玻璃 7—密封垫圈 9—侧电极 10—中心电极

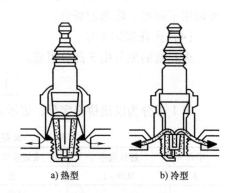

图 4-8 火花塞的热特性

（3）火花塞的类型

常见的火花塞结构类型如图 4-9 所示。

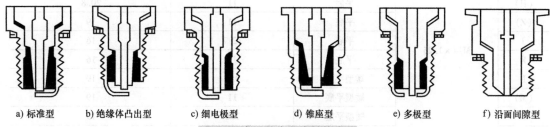

a) 标准型　b) 绝缘体凸出型　c) 细电极型　d) 锥座型　e) 多极型　f) 沿面间隙型

图 4-9 常见的火花塞结构类型

1）标准型火花塞。其绝缘体裙部略缩入壳体端面，侧电极在壳体端面以外，是使用最广泛的一种火花塞。

2）绝缘体凸出在壳体端面之外的火花塞。其绝缘体裙部较长，凸出于壳体端面以外。它具有吸收热量大、抗污能力强的优点，且能直接受到进气的冷却而降低温度，因而也不易引起炽热表面点火，故热适应范围宽。

3）细电极火花塞。其电极很细，火花强烈，点火能力好，在严寒的冬季也能保证发动机迅速、可靠地起动；热适应范围较宽，能满足多种用途。

4）锥座火花塞。其壳体和旋入螺纹制成锥形，因此不用垫圈即可保证良好的密封，从而缩小了火花塞体积，对发动机的设计更为有利。

5）多极火花塞。侧电极一般为两个或两个以上，优点是点火可靠，间隙不需要经常调整，故在电极容易烧蚀和火花塞间隙不能经常调整的一些汽油机上常常采用。

6）沿面间隙火花塞。电极与壳体之间的绝缘体裙端表面放电，它必须与点火能量大、电压上升率快的电容放电式点火系统配合使用，可完全避免火花塞炽热点火和电极跨连现象，即使在油污情况下也能正常点火。其缺点是可燃气体不易接近电极，故在稀混合气情况下不能充分发挥汽油机的性能。另外，由于点火能量增大，中心电极容易烧蚀。

7）抑制火花塞。装有干扰抑制器，可抑制点火系统的电磁干扰。

① 电阻火花塞。绝缘体内部串有电阻。

② 屏蔽火花塞。利用金属壳体把整个火花塞屏蔽密封起来，不仅可抑制电磁干扰，还可以用于防水、防爆的场合。

（4）火花塞的型号

火花塞的型号由3部分组成。

| 1 | 2 | 3 |

第1部分为汉语拼音字母，表示火花塞结构类型及主要形式尺寸。其含义见表4-1。

表4-1 火花塞结构类型代号及主要形式尺寸

字母	螺纹规格	安装座形式	螺纹旋合长度/mm	壳体六角对边/mm
A	M10×1	平底	12.7	16
C	M12×1.25	平底	12.7	17.5
D		平底	19	17.5
E		平底	12.7	20.8
F		平底	19	20.8
(G)		平底	9.5	20.8
(H)		平底	11	20.8
(Z)		平底	11	19
J	M14×1.25	平底	12.7	16
K		平底	19	16
L		矮型平底	9.5	19
(M)		矮型平底	11	19
N		矮型平底	7.8	19
P		锥座	11.2	16
Q		锥座	17.5	16

（续）

字母	螺纹规格	安装座形式	螺纹旋合长度/mm	壳体六角对边/mm
R	M18×1.5	平座	12	20.8
S		平座	19	(22)
T		锥座	10.9	20.8

注：( ) 表示非标准的保留产品，不推荐使用。

第2部分为阿拉伯数字，表示火花塞的热值，见表4-2。

表4-2 火花塞热特性参数

热值代号	3	4	5	6	7	8	9
裙部长度/mm	15.5	13.5	11.5	9.5	7.5	5.5	3.5
热特性	热型←	←——中型——			——→	→冷型	

第3部分为汉语拼音字母，表示火花塞派生产品结构、结构特征、材料特性及特殊技术要求。其含义见表4-3。

表4-3 火花塞电极特征参数的含义

字母	含义	字母	含义	字母	含义
A	标准型	H	环状电极型	U	电极缩入型
B	半导体型	J	多电极型	V	V型
C	镍铜复合电极	R	电阻型	Y	沿面跳火型
F	非标准型	P	屏蔽型		
G	贵金属	T	绝缘体突出型		

例如，F4T 型火花塞，是指螺纹旋合长度为 19mm、壳体六角对边为 20.8mm、热值为 4 的 M14×1.25 带电阻的镍铜复合电极的绝缘体凸出型平座火花塞。

（5）火花塞的维护

1）火花塞的检查。每次保养时要检查火花塞电极的颜色。

① 发白灰色说明燃烧室温度过高，汽油辛烷值低或燃烧室积炭严重，缸压过大，要求找出原因，防止火花塞电极烧蚀。

② 发黑说明混合气过浓，对发动机进行检测、诊断。

③ 中心电极呈红褐色，旁电极及四周呈青灰色为正常。

④ 火花塞在使用中，其电极及裙部绝缘体会有正常的积炭产生，如果这些积炭长期不予清洁，那么会越积越多，最终导致电极漏电甚至不能跳火。

⑤ 火花塞的损坏导致发动机冷热起动都较困难、怠速不稳抖动、加速不良、动力不足、间歇性怠速自行熄火、燃油消耗量增大等故障。

2）火花塞的保养措施

① 每次常规保养要进行火花塞检查。

② TSI 发动机火花塞每行驶 20 000km 更换一次，非 TSI 发动机火花塞每行驶 30 000km 更换一次。

③ 必须使用原厂品牌。

4. 高压电线

高压电线用于传输点火系统产生的高压电，在汽车点火线圈与火花塞之间的电路使用，点火线圈高压线简称高压线，如图 4-10 所示。带阻尼的高压线可抑制和衰减点火系统产生的高频电磁波，降低对无线电设备及电控装置的干扰。

5. 信号发生器

信号发生器的作用是产生脉冲信号，此信号输出给点火控制器，点火控制器控制点火系统的工作。

（1）电磁感应式信号发生器

信号发生器一般在分电器内部，主要由转子、感应线圈和永久磁铁等组成。

图 4-10 点火高压线

信号发生器的转子是由分电器轴带动的，转子上的凸齿数与发动机的气缸数相等，其工作原理如下。

永久磁铁的磁路为 N 极→空气气隙→转子→空气气隙→铁心→S 极。当发动机工作时，分电器轴带动信号发生器的转子旋转，使转子与铁心之间的空气气隙发生有规律的变化，因此穿过感应线圈的磁通量也在发生变化，从而在感应线圈中产生感应电动势。

如图 4-11a 所示，当转子中的凸齿逐渐接近铁心时，磁通量逐渐增加。此时，感应线圈的磁通和感应电动势的变化如图 4-12a 中 0°～45°之间的波形所示。

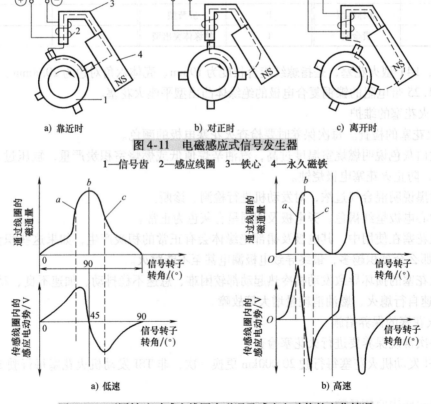

图 4-11 电磁感应式信号发生器

1—信号齿 2—感应线圈 3—铁心 4—永久磁铁

图 4-12 不同转速时感应线圈内磁通及感应电动势的变化情况

如图 4-11b 所示，当转子的凸齿与铁心对正时，穿过感应线圈的磁通量最大。此时感应线圈的感应电动势为 0，如图 4-12a 中转子 45°转角所对应的情况。

如图 4-11c 所示，当转子的凸齿离开铁心时，磁通量逐渐减小。此时，感应线圈的磁通和感应电动势的变化情况如图 4-12a 中 45°～90°之间的波形所示。

可见，转子每转动一个凸齿，感应线圈中的感应电动势正好变化一个周期，即转子每转 90°产生一个交变信号，转子每转一周，便产生 4 个交变信号，该信号输出给点火控制器，通过点火控制器来控制点火系统的工作。此信号发生器的缺点是发动机转速的高低将影响信号发生器输出信号的大小，如图 4-12b 所示。

(2) 霍尔效应式信号发生器

霍尔效应式信号发生器是利用霍尔效应制成的。早期桑塔纳、捷达、红旗、奥迪等轿车均采用这种霍尔效应式电子点火系统。

1) 霍尔效应。霍尔效应是由美国物理学家霍尔于 1897 年发现的，霍尔效应原理如图 4-13 所示。当电流通过放在磁场的半导体基片（即霍尔元件），且电流方向与磁场方向垂直时，在同时垂直于电流与磁场的方向上，半导体基片内产生一个与电流大小和磁场强度成正比的电压。这个电压就称为霍尔电压 U_H，用公式表示为

$$U_H = \frac{R_H}{d}IB$$

式中　R_H——霍尔系数；
　　　d——基片厚度；
　　　I——通过基片的电流；
　　　B——磁感应强度。

由上式可知，霍尔电压与通过霍尔元件的电流及磁感应强度成正比，当电流 I 为定值时，霍尔电压只与磁感应强度成正比（利用这一效应制成了霍尔效应发生器）。

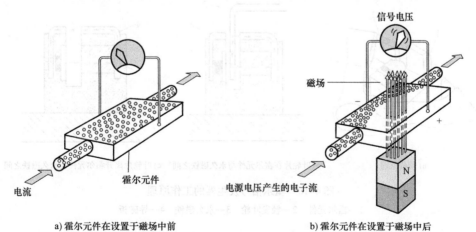

a) 霍尔元件在设置于磁场中前　　　　b) 霍尔元件在设置于磁场中后

图 4-13　霍尔效应原理

2) 霍尔信号发生器的结构与原理。霍尔信号发生器位于分电器内，霍尔信号发生器的结构如图 4-14 所示，主要由触发叶轮、永久磁铁、霍尔元件等组成。触发叶轮与分火头制成一体，由分电器轴带动，且触发叶轮的叶片数与发动机的气缸数相等。

在霍尔信号发生器中应用的霍尔元件实际上是一个霍尔集成电路，其内部集成电路原理如图 4-15 所示。因为在霍尔元件上得到的霍尔电压一般为 20mV，所以必须把 20mV 的霍尔电压进行放大、整形后再输出给点火控制器。

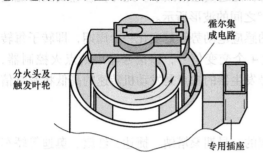

图 4-14 霍尔信号发生器的结构

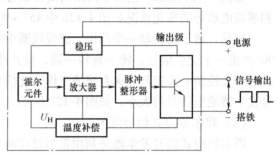

图 4-15 霍尔信号发生器内部集成电路原理

霍尔信号发生器的工作原理如图 4-16 所示。当发动机工作时，分电器轴带动触发叶轮转动，每当触发叶轮的叶片进入永久磁铁和霍尔元件之间的空气气隙时，原来垂直进入霍尔元件的磁力线被叶片遮住，霍尔元件的磁路被触发叶轮的叶片旁路，因此霍尔元件不产生霍尔电压，霍尔集成电路输出极的晶体管处于截止状态，其集电极电位为高电位 11~12V，即此时信号发生器的输出信号为 11~12V（图 4-15）。当触发叶轮的叶片离开此间隙时，永久磁铁的磁力线则可垂直进入霍尔元件，于是在霍尔元件中便产生霍尔电压，霍尔集成电路输出极的晶体管处于导通状态，其集电极的电位为低电位 0.3~0.4V，这时霍尔信号发生器的输出信号为 0.3~0.4V。故触发叶轮每转一周，霍尔信号发生器便可产生 4 个脉冲信号，将此信号传输给点火控制器便可以实现对点火系统的控制。

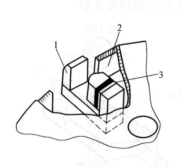 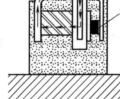 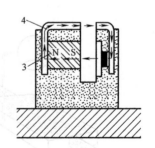

a) 结构原理　　b) 叶轮片在霍尔元件与永久磁铁之间　　c) 叶轮片离开霍尔元件与永久磁铁之间

图 4-16 霍尔信号发生器的工作原理

1—霍尔元件　2—触发叶轮　3—永久磁铁　4—导磁板

（3）光电式信号发生器

1）光电式信号发生器的结构。光电式信号发生器主要由发光二极管、光敏晶体管和遮光盘 3 部分组成，如图 4-17 所示。发光二极管作为光源，可发出红外线光束，且发光二极管耐振、使用寿命长；光敏晶体管作为光接收器，当被红外线光束照射到时即导通；遮光盘安装在分电器上，其外缘上的缺口与发动机的气缸数相等。

2) 光电式信号发生器的工作原理。如图4-18所示，遮光盘随分电器轴旋转，当遮光盘转至发光二极管与光电晶体管之间时，便把发光二极管发出的光束阻断，使其不能照射到光电晶体管，此时光电晶体管截止。当遮光盘的缺口通过发光二极管与光电晶体管之间时，发光二极管所发出的光束直接照射到光电晶体管上，使其导通。遮光盘每转一周，信号发生器便产生4个交变信号，输送给点火控制器，控制点火系统的正常工作。

光电式信号发生器输出的信号不受发动机转速的影响，且没有时间上的滞后。

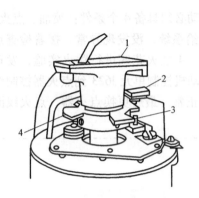

图4-17 光电式信号发生器的结构
1—分火头 2—发光二极管
3—光电晶体管 4—遮光盘

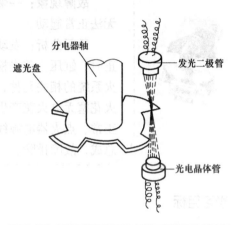

图4-18 光电式信号发生器工作原理示意图

复习题

一、填空题

1) 发动机对点火系统的要求：_____、_____、_____。
2) 电子点火系统的组成：_____、_____、_____、_____、_____、_____。

二、选择题

1) 4缸发动机的点火系统顺序为（　　）。
A. 1-2-3-4　　B. 2-3-4-1　　C. 1-3-4-2　　D. 4-3-2-1

2) 点火线圈的作用是将（　　）低电压直流电变成（　　）的高电压脉冲直流电。
A. 12V，30kV　　B. 30V，12kV　　C. 12kV，30V　　D. 30kV，12V

3) 火花塞裙部温度保持在（　　）时，落在绝缘体上的油滴能立即烧去，通常将这个温度称为火花塞的自净温度。
A. 400～500℃　　B. 500～600℉　　C. 500～600℃　　D. 400～500℉

学习任务二　检修计算机控制点火系统

情境引入

故障现象：一辆 2018 年 1.6L 一汽-大众宝来轿车行驶 8 万 km，无法正常起动。

原因分析：发动机正常起动必须具备 4 个条件：喷油、点火、正时、缸压。首先检查燃油供给系统，没发现异常。接着检查点火系统的相关元件，拆下 1 缸、4 缸火花塞进行跳火实验，发现火花塞无电火花产生。测量发动机控制单元 J623 到点火器控制线正常、点火器电源线、搭铁线正常。最后更换点火器、点火线圈总成，故障排除。

学习目标

1) 熟悉计算机点火系统的控制内容。
2) 能熟练使用示波器读取曲轴位置传感器、凸轮轴位置传感器波形。
3) 能熟练阅读各车系点火系统电路图，并能分析故障原因。

电子点火系统对点火提前角的调整与传统点火系统一样，都是利用分电器中的离心调节器和真空调节器来完成的。但是，最佳点火提前角除了与发动机转速和负荷有关之外，还与发动机的燃烧室形状、燃烧室温度、空燃比、燃油品质、大气压力、冷却液温度等因素有关。这样，电子点火系统和传统的点火系统都不能保证点火时刻总是处于最佳状态，而采用计算机控制点火系统则可方便地解决上述问题。在发动机各种工况（如起动及怠速等工况）下，计算机控制点火系统都可以提供理想的点火提前角，因此发动机的动力性、经济性和排放污染都可以达到最佳状态。计算机控制点火系统的工作过程仍然是 3 个阶段：初级电路导通，产生初级电流；初级电路截止，次级电路产生高压；火花塞跳火，点燃混合气。计算机点火系统与电子点火系统的最大区别在于初级电路的控制方式不同。在计算机控制的点火系统中，计算机接收与点火有关的传感器信号，分析并计算最佳点火提前角，然后将这一点火信号送给点火控制器，由点火控制器控制初级电路的导通和截止，实现混合气的点燃。

一、计算机控制点火系统的组成及分类

1. 计算机控制点火系统的组成

计算机控制的点火系统主要由传感器、电子控制单元、执行器（点火器、点火线圈、火花塞等）组成，如图 4-19 所示。

传感器（包括各种开关）主要有曲轴位置传感器、空气流量传感器（或绝对压力传感器）、冷却液温度传感器、进气温度传感器、氧传感器、节气门位置传感器、车速传感器、

爆燃传感器、空调开关信号等。各传感器的构造和工作原理，因篇幅有限，在这里不作描述。

电子控制单元的作用是根据发动机各传感器的输入信息及内存的数据，进行运算、处理、判断，然后输出指令（信号）控制有关执行器（如点火器）动作，实现对点火系统的精确控制。

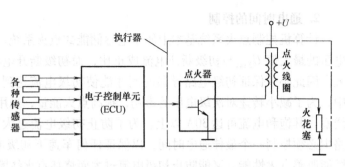

图4-19 计算机控制点火系统的基本组成

执行器根据电子控制单元或其他控制单元的指令（信号），执行各自的功能。

2. 计算机点火控制系统的分类

计算机控制的点火系统按有无分电器，可分为有分电器计算机点火控制系统和无分电器计算机点火控制系统。目前有分电器计算机点火控制系统已被淘汰，而无分电器的计算机点火控制系统得到了广泛的应用。

按计算机控制的方式分为开环控制和闭环控制。

开环控制是指控制单元检测发动机各种工作状态信息，并根据这些信息从内容存储器中调出相应的点火提前角（这一点火提前角是综合考虑到经济性、动力性、排放等要求，并经大量的实验优化的结果），然后输出控制信号对点火时刻进行控制。这种控制方式对控制结果不予以反馈。

闭环控制是指计算机以一定的点火提前角控制发动机工作的同时，还不断地检测发动机的有关工作状态（如有无爆燃），然后将检测到的有关信息反馈给控制单元，控制单元根据需要对点火提前角进行修正，如图4-20所示。闭环控制的反馈信号可以有多种，如爆燃信号、转速信号、气缸压力信号等，目前广泛采用的是通过检测爆燃传感器的信号，来判断点火时刻的早晚，进而实现点火提前角的最佳控制。

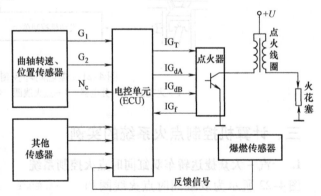

图4-20 闭环控制的计算机点火系统

二、计算机点火控制系统的控制内容

1. 点火提前角控制

1）发动机起动时，由于转速与负荷信号都不稳定，点火时刻是在固定的曲轴转角点火，即点火提前角固定，与发动机其他信号无关。

2）发动机正常工作时，控制单元根据发动机的转速和负荷信号，在控制单元存储器中查到这一工况下对应的基本点火提前角，即先确定基本点火角；然后控制单元根据得到的修正信号对点火提前角进行修正，确定实际的最佳点火提前角。

2. 通电时间的控制

计算机控制点火系统基本上属于电感储能式点火系统。对于电感储能式点火系统，次级电压的最大值 U_{2max} 与初级断开电流成正比，而初级断开电流又随电路导通时间的增长而增大，因此必须保证初级电路导通时间才能使初级电流达到饱和。在计算机控制的点火系统中，为了减小转速对次级电压的影响，提高点火能量，采用了初级线圈电阻很小的高能点火线圈，其饱和电流可达 30A 以上。为了防止初级电流过大而烧坏点火线圈，在点火控制电路中必须控制一个最佳通电时间，以保证任何车速下初级电流都可以达到规定值 7A，这样既能改善点火性能，又能防止初级电流过大而烧坏点火线圈。

3. 爆燃控制

为了获得最大的动力性和最佳的经济性，需要增大点火提前角，但点火提前角过大又会引起爆燃。对上述问题，计算机点火控制系统增加了爆燃控制。爆燃闭环控制如图 4-21 所示，爆燃传感器安装在气缸体上，其原理是利用压电晶体的压电效应，把爆燃时传到气缸体上的机械振动转换成电压信号并输入控制单元，控制单元把爆燃传感器输出的信号进行滤波处理并判断有无爆燃及爆燃的强度。爆燃强，推迟点火的角度大；爆燃弱，推迟点火的角度小。每次调整都以一固定的角度递减，直到爆燃消失为止，而后又以一固定的角度提前，当发动机再次出现爆燃时，控制单元又使点火提前角再次推迟，调整过程如此反复。

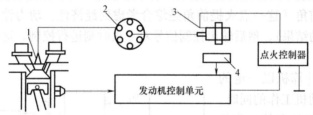

图 4-21　爆燃闭环控制
1—火花塞　2—分电器　3—点火线圈　4—爆燃传感器

三、计算机控制点火系统的实例

1. 一汽-大众捷达轿车双缸同时点火控制系统

图 4-22 所示为双缸同时点火线圈和点火模块。两个气缸合用一个点火线圈，即一个点火线圈有两个高压输出端，分别与一个火花塞相连，负责对两个气缸点火。气缸配对选择时，应注意当一个气缸处于压缩行程时，另一个气缸应为排气行程。因为必须确保在排气行程中所产生的点火火花，既不点燃要排出的残余废气，也不点燃刚进来的新鲜混合气，所以对点火提前角的调整范围有一定的限制。

当初级电路接通时，次级线圈中会感

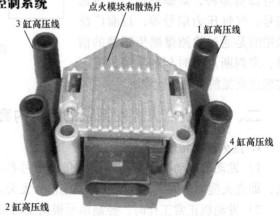

图 4-22　双缸同时点火线圈和点火模块

应出1~2kV系统并不需要的电压，其极性与点火高压的极性相反，而这种感应电压造成的火花塞跳火应予以避免。分电器点火系统由于中心电极和旁电极的间隙，可以有效地消除这种现象。

对于单缸独立点火系统来说，一般仍是在系统中采用二极管来实现这种功能。

对于双缸同时点火来说，当两个火花塞串联在一起时，火花塞上的感应高压相互抵消，消除了开关跳火现象，因此可以在点火线圈上附加二极管。

图4-23所示为一汽-大众捷达轿车双缸同时点火控制系统电路图，其为双缸同时点火系统。就点火而言，如果4缸发动机点火顺序为1—3—4—2，点火线圈配1、3缸和2、4缸为一组，拔下在凸轮轴上安装的凸轮轴位置传感器G40仍然可以正常起动，但爆燃控制和喷油控制会有影响。

2. 奥迪2.0T FSI BPJ发动机点火系统

奥迪2.0T FSI BPJ发动机采用单缸独立点火系统。所谓的单缸独立点火，就是指每个气缸的火花塞上配用一个点火线圈，单独对该气缸进行点火。这种点火方式特别适合在4气门、5气门（每个气缸有2个、3个进气门，2个 排气门）发动机上配用。这种点火方式具有以下突出的优点。

① 无机械分电器和高压导线，因而能量传导损失、漏电损失小，机械磨损或破坏的机会均减少，加之各缸的点火线圈和火花塞均有金属罩包覆，其电磁干扰大大减小。

② 采用了与气缸数相同的特制的点火线圈，该点火线圈的时间常数比传统的点火线圈小，因而线圈充电时间极短，能在高达9 000r/min的宽转速范围内，提供足够的点火能量和高压电。

③ 无机械分电器，又恰当地将点火线圈安装在双凸轮轴的中间，如图4-24所示，充分地利用了有限的空间，因而节省了发动机周围的安装空间，这对小轿车发动机舱的合理布置有着特别重要的意义。

（1）单缸独立点火系统的点火线圈

点火线圈由一块铁心构成，形成一个封闭的磁回路，并且有一个塑料外壳。在壳体内，初级绕组直接安装在铁心的绕线管上，其外部缠有次级绕组。为了提高抗击穿能力，将绕组制成盘式或盒式，如图4-25a所示。为使两级绕组之间以及绕组同铁心之间实现有效的绝缘，壳体内灌满环氧树脂。这种设计可与各个应用机型相匹配。

（2）单缸独立点火系统的点火放大器

点火放大器由控制点火线圈初级电流的多极功率管组成，用来替代传统点火系统中的断电器，如图4-25b所示。此外，点火放大器也承担着限制初级电流和电压的责任。限制初级电压是为了防止次级绕组中的电压过高，而这种高压会损坏电路中的部件。限制初级电流的目的是使点火系统的能量输出保持在规定水平。点火放大器可以是内部式（作为控制单元的一部分）或外部式（位于控制单元之外）。

由于增压发动机压缩终了的气缸压力较高，放电较为困难，所以所需的击穿电压较高，导致实际中点火线圈损坏的概率很高。奥迪2.0T FSI BPJ发动机的点火控制系统电路图，如图4-26所示。

单缸独立点火系统中每个气缸安装一个线圈和一只放大器，有控制单元按点火次序触发。这种点火系统可以灵活安装，用在任何缸数的发动机上，而且它在点火提前角的调整方

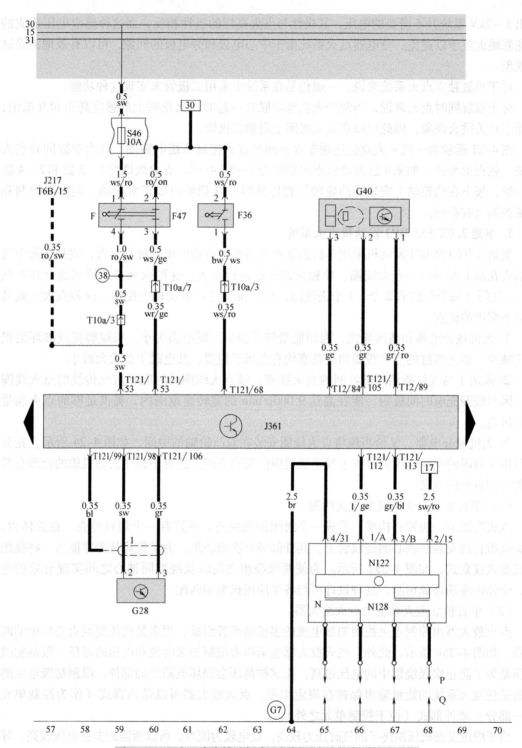

图 4-23 一汽-大众捷达轿车双缸同时点火控制系统电路图
F36—离合器踏板开关　F47—制动踏板开关　F—制动灯开关　J361—Simos 发动机控制单元
P—火花塞插头　Q—火花塞　N122—末级功率放大器，与 N、N128 一体　N、N128—点火线圈次级绕组
G28—发动机转速传感器　G40—凸轮轴位置传感器

面也没有任何限制。但必须注意的是，这种形式的点火系统必须安装同步装置，同步信号由凸轮轴位置传感器G40产生。

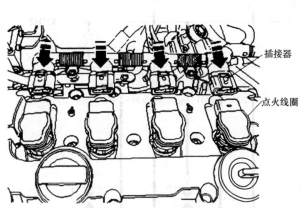

图4-24 奥迪2.0T FSI BPJ发动机点火线圈的安装位置

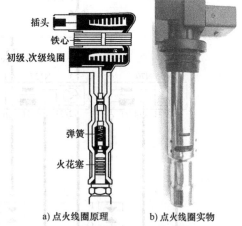

a) 点火线圈原理　b) 点火线圈实物

图4-25 奥迪2.0T FSI BPJ 发动机点火线圈及放大器

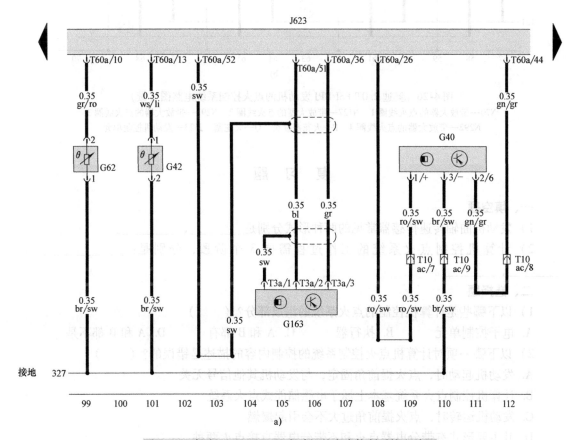

图4-26 奥迪2.0T FSI BPJ发动机的点火控制系统电路图
G40—凸轮轴传感器　G42—进气温度传感器　G62—冷却液温度传感器
J623—发动机控制单元　G163—转速传感器

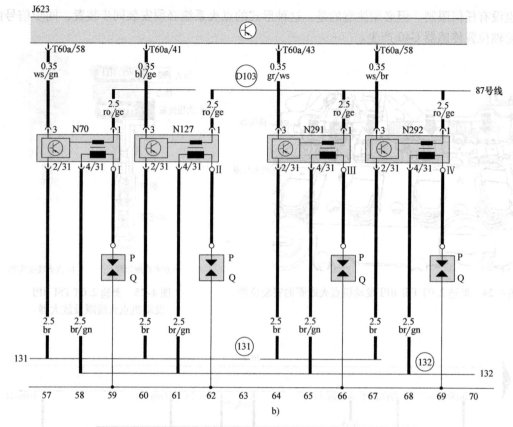

图 4-26 奥迪 2.0T FSI BPJ 发动机的点火控制系统电路图（续）

N70—带放大器的点火线圈 1　N127—带放大器的点火线圈 2　N291—带放大器的点火线圈 3
N292—带放大器的点火线圈 4　P—火花塞插头　Q—火花塞　J623—发动机控制单元

复 习 题

一、填空题

1) 发动机曲轴转速传感器常见的两种形式分别是_____、_____。

2) 计算机控制点火系统的工作过程需要 3 个阶段，分别是：_____；_____；_____。

二、选择题

1) 以下哪些是计算机控制的点火系统的组成部分？（　　）

A. 电子控制单元　　B. 执行器　　C. A 和 B 都有　　D. A 和 B 都不是

2) 以下哪一项对计算机点火控制系统的控制内容的描述是错误的？（　　）

A. 发动机起动时，点火提前角固定，与发动机其他信号无关

B. 计算机控制点火系统基本上属于电感储能式点火系统

C. 发动机运转时，点火提前角过大不会引起爆燃

D. 其主要形式有带分电器点火和不带分电器直接点火两种

项目五 照明与信号系统

学习任务一 认识前照灯

情境引入

维修车间师徒对话。

学徒工： 刘师傅，现在汽车照明很多是氙气前照灯，而且同一个灯泡可实现远、近光的变换，可为什么氙气灯刚面世的时候只用在近光灯上？

刘师傅： 氙气前照灯亮度高、寿命长、节能，且色温舒适度高，可以有效减少驾驶人的视觉疲劳。面世时只用在近光灯上是因为当时没法实现变光。随着技术的不断发展，现在通过电磁铁带动一个遮光板上下翻转实现远、近光的变换，来实现防眩目。

学习目标

1) 熟悉所有照明、信号灯的作用、安装位置和特点。
2) 熟练地使用和操作照明与信号灯。
3) 熟悉前照灯的结构形式。
4) 熟悉前照灯为防止眩目所采取的措施。

一、照明与信号系统组成

为了保证汽车行驶安全，现代汽车上都装备了多种照明及信号设备，而且各国对照明及信号设备在法律上都做了不同程度的规定。不同汽车照明及信号系统是不完全相同的，除了美观、实用外，还必须满足两个要求：一个是保证运行安全，另一个是符合交通法规。汽车照明与信号系统的基本组成如下。

1) 前照灯。其作用是夜间运行时照明道路，功率为 35~65W。

2) 示廓灯。其作用是夜间行车或停车时标示其轮廓或存在，前示廓灯为白色，后示廓灯为红色，功率为 5~10W。

3) 日间行车灯。欧盟已经通过新法规，即强制新车安装日间行车灯，其中轿车和小型货车从 2011 年 2 月 7 日起开始实行，货车和出租车在 2012 年 8 月开始实行。日间行车灯多为 LED 灯泡且和示廓灯共用灯泡。

4）牌照灯。它安装在汽车尾部的牌照上方，其作用是夜间照亮汽车牌照，灯光为白色，功率为 5～15W。

5）仪表灯。它安装在汽车仪表上，其作用是夜间照亮仪表，灯光为白色，功率为 2～8W。

6）顶灯。它安装在乘客舱的顶部，作用是乘客舱内部照明，灯光为白色，功率为 5～8W。

7）雾灯。其作用是雨雾天气用来照明，灯光为黄色（因为黄色有良好的透雾性），功率为 35～55W。

8）转向灯。其作用是表示汽车的运行方向（左、右转向灯同时闪亮时，表示有紧急情况），灯光为黄色，功率为 19W 或 21W。

9）制动灯。它安装于汽车后面，其作用是在汽车制动停车或制动减速行驶时，向后面的车辆发出灯光信号，以防止追尾，灯光为红色，功率为 20W 以上。

10）倒车灯。其作用有两个：一个是向其他的车辆和行人发出倒车信号；另一个是夜间倒车照明，灯光为白色，功率为 20W。

11）指示灯。指示某一系统是否处于工作状态，灯光为红色、蓝色、黄色等，功率为 2W。如远近光指示灯、转向指示灯、雾灯工作指示灯、驻车制动指示灯、收放机工作指示灯、自动变速器档位指示灯等。

12）警告灯。它安装在仪表板上，其作用是监测汽车各系统的技术状况（当某一系统出现异常情况时，对应的警告灯亮，提醒驾驶人该系统出现故障），灯光为红色、绿色或黄色，功率为 2W，如发动机故障警告灯、润滑油警告灯、冷却液温度警告灯等。

此外，还有工作灯、门灯、踏步灯、行李舱灯、阅读灯、喇叭、蜂鸣器等。一般汽车多将前照灯、前雾灯、前示廓灯等组合起来，称为前组合灯；将后示廓灯、后转向信号灯、制动信号灯、倒车灯及后雾灯组合起来，称为后组合灯。图 5-1 所示为汽车照明与信号设备的安装位置。

二、前照灯的结构

前照灯的照明效果直接影响夜间的行车安全，故世界各国都以法律的形式规定了前照灯的照明标准，以确保夜间行车时的交通安全，其基本要求如下。

1）汽车前照灯的夜间照明必须保证车前 100m 以内的路面上有明亮而均匀的光照，使驾驶人能够看清车前 100m 以内的路面情况。随着汽车行驶速度的提高，对汽车前照灯照明距离的要求也将相应地增加。现代高速汽车的照明距离应达到 200～250m。

2）前照灯应具有防眩目的装置，以免夜间两车相会时，使对面汽车驾驶人眩目而肇事。

前照灯的光学组件由灯泡、反射镜和配光镜 3 部分组成。

1. 灯泡

目前，汽车前照灯的灯泡有两种，即充气灯泡和卤钨灯泡，如图 5-2 所示。

（1）充气灯泡

充气灯泡采用钨丝作灯丝，灯泡内充满氩和氮的混合惰性气体。在灯泡工作时，由于惰

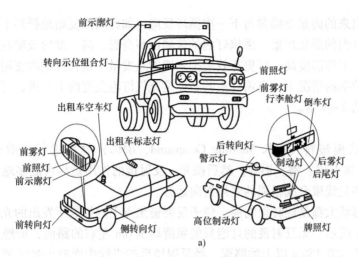

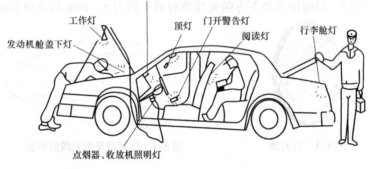

图 5-1 汽车照明与信号设备的安装位置

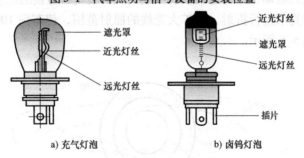

a) 充气灯泡　　　b) 卤钨灯泡

图 5-2 前照灯的灯泡构造

性气体受热后膨胀会产生较大的压力,这样可减少钨的蒸发,故能提高灯丝的温度、增强发光效率,从而延长灯泡的使用寿命。

(2) 卤钨灯泡

充气灯泡虽已充入惰性气体,但仍然有少量从钨丝上蒸发出来的气态钨而使灯泡变黑。为了防止其蒸发,近年来又发明了卤钨灯泡。

所谓卤钨灯泡,就是在充入灯泡的气体中掺入某一卤素元素,如氟、氯、溴、碘等。在灯泡工作时,其内部可形成卤钨再生循环反应:从钨丝上蒸发出来的气态钨与卤素元素反应,生成了一种挥发性的卤化钨,它扩散到灯丝附近的高温区后又受热分解,使钨又重新回到灯丝上。被释放出来的卤素继续参与下一次循环反应,如此周而复始地循环下去,从而防止了钨丝的蒸发和灯泡的黑化现象。卤钨灯泡的玻璃由耐高温、高强度的玻璃制成,且灯泡内的充气压力较大、工作温度高,可更有效地抑制钨的蒸发量,延长灯泡的使用寿命,提高发光效率。在相同功率的情况下,卤钨灯泡的亮度是充气灯泡亮度的1.5倍,卤钨灯泡的寿命是充气灯泡寿命的2~3倍。

2. 反射镜

反射镜是用团状模塑料（Bulk Molding Compound，BMC）材料进行注射成型的,如图5-3所示,其表面镀有银、铬、铝等,然后抛光。反射镜的作用是尽可能多地收集灯泡发出的光线,并将这些光线聚合成很强的光束射向远方。

反射镜的表面形状大都是旋转抛物面。位于反射镜焦点上的灯泡所发出的光线,经反射镜后的情况如图5-4所示。无反射镜的灯泡只能照清周围6m左右的路面,而经反射镜反射后的平行光束可照清远方150m以上的路面。经反射镜后的光线中尚有少量的散射光线,其中朝上的完全无用,朝向侧方和下方的光线则有助于照亮5~10m的路面和路缘。

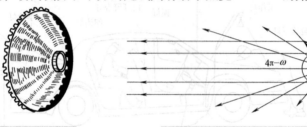

图5-3 反射镜　　　　图5-4 反射镜反射光线的情况

3. 配光镜

配光镜也称为散光玻璃,是由透明玻璃压制而成的棱镜和透镜的组合体。配光镜的作用是将反射镜反射出的光束进行折射,以扩大光线的照射范围,使车前100m内的路面有良好而均匀的照明,如图5-5所示。

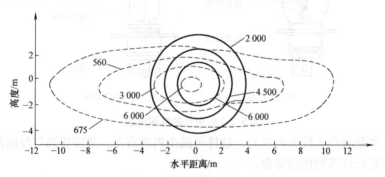

图5-5 配光镜光线分布
——无配光镜的光线分布　- - -有配光镜的光线分布

三、前照灯的防眩目措施

夜间会车时,前照灯发出的强光束会使迎面而来的汽车驾驶人眩目,很容易发生交通事故,因此在这方面必须予以足够的重视。所谓眩目,就是指人的眼睛突然受到强光照射时,由于视觉神经受刺激而失去对眼睛的控制,本能地闭上眼睛或看不清暗处物体的生理现象。

1. 采用双丝灯泡

前照灯常采用双丝灯泡,远光灯丝位于反射镜的焦点上,功率为 45~60W;近光灯丝位于反射镜焦点的上方或前方,功率为 20~50W。在夜间行车时,当对面没有车辆时使用远光灯,可照亮前方 150m 以上的路面;当对面有车辆时使用近光灯,由于光线较弱,经反射后的光线大部分射向车前的下方,可避免对面驾驶人眩目,如图 5-6 所示。

2. 采用带遮光罩的双丝灯泡

上述双丝灯泡中,近光灯丝射向反射镜下部的光线经反射后将射向斜上方,仍会使对面的驾驶人轻微眩目。为了克服上述缺陷,在近光灯丝的下方装有遮光罩。当使用近光灯时,遮光罩能将近光灯丝射向反射镜下部的光线遮挡板,使其无法反射,提高防眩目的效果。目前,汽车上广泛使用这种双丝灯泡,如图 5-7 所示。

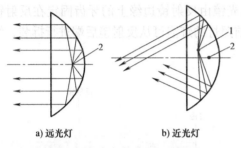

图 5-6 双丝灯泡的远、近光束
1—近光灯丝 2—远光灯丝

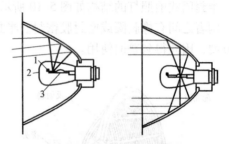

图 5-7 带遮光罩的前照灯灯泡
1—近光灯丝 2—遮光罩 3—远光灯丝

3. 采用不对称光线

这是一种新型的防眩目前照灯。安装时,将遮光罩偏转一定的角度,使其近光的光形分布不对称,将近光灯右侧光线倾斜升高 15°,如图 5-8b 所示。

4. Z 型光形

Z 型光形是目前较先进的光形,它不仅可防止对面驾驶人眩目,也可防止非机动人员眩目,如图 5-8c 所示。

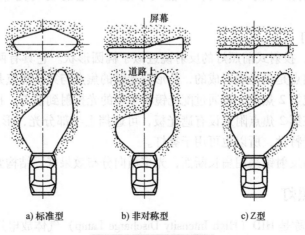

图 5-8 前照灯配光光形

四、前照灯的分类

1. 可拆式前照灯

可拆式前照灯的配光镜靠反射镜边缘上的齿簧与反射镜组合在一起，并用箍圈和螺钉将它们固定在灯壳上。可拆式前照灯由于密封性不好，反射镜易受灰尘和湿气的污染而变黑，严重影响照明效果，目前已很少采用。

2. 全封闭式前照灯

全封闭式前照灯又称为真空灯。其反射镜和配光镜制成一体，里面装有灯丝，并充以惰性气体；灯丝焊在反射镜底座上，反射镜的镜片为真空镀铝。其结构如图 5-9 所示。

这种结构的前照灯的优点是可以完全避免反射镜受到污染，但是，当灯丝烧坏后，需要更换前照灯总成，成本较高。

3. 半封闭式前照灯

半封闭式前照灯的结构如图 5-10 所示。其配光镜由反射镜边缘上的牙齿固定在反射镜上，两者之间有橡胶圈或密封胶密封。半封闭式前照灯的灯泡可从反射镜后端进行拆装，维修方便，因此得到普遍使用。

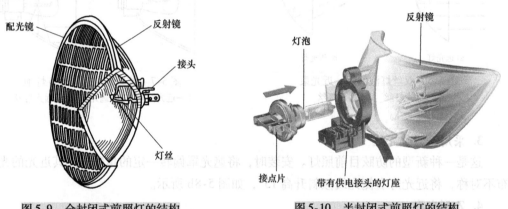

图 5-9　全封闭式前照灯的结构　　　　图 5-10　半封闭式前照灯的结构

更换半封闭式前照灯的灯泡时，不能用手触摸灯泡的玻璃壳部分，其正确操作如图 5-11 所示。

4. 投射式前照灯

如图 5-12 所示，投射式前照灯的反射镜近似于椭圆形状。它具有两个焦点：第 1 焦点处放置灯泡；第 2 焦点是由光线形成的，凸形配光镜的焦点与第 2 焦点是一致的。来自灯泡的光利用反射镜聚成第 2 焦点，再通过配光镜将聚集的光投射到前方。投射式前照灯采用的灯泡为卤钨灯泡。在第 2 焦点附近设有遮光板，可遮挡上半部分光，形成明暗分明的配光。由于它具有这种配光特性，所以也可用于雾灯。

投射式前照灯的反射镜采用扁长断面，光束横向分布效果好，结构紧凑、经济实用。

五、氙气前照灯

氙气前照灯的全称是 HID（High Intensity Discharge Lamp）气体放电灯，其结构如图 5-13

所示。它利用配套电子镇流器，将汽车电池12V电压瞬间提升到23kV以上的触发电压，将氙气前照灯中的氙气电离形成电弧放电并使之稳定发光，从而提供稳定的汽车前照灯照明系统。

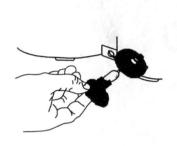

图 5-11　更换半封闭式前照灯灯泡时的正确操作

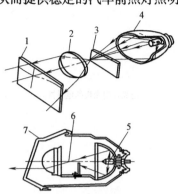

图 5-12　投射式前照灯的构造
1—屏幕　2—凸形配光镜　3—遮光镜
4—椭圆反射镜　5—第1焦点
6—第2焦点　7—总成

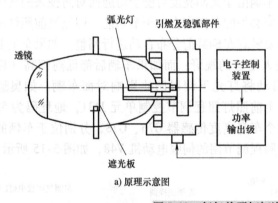

a) 原理示意图

b) 实物图

图 5-13　氙气前照灯灯泡的结构

氙灯没有灯丝，这是氙灯与传统灯具最重要的区别。氙灯是利用两电极之间放电器产生的电弧来发光的，如同电焊中产生的电弧的亮光。高压脉冲电加在完全密闭的微型石英管内的金属电极之间，激励管内的物质（氙气、少量的水银蒸气、金属卤化物）在电弧中电离产生光亮。这种光亮的色温与太阳光相似，但含较多的绿色与蓝色成分，因此呈现蓝白色光。这种蓝白色光大幅提高了道路标志和指示牌的亮度。

1. 氙气前照灯的优点

氙气前照灯灯泡的光色和日光灯的相似，其亮度是目前卤钨灯泡亮度的2.5倍，寿命是卤钨灯泡的5倍，灯泡的功率为35W，可节能40%，且色温舒适度高，可以有效减少驾驶人的视觉疲劳，对于驾车安全性也间接有所助益。

2. 氙气前照灯的变光

在氙气前照灯上，近光灯和远光灯共用一个灯泡，它们之间的切换是通过一个遮光板（百叶窗）来实现的，这个遮光板由一个电磁铁来进行操控。这个遮光板在基本位置是向上翻起的，这时用于实现非对称近光，如图5-14所示。要想实现远光灯功能，需要给电磁铁通电（激活它），于是这个遮光板向下翻转，气体放电灯就产生出对称的远光灯光束了。

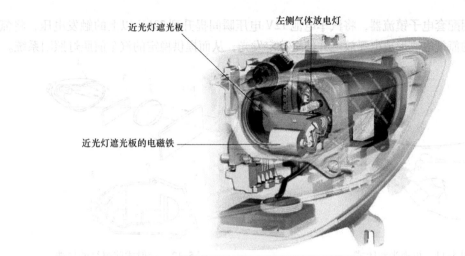

图 5-14 双氙气前照灯的变光机构

3. 氙气前照灯的调节

国外法规要求，配备氙气前照灯的车辆由于其高亮度可能会对迎面对向驶来的驾驶人视线有所影响，所以配备氙气前照灯的车辆必须配备高度自动调节功能，即氙气前照灯出厂时要调整好标准高度，之后前照灯的高低要随着车辆载荷分布自动进行调整。如果车辆前部低后部高，则前照灯要向上抬，保证驾驶人足够的视野；而如果车辆后部低前部高（后桥负载太大或行李舱重物太多），则必须自动将灯光下调以防止影响对面车辆。如奥迪 A6L（C7）配备氙气前照灯的车辆增加了一个前照灯照程调节控制单元 J431，地址码为 55，位置在前排乘员侧杂物箱后方；增加了两个车身高度传感器 G76、G78，分别位于车辆的左前和左后；在组合氙气前照灯总成中装有照程调节用的伺服电动机 V48，如图 5-15 所示。

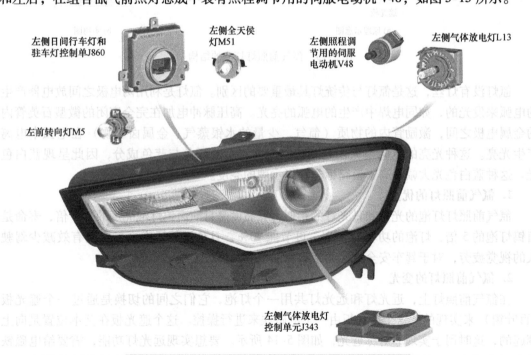

图 5-15 奥迪 A6L（C7）组合氙气前照灯（左侧）总成

六、LED 前照灯

汽车照明灯有白炽灯、充气灯、卤钨灯、氙灯等类型。除了前照灯外，其他灯具例如示廓灯、指示灯、室内照明灯等多是采用白炽灯。近年也流行 LED 做前照灯、指示灯等。雷克萨斯 LS600h 是世界上首个采用 LED 前照灯光源的上市车，不过它只在近光灯上应用了 LED，远光灯光源仍为卤素灯。奥迪 R8 以全 LED 前照灯为其主要特色。

1. LED 前照灯的优点

1) 寿命长，一般可达几万乃至十万小时。有人认为如果未来的汽车照明灯使用 LED，那么整个汽车使用期限将不用更换灯具。

2) 非常节能，比同等亮度的白炽灯节电 50% 以上。

3) 光线质量高，基本上无辐射，属于"绿色"光源。

4) LED 的结构简单，内部支架结构，四周用透明的环氧树脂密封，抗振性能好。

5) 无须热启动时间，亮灯响应速度快（纳秒级），适用于移动速度快的物体使用。

6) 适用电压在 6~12V，完全可以应用在汽车上。

7) LED 占用体积小，设计者可以随意变换灯具模式，令汽车造型多样化。汽车厂商青睐 LED，完全是 LED 本身的优点所决定的。

2. 奥迪 A6L（C7）LED 前照灯

奥迪 A6L（C7）上的 LED 前照灯总成是用发光二极管（LED）作为光源的，如图 5-16 所示。一个 LED 前照灯共有 78 个发光二极管并带有散热片。前照灯内部集成有一个风扇，用于防止电子元件过热。根据灯的功能情况，使用了反光镜或者投射模块。驻车灯/日间行车灯和转向灯使用厚壁型光学件，以便能获得均匀的灯光形状。奥迪 A6L（C7）LED 前照灯各灯说明见表 5-1。其内部结构如图 5-17 所示。

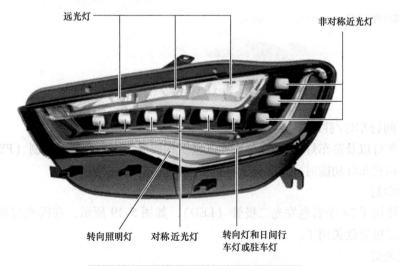

图 5-16 奥迪 A6L（C7）LED 前照灯总成

表 5-1 奥迪 A6L（C7）LED 前照灯各灯说明

灯功能	使用的灯具
驻车灯	24 个发光二极管（白色，亮度已降低为 20%）
日间行车灯	24 个发光二极管（白色，亮度 100%）
转向灯 ECE（由功率模块 2 来触发）	24 个发光二极管（黄色）
近光灯	14 个发光二极管（5×2 的一个芯片 + 4 个单独的发光二极管）
远光灯	12 个发光二极管（在近光灯基础上再加这些 3×4 的芯片）
高速公路灯	14 个发光二极管（5×2 的一个芯片 + 4 个单独的发光二极管）
转向照明灯（单侧的）	4 个发光二极管（在近光灯基础上再加这个 1×4 芯片）
全天候灯（双侧的）	4 个发光二极管（在近光灯基础上再加这个 1×4 的芯片，以便减少 2 个发光二极管）
旅行灯（切换到靠另一侧行驶时）	6 个发光二极管
回家/离家	14 个发光二极管（5×2 的一个芯片 + 4 个单独的发光二极管）

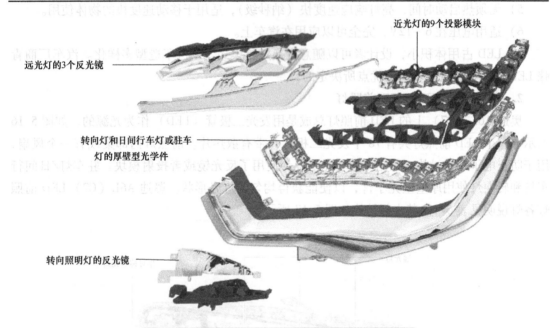

图 5-17 奥迪 A6L（C7）LED 前照灯总成的内部结构

（1）日间行车灯/驻车灯

日间行车灯以及驻车灯是由 24 个发光二极管构成的，由脉冲宽度调制（PWM）信号来触发。在承担驻车灯功能时，只是亮度降低了而已，如图 5-18 所示。

（2）转向灯

转向灯使用了 24 个黄色发光二极管（LED），如图 5-19 所示，在闪光过程中，日间行车灯的发光二极管就关闭了。

（3）近光灯

在近光灯工作时，带有 14 个发光二极管的 9 个投射模块被激活，如图 5-20 所示。日间行车灯的发光二极管变暗至驻车灯状态。

(4) 远光灯

在远光灯工作时，除了近光灯和驻车灯的发光二极管亮以外，还会激活 3 组 1×4 发光二极管芯片，如图 5-21 所示。远光灯是通过远光灯拨杆或者远光灯辅助系统来激活的。

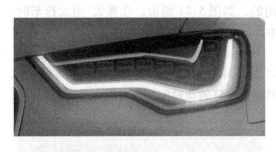

图 5-18　奥迪 A6L（C7）LED 日间行车灯/驻车灯

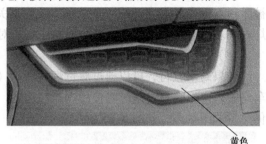

图 5-19　奥迪 A6L（C7）LED 转向灯

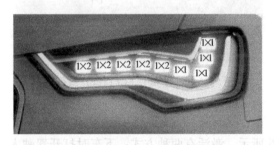

图 5-20　奥迪 A6L（C7）LED 近光灯

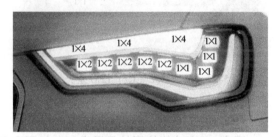

图 5-21　奥迪 A6L（C7）LED 远光灯

(5) 高速公路灯

在高速公路灯工作时，近光灯的明暗界限被前照灯照程调节伺服电动机举高了。当车速超过 110km/h 并持续了较长时间，那么高速公路灯就会接通，如图 5-22 所示；要是车速超过了 140km/h，那么高速公路灯就会立即接通。

(6) 转向照明灯

在转向照明灯工作时，除了近光灯的发光二极管亮起外，驻车灯下方的一个 1×4 发光二极管芯片也会亮起，如图 5-23 所示。这组 LED 配备有一个反光镜，它可以在车辆转向时照亮本车的侧面区域。当然，这有个前提条件：转向灯已激活，车速低于 40km/h 或者转向盘有较大的转动，车速低于 70km/h。

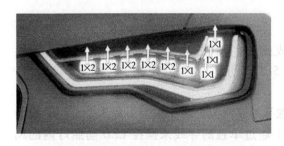

图 5-22　奥迪 A6L（C7）LED 高速公路灯

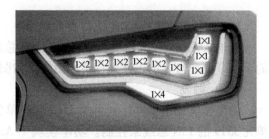

图 5-23　奥迪 A6L（C7）LED 转向照明灯

(7) 全天候灯

在全天候灯工作时（可以通过灯开关上的按键来激活），9 个近光灯模块中的 7 个会被激活，并被前照灯照程调节伺服电动机稍微举高了些。另外，两侧的转向照明灯二极管也都被激活。近光灯靠上面的两个发光二极管是关闭的，如图 5-24 所示，在雾天/雨天行车时，灯对小水滴的反射变弱，也就可以防止灯光对本车驾驶人造成眩目了。

(8) 旅行灯

如果驾车旅行，可以通过旅行灯的功能（可通过 MMI 来设置）来防止对相向车道的汽车驾驶人产生眩目，这时将使用近光灯功能，但是近光灯的非对称部分的那 3 个发光二极管仍保持关闭状态，如图 5-25 所示。

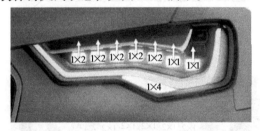
图 5-24　奥迪 A6L（C7）LED 全天候灯

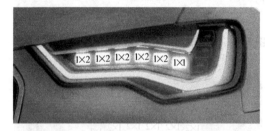
图 5-25　奥迪 A6L（C7）LED 旅行灯

(9) 回家/离家

回家/离家功能使用的是近光灯，如图 5-26 所示。激活有两种方式：下车时打开驾驶人车门，或者用遥控钥匙将中央门锁开锁。当然，这有个前提条件：灯开关必须位于位置"AUTO"处，雨量/光强度传感器识别出车外很黑了，且 MMI 内已经启用了这两个功能（在下车时灯接通或者在开锁时接通）。

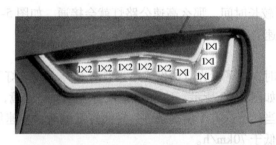
图 5-26　奥迪 A6L（C7）LED 前照灯激活回家/离家点亮近光灯

(10) 奥迪 A6L（C7）LED 前照灯元件

奥迪 A6L（C7）LED 前照灯上的 LED 总成或者单个的发光二极管（LED）是无法更换的。LED 前照灯上的下述元件可以更换，如图 5-27 所示。

(11) 触发

功率模块 2 由供电控制单元 J519 通过单独导线来触发。功率模块 1 和 3 是由供电控制单元 J519 的 LIN 总线来控制。功率模块 1-A31 通过单独的导线来操控 LED 前照灯内的风扇，该风扇通过"15 号线接通"的方式激活，随后一直工作，直到 15 号线切断为止。奥迪 A6L（C7）LED 前照灯触发原理示意图如图 5-28 所示。

项目五 照明与信号系统 151

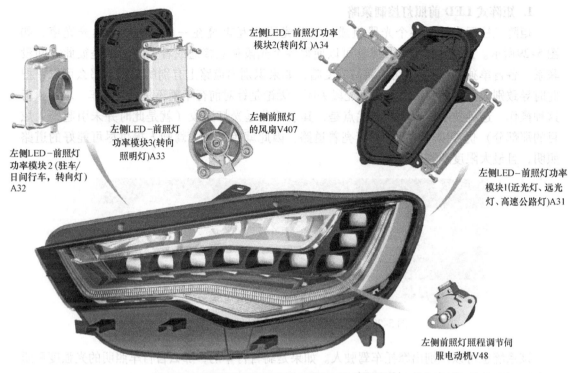

图 5-27　奥迪 A6L（C7）LED 前照灯可以更换的元件

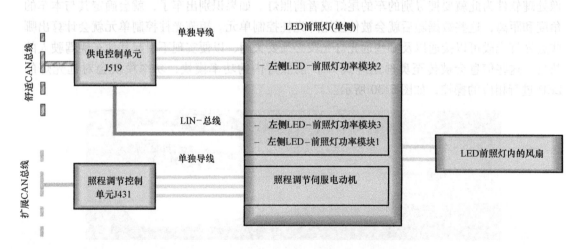

图 5-28　奥迪 A6L（C7）LED 前照灯触发原理示意图

七、奥迪 A8（D4PA）矩阵式 LED 前照灯

奥迪 A8（D4PA）是全球第一种采用矩阵光柱（Matrix Bean）技术的轿车。奥迪矩阵式 LED 前照灯是选装装备，其实就是一种远光灯辅助系统，使用该系统可以免除驾驶人夜间行车时不停地变光的麻烦，该系统可承担这个自动变光任务。

1. 矩阵式 LED 前照灯控制策略

矩阵光柱远光灯由多个光段组成，这些光段相互重叠在一起，构成了远光光束，如图 5-29 所示。采用矩阵光柱技术，可以使得各个光段独立接通或者关闭（就是彼此之间没联系，各自单独工作）；也可以将灯光变暗，如果识别出道路上有别的车辆，那么可以只把此时导致别人炫目的那部分远光灯光段关闭。无论是针对前行车辆还是对向来车，均可执行这种操作。这种技术的一个突出优点是，其余部分远光灯光段（就是此时并未引起别人炫目的那部分）仍然以远光灯状态照亮着道路，因此就始终能为驾驶人提供尽可能好的道路照明，且最大限度地利用远光灯。

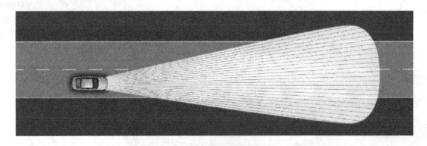

图 5-29 奥迪 A8（D4PA）矩阵式 LED 远光灯

该系统也可以识别出摩托车驾驶人。如果是骑自行车的，那么自行车照明的光强度和质量会决定系统能识别还是不能识别。

前行车辆以及对向来车是由摄像头控制单元 J852 来识别的。该摄像头控制单元内的图像处理软件为此就要搜寻别的车的尾灯或者前照灯。如果识别出车了，就会确定其与本车的角度和距离，这些数据随后就会被传至矩阵光柱控制单元。矩阵光柱控制单元就会计算出哪些远光灯光段可以接通以及哪些远光灯光段必须要关闭，以便实现不引起其他车辆驾驶人的眩目。这些信息会被传至奥迪矩阵式 LED 前照灯内的功率模块，功率模块会对远光灯的 LED 进行相应的操控，如图 5-30 所示。

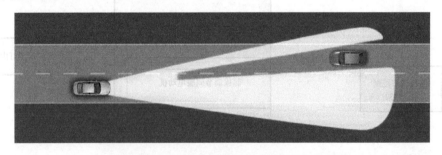

图 5-30 矩阵式 LED 远光灯对向来车时矩阵光柱

如果车上装备有选装的导航系统，那么该车也就有预测的道路数据了，因此矩阵光柱远光灯也就可以以"前瞻性"方式来工作了。矩阵光柱控制单元也就知道了前方道路的走向、现在行驶过的道路类型，也知道了本车现在是在建筑物较多的区域内还是郊外行驶。有了这些附加信息，有些灯功能才能实现或者提前激活。

如果车辆行驶在周围有很多建筑物的地方，那么就只使用近光灯。周围是否有很多建筑物，由摄像头控制单元 J852 来识别，具体说就是由图像处理软件在摄像头的视频数据中搜索相应的光源。如果这些光源满足一定的前提条件，那么就认为这不是路灯照明，也就认为这个区域有很多建筑物了。如果有预测的道路数据可供车辆使用，那么确认车辆是否在有很多建筑物的区域行驶就变得更容易、更可靠了。

2. 奥迪 A8（D4PA）矩阵式 LED 前照灯硬件

（1）奥迪矩阵式 LED 前照灯正面视图

图 5-31 所示为奥迪矩阵式 LED 前照灯正面视图。

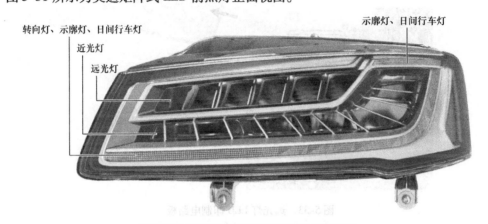

图 5-31 奥迪矩阵式 LED 前照灯正面视图

（2）奥迪矩阵式 LED 前照灯的结构

图 5-32 所示为奥迪矩阵式 LED 前照灯的结构。

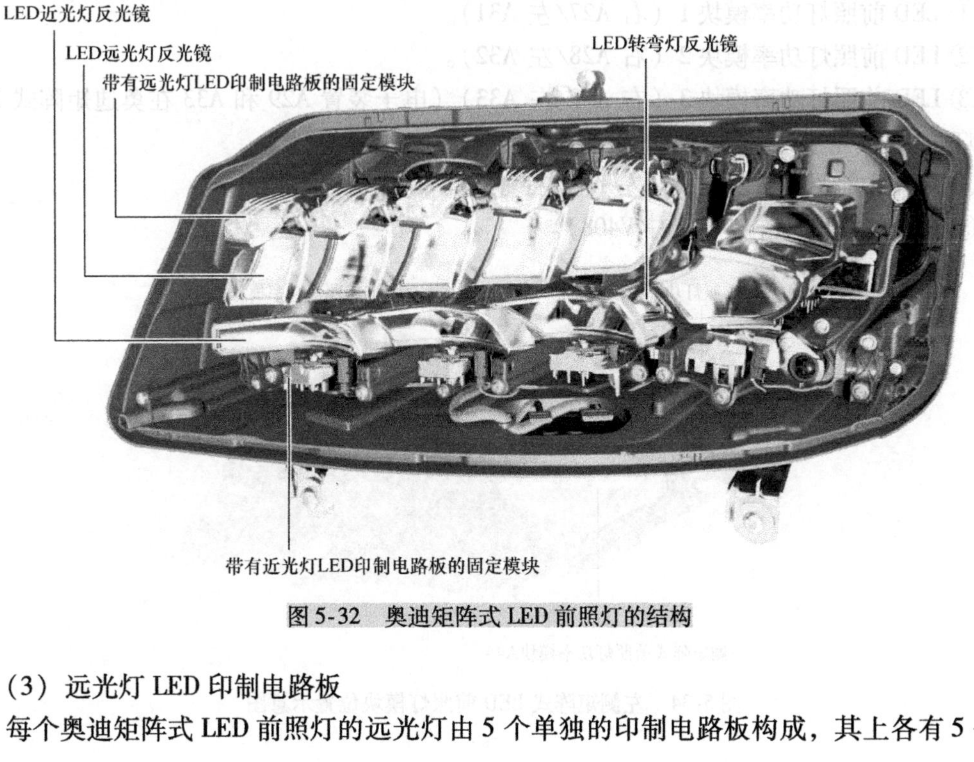

图 5-32 奥迪矩阵式 LED 前照灯的结构

（3）远光灯 LED 印制电路板

每个奥迪矩阵式 LED 前照灯的远光灯由 5 个单独的印制电路板构成，其上各有 5 个串联的 LED，如图 5-33 所示。因此，每个前照灯上的共计 25 个远光灯 – LED 就可以单独操控了，它们与另一个前照灯的远光灯模块一起形成远光灯光束（光锥）。每个 LED 负责照亮远光灯的一个区段，每个单独的区段是有重叠的。

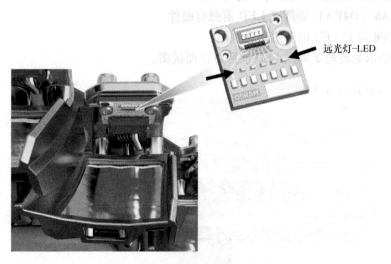

图 5-33　远光灯 LED 印制电路板

（4）奥迪矩阵式 LED 前照灯在售后服务中可以更换的部件

如图 5-34 所示，在售后服务中，奥迪矩阵式 LED 前照灯中有 5 个部件可以单独更换。这些部件具体如下。

① LED 前照灯功率模块 1（右 A27/左 A31）。

② LED 前照灯功率模块 2（右 A28/左 A32）。

③ LED 前照灯功率模块 3（右 A29/左 A33）（电子装置 A29 和 A33 在奥迪矩阵式 LED 前照灯内，取下前照灯的后盖即可更换）。

④ 矩阵式前照灯功率模块（左 A44/右 A45）。

⑤ 前照灯风扇（左 V407/右 V408）。

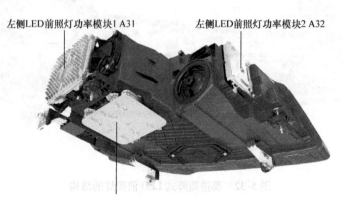

图 5-34　左侧矩阵式 LED 前照灯模块位置示意图

(5) 奥迪矩阵式 LED 前照灯工作原理

图 5-35 所示为奥迪矩阵式 LED 前照灯工作原理图。

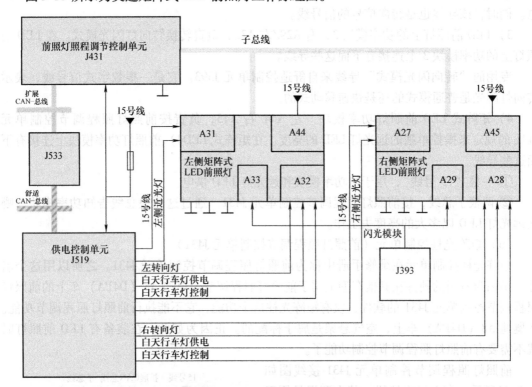

图 5-35　奥迪矩阵式 LED 前照灯工作原理图

A27—右侧 LED 前照灯功率模块 1　A28—右侧 LED 前照灯功率模块 2　A29—右侧 LED 前照灯功率模块 3
A31—左侧 LED 前照灯功率模块 1　A32—左侧 LED 前照灯功率模块 2　A33—左侧 LED 前照灯功率模块 3
A44—左侧矩阵式前照灯功率模块　A45—右侧矩阵式前照灯功率模块　J393—舒适控制单元
J533—数据总线诊断接口（网关）

1）LED 前照灯上的功率模块 1，右 A27/左 A31，负责近光灯和转向灯 LED 的供电和控制以及前照灯内风扇的控制。在 LED 前照灯上的功率模块 1 上连接有下面这些导线。

① 一根"15 号线"，从供电控制单元 J519 过来，用于给转向灯、风扇和功率模块运算器供电。

② 专用的"近光灯"导线，从供电控制单元 J519 过来的，该导线用于给近光灯供电。

③ 两根子总线，接前照灯照程调节控制单元 J431。通过这两根总线告知功率模块，现在要求哪个灯工作。功率模块通过这些信息，就知道了哪些近光灯 – LED 需要以多强的亮度来工作。同样，接通和关闭转向灯也需要这两根导线。

2）LED 前照灯上的功率模块 2，右 A28/左 A32，负责示廓灯、日间行车灯和转向灯 LED 的供电和操控。在 LED 前照灯上的功率模块 2 上连接有下面这些导线。

① 一根"日间行车灯供电线"，从供电控制单元 J519 过来，用于给日间行车灯或示廓灯的 LED 供电。

② 专用的"日间行车灯控制"导线，从供电控制单元 J519 过来的一个 PWM（占空比）信号会通过该导线传输，用于使得灯光变暗。日间行车灯不能变暗，示廓灯会按照这个

PWM（占空比）信号来变暗。

③ 专用的"左/右转向灯"导线，从供电控制单元J519过来的，用于给转向灯LED供电。同时，该导线也是转向信号的信号线。

3）LED前照灯上的功率模块3，右A29/左A33，负责转换转向灯闪光模式。在LED前照灯上的功率模块3上连接有下面这些导线。

专用的"转向闪光模式"导线来自舒适控制单元J393。它是一根数字式信号线，表示转向灯闪光是普通模式的还是快速移动式的。

4）矩阵式LED前照灯功率模块，左A44/右A45，负责按前照灯照程调节控制单元J431的规定来操控单独的远光灯LED的亮度。在矩阵式LED4）前照灯功率模块上连接有下面这些导线。

① 一根"15号线"，用于给功率模块和远光灯LED供电。

② 两根子总线，接前照灯照程调节控制单元J431。通过这两根总线告知功率模块，哪些远光灯LED以多大的亮度去工作。

（6）矩阵光柱控制单元（前照灯照程调节控制单元J431）

矩阵光柱控制单元在维修手册中称为前照灯照程调节控制单元J431。之所以用这个名称，是因为所用的硬件在其他车型上用于前照灯照程调节。奥迪A8（D4PA）车上的前照灯照程调节控制单元J431的软件，仅有矩阵光柱这个功能，它不能执行前照灯照程调节功能。在奥迪A8（D4PA）车上，空气悬架是属于标配的。正因为如此，在装备有LED前照灯时就不需要有前照灯照程调节控制功能了。

前照灯照程调节控制单元J431接线图如图5-36所示。有6根连接线，其中两根是用于供电，另外还有两套CAN总线，每套CAN总线有两根导线。

前照灯照程调节控制单元J431是矩阵光柱功能的主控制器。另外，它还负责其他车灯功能，比如弯道灯、转弯灯、全天候灯和夜视辅助系统的标志灯。

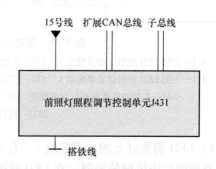

图5-36 前照灯照程调节控制单元J431接线图

1）矩阵光柱功能的实现。前照灯照程调节控制单元J431从摄像头控制单元J852接收到数据，这些数据是由摄像头图像处理软件识别出来的。这些数据包含别的车与本车之间相对角度以及别的车与本车之间的距离。

前照灯照程调节控制单元J431就从这些数据中计算出，哪些远光灯LED应以多大的亮度去工作。计算是按这个程度来进行的：道路被照亮到一个比较理想的程度，但又不使得人有炫目感。在计算远光灯LED的亮度过程中，也顺便考虑了弯道灯。如果车辆行驶在弯道处，那么远光灯光束（光锥）的最大亮度点会偏移，以便更好地将弯道照亮。激活了高速公路模式的话，对于这个计算也是有影响的。如果高速公路模式被激活了的话，那么远光灯光束（光锥）外缘区的LED就很暗或者干脆就不亮了。

计算出的各个远光灯LED亮度，不断地经子总线被传送到矩阵式LED前照灯两个功率模块上（左A44，右A45），模块会操控相应的LED来工作。但是，只有当满足使用矩阵光柱远光灯辅助系统的所有条件时，才能对LED实施操控。这些条件包括：

① 车灯旋钮开关位于 AUTO。
② MMI（信息娱乐系统）上的远光灯辅助菜单项处于"接通"。
③ 驾驶人通过手动开关已将该功能激活。
④ 车速处于正确值的范围内。
⑤ 车辆当前位置周围足够暗。

2）其他车灯功能的转换。前照灯照程调节控制单元 J431 会通知功率模块 1，哪些近光灯 LED 应激活亮起。这些数值通过子总线被传至奥迪矩阵式 LED 前照灯内的两个功率模块 1 上，并被转换成所需要的控制动作。

同样，控制单元 J431 也负责全天候灯的操控。如果全天候灯已被驾驶人接通且也满足所有的其他条件了，那么近光灯 LED 相应的亮度会按照恶劣的天气条件进行匹配的。所需要的亮度要求随后被送至 LED 前照灯内的功率模块 1 上并进行相应的转换。

前照灯照程调节控制单元 J431 根据接收到的车辆数据，也会计算是应该接通一个转弯灯还是两个（弯道灯）。如果有这个需要的话，那么信息是通过子总线通知相应的功率模块 1，功率模块 1 会来操控 LED 转弯灯。

在旅行灯激活时，也是这样的功能流程。这个请求是通过扩展 CAN 总线传至前照灯照程调节控制单元 J431 的。该控制单元随后会相应地降低 LED 的亮度（就是形成近光灯中非对称成分的那些 LED），并把这个信息传至奥迪矩阵式 LED 前照灯内的两个功率模块 1 上。

（7）供电控制单元 J519

供电控制单元 J519 是奥迪 A8（D4PA）外部照明的主控制器。控制单元 J519 是通过 LIN 总线从车灯开关接收到车灯旋钮开关当前的位置以及全天候灯是否激活这些信息的。车灯旋钮开关当前的位置对车外灯具有重要的意义，这是因为矩阵光柱远光灯辅助功能以及其他的灯功能，只有在车灯旋钮开关处在 AUTO 位置时才能工作。

图 5-37 所示为奥迪 A8（D4PA）供电控制单元 J519，是通过舒适 CAN 总线从转向柱电子控制单元 J527 处获知远光灯拨杆是否被拨动这个信息的，于是 J519 就知道了矩阵光柱远光灯辅助功能的激活状态了，此信息又被放到了 CAN 总线上。

控制单元 J519 将左、右 LED 前照灯内的功率模块 1 的 15 号接线柱接通。另外，两个功率模块 1 还各有一根用于近光灯的供电/信号组合线。

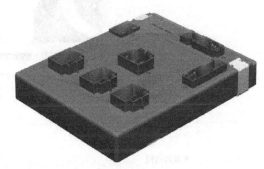

图 5-37 奥迪 A8（D4PA）供电控制单元 J519

LED 前照灯内的功率模块 2 只通过控制单元 J519 来操控。这是通过一根单独的供电线（示廓灯和日间行车灯的）和一根 PWM（占空比）信号线来实现的。PWM（占空比）信号决定 LED 的亮度。这些 LED 既用于示廓灯，也用于日间行车灯。

还有根单独导线（第三根了），是用于操控两个奥迪矩阵式 LED 前照灯内的转向灯 LED 的。

八、带有激光灯的矩阵式 LED 前照灯

在奥迪 A8（D5）上，激光灯是作为 LED 远光灯的辅助远光灯使用的。激光射束在车速

超过 70 km/h 时来补充 LED 远光灯，远光灯的照射距离由此可增大一倍，如图 5-38 所示。当车速超过 70km/h 时，激光束就对远光灯形成了补充，远光灯的照程因此可提高 75~100m，这就极大地改善了驾驶人的视野和行驶安全性。这个激光射束主要照亮本车车道。LED 远光灯通过远光灯辅助系统来激活。在 LED 远光灯激活后约 1s，激光灯就会接通。

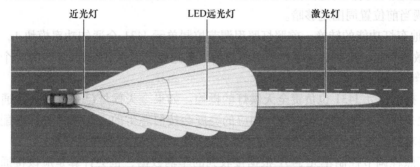

图 5-38　带有激光灯的矩阵式 LED 前照灯光形

在每个激光模块内装有 4 个激光二极管，每个二极管能产生一个蓝色激光束。这些激光束通过一个偏转棱镜校小了宽度，并汇集在一个聚光透镜上。聚集后的激光束通过一个平面转向镜照到磷光转换器上。聚集了的激光束在此处发生折射并被转换成白的光。随后这些白光在 LED 前照灯上被引至一个反光镜上而形成光束锥，这些光束锥离开前照灯就形成了辅助远光灯。激光灯的构成示意图如图 5-39 所示。

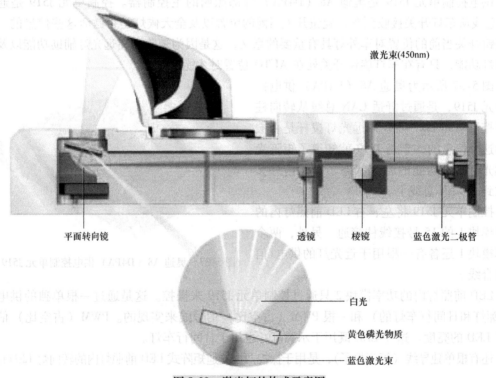

图 5-39　激光灯的构成示意图

奥迪 A8（D5）带有激光灯的矩阵式 LED 前照灯外观如图 5-40 所示。有个明显的蓝色箭头模型氛围灯，就是带有激光前照灯最明显的标志。这里已经是第二代矩阵式 LED 前照灯。激光灯矩阵式 LED 前照灯中灯功能的触发与矩阵式 LED 前照灯是相同的。左/右侧 LED 前照灯功率模块 1 与 LIN 总线相连，这个连接用于激活激光灯模块。

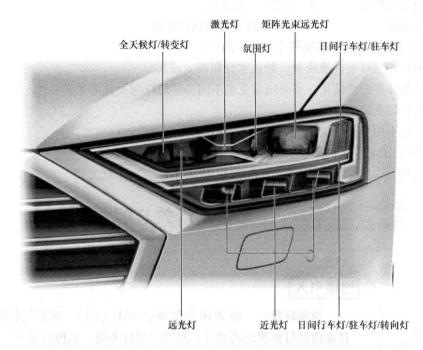

图 5-40　奥迪 A8（D5）带有激光灯的矩阵式 LED 前照灯外观

满足下述条件时，激光灯会接通：
1) 灯开关位于位置"Auto"且近光灯已接通。
2) 在 MMI（信息娱乐系统）中已准许使用远光灯辅助系统。
3) 在 MMI（信息娱乐系统）中已准许使用激光灯。
4) 通过远光灯拨杆已激活远光灯辅助系统。
5) 车速高于 70km/h 且照亮的区域内无其他车。

因法规原因，激光灯只有在车速高于 70km/h 才能使用，且与远光灯辅助系统一同使用。一旦摄像头侦测到有对向来车或者有前行车辆，激光灯会被立即关闭。如果手动激活了远光灯，那么激光灯会一直关闭着。

如果满足所有条件，那么在激光灯已激活时会显示如图 5-41 所示的指示灯。

图 5-41　激光灯激活指示灯

复 习 题

一、填空题

1) 氙气前照灯的英文简称是_____。

2) 汽车常用的灯光开关有_____、_____、_____。

二、选择题

1) 下列汽车前照灯的防眩目措施不对的是?（　　）
A. 采用双丝灯泡　　　B. 采用不对称光线
C. O 型光线　　　　　D. 采用带遮光罩的双丝灯泡

2) 前照灯使用的注意事项哪个是错误的?（　　）
A. 使用时前照灯要注意密封，防止水分和灰尘进入
B. 光学组件要配套使用，不要随意更换不同功率的灯泡及其他光学元件
C. 前照灯的安装要牢固
D. 前照灯不用更换和调整

3) 前照灯结构里不包括的是?（　　）
A. 摄像头　　　B. 灯泡　　　C. 反射镜　　　D. 配光镜

学习任务二　检修灯光开关与前照灯电路

情境引入

故障现象：一辆 2016 年款奥迪 A6L（C7），双氙气前照灯带自动前照灯照明距离调节，左侧前照灯不亮，其他灯正常。

原因分析：从故障现象分析，故障应由左侧氙灯灯泡损坏引起。奥迪 A6L（C6）前照灯总成由车载电网控制单元 J519 控制，J519 根据车灯开关 E1 的信号控制前照灯。检查 J519 熔断器 SD6、SD7、SD8、SD9 正常，检查 J519、左侧前照灯总成共用的 44 号搭铁点正常。拆检灯泡发现灯泡发黑，更换氙灯灯泡，故障排除。

学习目标

1) 能熟练更换灯泡、调整前照灯光轴。
2) 能通过诊断仪器对前照灯系统进行匹配学习。
3) 能熟练阅读各车系的灯光电路图。
4) 能借助电路图、诊断仪排除灯光系统故障。

一、灯光开关与前照灯电路

照明系统的大部分电路是由灯光开关控制的。最常用的灯光开关一般有关闭（OFF）档、示廓灯（Park）档和前照灯（Head）档 3 个档位。对大部分汽车来说，灯光开关上的两个正极线接线柱与蓄电池正极直接相连，灯光电路不受点火开关控制，即点火开关在关闭时，灯光开关也能开闭照明电路。

灯光开关可以装在仪表板上，也可以装在转向柱上，如图 5-42 所示。灯光开关的结构

原理如图 5-43 所示。灯光开关在关闭（Off）档时，关闭所有灯泡电路；在示廓灯（Park）档时，通过接线柱 3 接通示廓灯、尾灯、牌照灯和仪表灯；在前照灯（Head）档时，通过接线柱 2 接通前照灯电路，示廓灯（Park）档电路继续通电。仪表灯的亮度调节旋钮是由一个变阻器组成的，可单独安装在仪表板上，也可安装在灯光开关上。在灯光开关上有两个正极线接线柱 1 和 5，分别给前照灯电路和示廓灯电路供电，防止当一个电路出现短路故障时，全车灯光没电。

a) 安装在仪表板上的灯光开关

b) 安装在转向柱上的灯光开关

图 5-42　灯光开关的安装位置

变光开关大多数安装在转向柱上，串接在前照灯电路中。当灯光开关打在前照灯档时，驾驶人可通过变光开关控制前照灯的远光和近光，如图 5-42b 所示的安装在转向柱上的灯光开关，扳动开关上下即可实现变光。

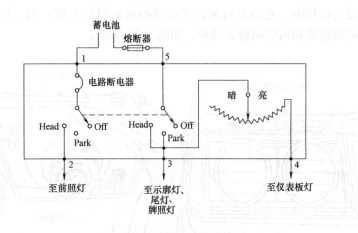

图 5-43　灯光开关的结构原理

前照灯电路由灯光开关、变光开关、远光指示灯和前照灯等组成。四灯制前照灯电路-变光开关如图 5-44 和图 5-45 所示。由前照灯电路可知，灯光开关和变光开光都不搭铁，而是采用灯丝搭铁，且前照灯都是并联的，这样可防止因一个灯丝烧断时而全车前照灯不亮。

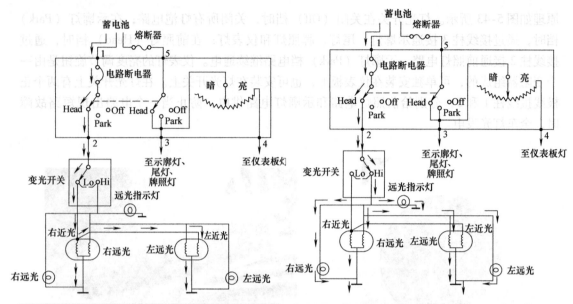

图 5-44 四灯制前照灯电路－变光开关在 Lo（近光档）　　图 5-45 四灯制前照灯电路－变光开关在 Hi（远光档）

二、前照灯的使用与调整

1. 前照灯使用注意事项

1）使用时前照灯要注意密封，防止水分及灰尘进入。
2）光学组件要配套使用，不要随意更换不同功率的灯泡及其他光学元件。
3）前照灯的安装要牢固。

2. 前照灯的调整

在前照灯使用过程中，光轴方向偏斜（或更换新前照灯总成）时，应进行调整。调整部位一般分外侧调整式和内侧调整式两种，如图 5-46 所示。

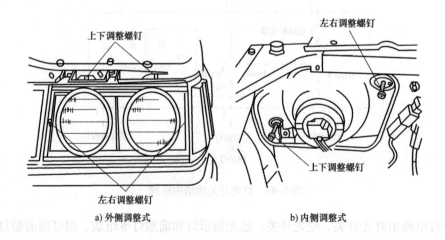

a) 外侧调整式　　b) 内侧调整式

图 5-46 前照灯的调节部位

下面以奥迪 A6L（C7）气体放电前照灯为例，说明整个调整过程。

(1) 检查和调整条件
① 轮胎气压正常。
② 前照灯玻璃（折射镜）必须干净且处于干燥状态。
③ 前照灯玻璃（折射镜）不允许损坏。
④ 前照灯反射器和灯泡正常。

1) 带钢制弹簧减振的车辆：汽车必须处于加载状态，在无载荷的车辆上在驾驶人座椅上加载一个人或75kg重物（空车质量）。所谓空车质量，是指汽车处于准备运行时的质量，油箱加满并带有运行时使用的所有装备部件。油箱至少加注90%；带上随车装备部件，如备用轮、工具、千斤顶、灭火器等；如果油箱内不足90%，那么必须按以下方法加载。

读出组合仪表中燃油存量表上的油箱加注液位，将其同表5-2比较，必要时在行李舱中加上附加质量。例如：如果燃油箱只加注到了容积的一半，那么必须在行李舱内放置38kg的附加质量。

表5-2 油箱加载对照表

燃油储备显示	附加质量/kg	
	65L油箱	75L油箱
1/4	49	57
1/2	33	38
3/4	16	19
满	0	0

2) 带空气弹簧减振的车辆：充填压缩空气储存器，必要时起动发动机并怠速运转2min。

3) 以下适用于所有汽车。
① 必须松开电控机械式驻车制动器，使汽车不会绷紧。
② 汽车与前照灯调整装置（灯光检测仪）必须位于一个平面上。
③ 前照灯调节装置必须对准汽车，可参考《前照灯调节装置的使用手册》。
④ 如图5-47所示，前照灯调整装置在前照灯前面必须保持间距 a 为30~70cm，与光线射出面中心点的偏离不应超过尺寸 b（$b=3$cm）。
⑤ 调整好前照灯调节装置的倾斜度，可参考《前照灯调节装置的使用手册》。倾斜度如图5-48中箭头所示刻印在前照灯上边，其单位为"%"。必须按前照灯上的公称尺寸数据调整前照灯，百分数是以10m投影距离为基准。例如：当倾斜度为1.0%时，其换算值为10cm。

(2) 准备工作
① 将汽车置于一个平面上。
② 将车灯开关旋转到"近光灯"位置而非"自动"位置。
③ 关上所有车门和行李舱盖并在整个检测和设置过程中都保持关闭。
④ 为准备前照灯调节，在诊断仪运行模式"引导功能"中选择功能"基本设置"，通过此程序，前照灯完成基本设置。有空气悬架的车辆通过此程序同时可以将底盘调整到空气弹簧正常高度。如果车辆配置为卤素前照灯，则"基本设置"步骤不用做，因为卤素前照灯不会配备前照灯调节装置。诊断仪选择路径见表5-3。

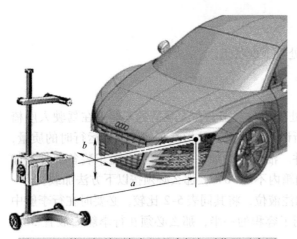

图 5-47 前照灯检测仪与调整车辆相对位置示意图

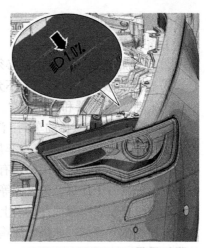

图 5-48 前照灯调节倾斜度标示

表 5-3 诊断仪选择路径

车辆品牌			
	车型		
		发动机代码	
			55-动态前照灯照明距离调节装置 J431
			55 基本设置，修理组 94

⑤ 按照车辆诊断测试仪显示屏上的说明继续操作。

⑥ 在程序执行过程中会要求您调节前照灯。

（3）调节前照灯

前照灯调节装置上的检测面板如图 5-49 所示，前照灯调整装置上的水平明暗界线必须接触检测面的分隔线 1。明暗界线的左侧水平部分与右侧增高部分之间的转折点 2 必须在垂直线上穿过中心标记 3。光束明亮的核心部分必须在垂直线的右侧。

为便于确定转折点 2，请将前照灯左半部分（从行驶方向看）交替盖住几次，然后放开，随后再次检查近光灯。根据规定调整了近光灯后，远光灯的光束中心必须在中心标记 3 上。如需调整，则按以下步骤进行。

① 撬出调节螺栓的盖罩以便进行高度调整。

② 为了调整前照灯的高度，如图 5-50 所示，先用调节螺栓 2 将明暗界线调节到高过分隔线。

③ 然后将明暗界线从上方调节到分隔线上。

④ 调节侧面时转动调节螺栓 1。

⑤ 成功调节前照灯后，重新遵循车辆诊断测试仪显示屏上的说明，以便退出空气弹簧正常高度。

⑥ 脱开诊断连接插头。

三、照明系统电路实例

1. 奥迪 A6L（C7）氙气前照灯电路图

奥迪 A6L（C7）氙气前照灯电路图如图 5-51 所示。

项目五 照明与信号系统 165

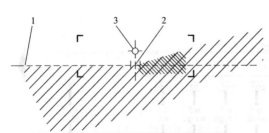

图 5-49 前照灯调整装置上的检测面板
1—检测面板分割线 2—前照灯光线高低转折点
3—检测面板中心标记

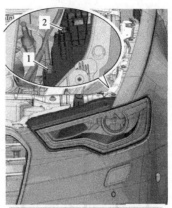

图 5-50 前照灯调节螺栓位置
1—光线左右调节螺栓
2—光线上下调节螺栓

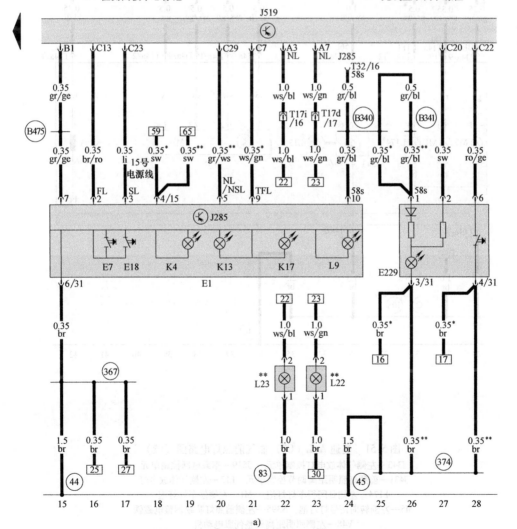

a)

图 5-51 奥迪 A6L（C7）氙气前照灯电路图
E1—车灯开关　E7—前雾灯开关　E18—后雾灯开关　E229—警告灯按钮　J285—组合仪表中的控制单元
J519—车载电网控制单元　K4—停车指示灯　K13—后雾灯指示灯　K17—前雾灯指示灯　L9—车灯开关照明灯泡
L22—左前雾灯灯泡　L23—右前雾灯灯泡　*—带日间行车灯的车辆　**—至2005年10月

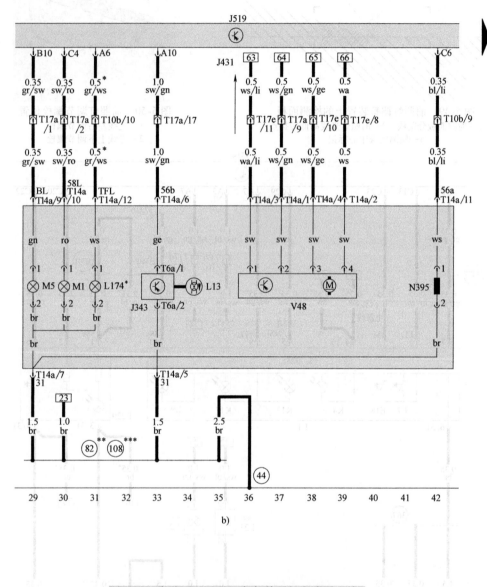

图 5-51 奥迪 A6L（C7）氙气前照灯电路图（续）
J343—左侧气体放电灯控制单元　J519—车载电网控制单元
J431—前照灯照明距离调节控制单元　L13—左侧气体放电灯
L174—左侧日间行车灯灯泡　M1—左侧停车灯灯泡
M5—左前转向信号灯灯泡　N395—左侧前照灯防眩调整电磁铁
V48—左侧照明距离调整伺服电动机
＊＊—至2005年10月　＊＊＊—自2005年11月起

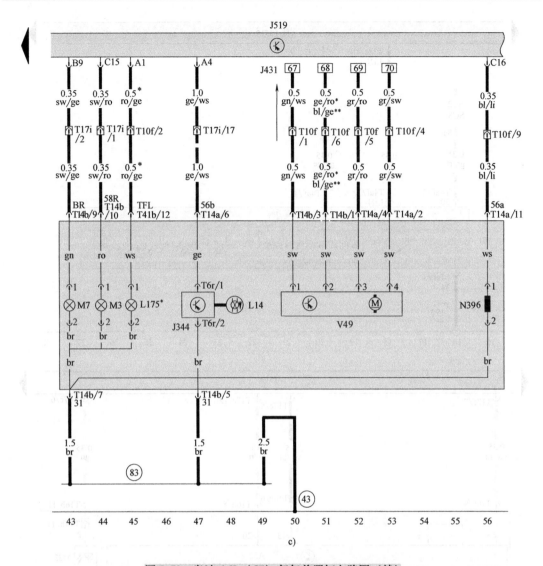

图 5-51 奥迪 A6L（C7）氙气前照灯电路图（续）

J344—右侧气体放电灯控制单元　J519—车载电网控制单元　J431—前照灯照明距离调节控制单元　L14—右侧气体放电灯
L175—右侧日间行车灯灯泡　M3—右侧停车灯灯泡　M7—右前转向信号灯灯泡　N396—右侧前照灯防炫调整电磁铁
V49—右侧照明距离调整伺服电动机

奥迪 A6L（C7）车采用氙气前照灯。氙气前照灯由车载电网控制单元 J519 根据车灯开关 E1 的信号进行控制。近、远光灯共用一个灯泡，J519 通过控制近光灯遮光板的电磁铁来实现近光、远光的变换。该氙气前照灯可以根据载荷的变化，由前照灯照明距离调节控制单元 J431 控制照明距离调整伺服电动机 V48、V49 来实现前照灯照明距离的调节。

2. 奥迪 A6L（C7）LED 前照灯电路图

奥迪 A6L（C7）左侧 LED 前照灯电路如图 5-52 所示。LED 前照灯总成有 4 个前照灯模块化电源，模块化电源 A31 控制左侧近光灯灯泡 M29、左侧远光灯灯泡 M30；模块化电源 A32 控制日间行车灯和驻车灯左侧光电管模块 L176、左前转向信号灯灯泡 M5；模块化电源 A33 控制转向照明灯 M51；模块化电源 A34 控制左前转向信号灯 2M92（美款）。车灯开关 E1 有四根接线，分别是 30 号电源线、31 号搭铁线、LIN 总线、校验开关位置的冗余线。

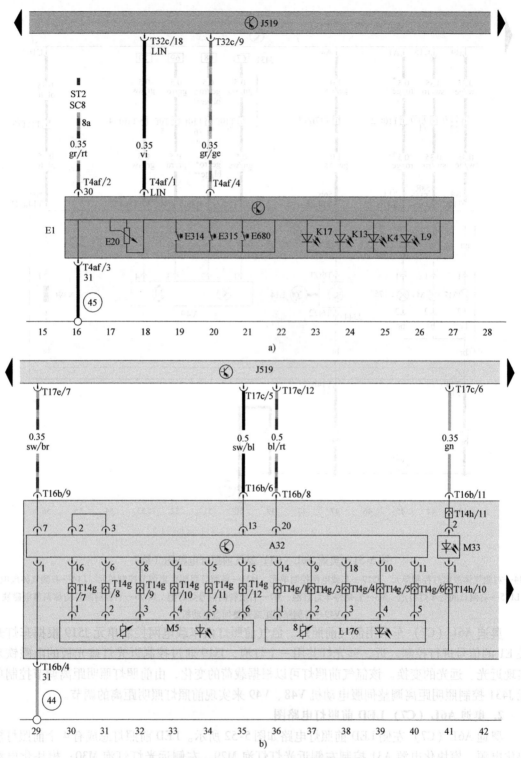

图 5-52 奥迪 A6L（C7）LED 前照灯电路图
E1—车灯开关　E20—开关和仪表照明调节器　E314—后雾灯按钮　E315—后雾灯按钮　E680—夜视系统按钮
J519—车载电网控制单元　K4—停车灯指示灯　K13—后雾灯指示灯　K17—前雾灯指示灯
L9—前照灯开关照明灯泡　A32—左侧 LED 前照灯模块化电源 2
L176—日间行车灯和驻车灯左侧光电管模块　M5—左前转向信号灯灯泡　M33—左前示廓灯灯泡

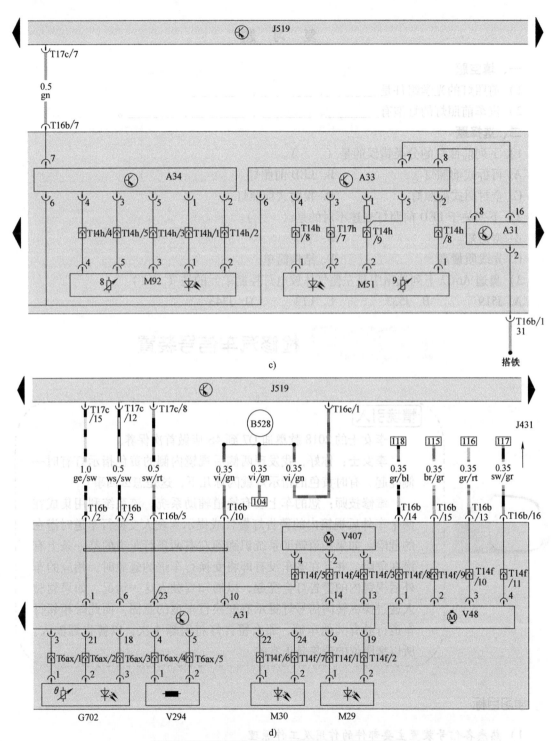

图 5-52 奥迪 A6L（C7）LED 前照灯电路图（续）
A31—左侧 LED 前照灯模块化电源 1　A33—左侧 LED 前照灯模块化电源 3
A34—左侧 LED 前照灯模块化电源 4　J519—车载电网控制单元　M51—左侧静态弯道灯
M92—左前转向信号灯灯泡 2
G702—左侧前照灯温度传感器 1　J519—车载电网控制单元
J431—前照灯照明距离调节控制单元　M29—左侧近光灯灯泡　M30—左侧远光灯灯泡
V48—左侧前照灯照明距离调节伺服电动机　V294—左侧近光灯防眩目　V407—左侧前照灯风扇

复习题

一、填空题

1) 前照灯的光学组件是_____、_____、_____。
2) 汽车前照灯的灯泡有_____、_____、_____、_____。

二、选择题

1) 下列前照灯的分类错误的是（　　）。
A. 可拆式前照灯　　　　　　B. LED 前照灯
C. 全封闭式前照灯　　　　　D. 投射式前照灯

2) 下列关于 LED 前照灯表述不对的是（　　）。
A. 寿命短　　　　　　　　　B. 节能
C. 光线质量高　　　　　　　D. 结构简单

3) 奥迪 A6C7 下列选项中是左侧气体放电灯控制单元的是（　　）。
A. J519　　B. J533　　C. L13　　D. J343

学习任务三　检修汽车信号装置

情境引入

李女士的 2018 款奥迪 Q7 到 4S 店做首次保养。

李女士：你好,我发现两侧后视镜内侧的黄色指示灯有时一侧亮起,有时黄色的指示灯就闪烁几下,这是怎么回事?

维修技师：您的车上装有换道辅助系统。该系统利用集成在两个车外后视镜内的警告灯警告或提示驾驶人变换行车道时潜在的危险。如果换道辅助系统识别到左右两条行车道的某一条上有潜在危险,并且在本车没有即将变换行车道的迹象时,相应的车外后视镜内的警告灯会亮起,以通知驾驶人这一情况。如果驾驶人通过操纵转向信号灯提示有变换行车道的意图,而此时相邻行车道行驶有其他车辆,那么警告灯将闪烁 4 次,以警告驾驶人。所以您刚说的现象是正常的。

学习目标

1) 熟悉各信号装置主要部件的作用及工作原理。
2) 能读懂各信号装置电路图并判断故障。

一、转向信号

汽车转向信号灯主要用来指示车辆的行驶方向,其灯光信号采用闪烁的方式,用来指示车辆左转或右转，以引起其他车辆和行人的注意力，提高车辆的安全性。我国交通法规对转向信号灯的使用有明确的规定，并且还规定如汽车在行驶中遇危险情况，可使前、后、左、右 4 个转向灯同时闪烁作为危险信号，请求其他车辆避让。转向信号电路系统由转向电路和警告电路两部分组成，一般共用一个闪光灯，用转向开关和危险报警开关分别进行控制。

转向信号灯电路主要由转向信号灯、闪光器、转向灯开关等组成。转向信号灯的闪烁是由闪光器控制的。常见的闪光器有热丝式、电容式、翼片式和电子式等。热丝式闪光器的结构简单、成本低，但其闪光频率不够稳定，寿命短，信号明暗不明显，现已被淘汰。电容式闪光器和翼片式闪光器的闪光频率较为稳定，翼片式闪光器具有结构简单、体积小、工作时伴有响声，可起监控效果灯的作用等。电子式闪光器具有性能稳定、工作可靠的特点，目前被广泛应用。

1. 电子闪光器

电子闪光器分为有触点式与无触点式两种。

（1）有触点式电子闪光器

图 5-53 所示为有触点式电子闪光器的外形和结构原理图。其工作原理如下。

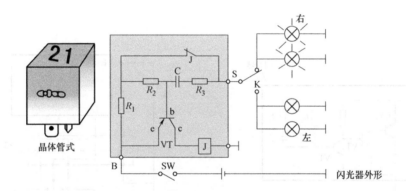

图 5-53 有触点式电子闪光器的外形和结构原理图

1）接通转向灯开关 K 时，电流由蓄电池正极→R_1→闪光器动断触点→转向灯开关→转向信号灯及转向指示灯→搭铁→蓄电池负极。由于 R_1 的电阻较小，电路电流较大，故转向灯亮。同时，因电阻 R_1 上的电压降使晶体管 VT 的发射极由于正向偏置而导通，继电器线圈有电流通过，使动断触点张开，转向灯迅速变暗。

2）触点打开后，电容 C 被充电，充电电流从蓄电池正极→点火开关→R_1→R_2→C→R_3→转向灯开关→转向灯及转向指示灯→搭铁→蓄电池负极。由于充电电流很小，故转向灯仍暗。随着电容充电的进行，晶体管 VT 的基极电位逐渐提高，当晶体管 VT 发射极两端电压小于晶体管 VT 导通所需的正向偏置电压时，晶体管 VT 截止，通过继电器线圈的电流截止，触点闭合，转向灯又重新变亮。

3）触点闭合后，电容 C 通过 R_2、R_3 及继电器的触点放电。随着电容 C 放电的进行，晶体管 VT 的基极电位不断下降，当达到晶体管 VT 导通所需的正向偏置电压时，晶体管 VT 导通，继电器线圈又有电流通过，触点打开，转向灯再次变暗。

随着电容 C 的充、放电，晶体管 VT 不断地导通、截止，周而复始，使转向灯闪烁。

(2) 无触点式电子闪光器

图 5-54 所示为简单的无触点式电子闪光器。其工作原理如下：接通转向灯开关，VT_1 通过 R_2 得到正向电压而导通饱和，VT_2、VT_3 则截止。由于 VT_1 的发射极电流很小，故转向灯较暗。同时，电源通过 R_1 对 C 充电，使 VT_1 的基极电位下降，当低于其导通所需的正向偏置电压时，VT_1 截止。VT_1 截止后，VT_2 通过 R_3 得到正向偏置电压而导通，VT_3 也随之导通饱和，转向灯变亮。此时 C 经 R_1、R_2 放电，使 VT_1 仍保持截止，转向信号灯继续发亮。随着 C 放电电流的减小，VT_1 基极电位又逐渐升高，当高于其正向导通电压时，VT_1 又导通，VT_2、VT_3 又截止，转向信号灯又变暗。随着电容的充、放电，VT_3 不断的导通、截止，如此反复，使转向灯闪烁。

2. 危险警告信号电路

危险警告信号电路一般由左转向灯、右转向灯、闪光器、危险警告开关等组成，如图 5-55 所示。当危险警告开关闭合时，左、右转向灯同时闪烁。当危险警告开关闭合时，危险警告信号电路为蓄电池正极→危险警告开关 3→闪光器 2→危险警告开关 3→左、右转向信号灯及转向指示灯 5→搭铁。这样左、右转向灯及仪表板上的转向指示灯同时闪烁。

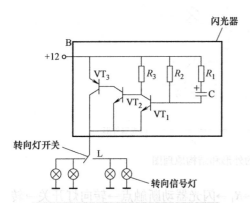

图 5-54 简单的无触点式电子闪光器

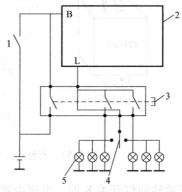

图 5-55 危险警告信号电路
1—点火开关 2—闪光器 3—危险警告开关
4—转向开关 5—转向信号灯及指示灯

3. 带车载网络的转向及危险警告灯

随着车载网络的引入，闪光继电器已经不再单独存在，而是将其集成在控制单元内部与控制单元做成了一个整体。现以奥迪 A8 车型为例说明其转向及危险警告灯控制原理。后续推出的奥迪 B 级、C 级、D 级车都是这个控制策略。

(1) 转向灯控制（右侧）

奥迪 A8 转向灯控制功能分配图如图 5-56 所示。通过电子点火锁或高级钥匙打开点火开关，以便进入和起动许可控制单元 J518 将 15 号线接通信息放到舒适系统 CAN 总线上。

1) 驾驶人按转向信号灯开关 E2 向上推。该开关发送一个电阻编码信号到转向柱组合开关模块控制单元 J527 上。

2) 转向柱组合开关控制单元 J527 将信息"右侧转向闪光信号"经由舒适系统 CAN 总线进一步传输到舒适系统中央控制单元 J393 上。

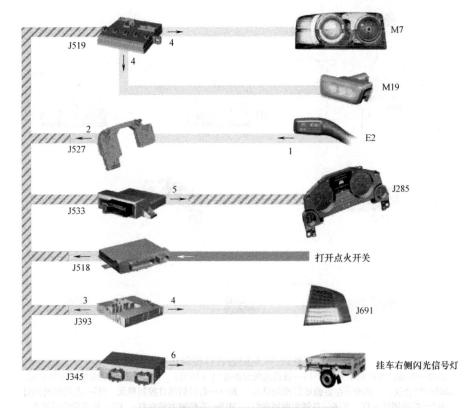

图 5-56 奥迪 A8 转向灯控制功能分配图
J518—进入和起动许可控制单元　J519—车载电网控制单元　J527—转向柱组合开关控制单元
J533—数据总线诊断接（网关）　J393—舒适系统中央控制单元　J345—挂车识别系统控制单元　J285—组合仪表
J691—右后侧尾灯控制单元　M7—右前侧转向灯　M19—右侧侧面转向灯　E2—转向灯开关

3) 舒适系统中央控制单元 J393 根据接收到的信息确定优先考虑的项目及闪光方式。随后，由该舒适系统中央控制单元 J393 发送信息"右侧转向闪光信号"到舒适系统 CAN 总线上。

4) 该舒适系统中央控制单元 J393 经由右后侧的尾灯控制单元 J691 控制右后侧的闪光信号灯，同时车载电网控制单元 J519 控制右前侧的转向灯 M7 以及右侧的侧面转向灯 M19。

5) 网关 J533 将 CAN 信息"右侧转向闪光信号"输入到组合仪表 CAN 总线上。仪表总成 J285 控制转向指示灯随即闪烁。

6) 挂车右侧闪光信号灯由挂车识别系统控制单元 J345 控制，该控制单元接收"右侧转向闪光信号"的指令。

(2) 危险警告灯控制

奥迪 A8 危险警告灯控制功能分配图如图 5-57 所示。

1) 驾驶人打开危险警告灯开关 E3。危险警告灯开关 E3 向车载电网控制单元 J519 发送信息"危险警告灯"。

2) 车载电网控制单元 J519 经由舒适系统 CAN 总线将信息"警告闪光灯"发送到舒适系统中央控制单元 J393 上。

3) 舒适系统中央控制单元 J393 确定闪光方式，并将信息"危险警告灯闪光方式"发

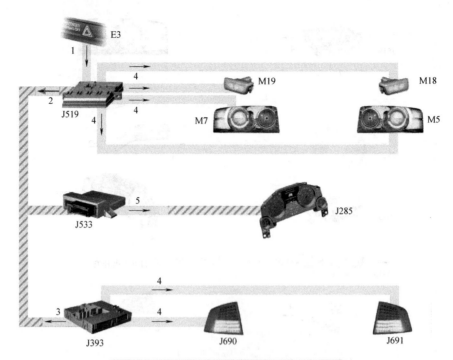

图 5-57 奥迪 A8 危险警告灯控制功能分配图

J519—车载电网控制单元　J533—数据总线诊断接口（网关）　J393—舒适系统中央控制单元
J285—组合仪表　J690—左后侧尾灯控制单元　J691—右后侧尾灯控制单元　M5—左前侧转向灯
M7—右前侧转向灯　M18—左侧面转向灯　M19—右侧面转向灯　E3—危险警告灯开关

送到舒适系统 CAN 总线上。

4）车载电网控制单元 J519 控制前转向灯 M5 和 M7 以及侧面转向灯 M18 和 M19。舒适系统中央控制单元 J393 通过尾灯控制单元 J690 和 J691 控制后转向灯（M6 和 M8）。

5）网关 J533 经由组合仪表 CAN 总线控制仪表总成的危险警告指示灯。

二、电喇叭

汽车电喇叭按外形分有螺旋形、筒形、盆形等几种；按声音分有高音和低音两种；按接线方式分有单线和双线两种。

1. 电喇叭的结构与原理

电喇叭的原理基本相同，图 5-58 所示为盆形电喇叭的结构。其原理如下：按下电喇叭按钮 10，电喇叭内部电路接通，其电路为蓄电池正极→线圈 2→触点 7→电喇叭按钮 10→搭铁→蓄电池负极。线圈 2 通电后产生磁力，吸动上铁心 3 及衔铁 6 下移，使膜片下拱；衔铁 6 下移将触点 7 顶开，线圈 2 电路被切断，其磁力消失，上铁心 3、衔铁 6 及膜片 4 又在触点臂和膜片 4 自身弹力的作用下复位，触点 7 又闭合。触点闭合后，线圈 2 又产生磁力吸引上铁心 3 和衔铁 6 下移，再次将触点 7 顶开。如此循环，使上铁心 3

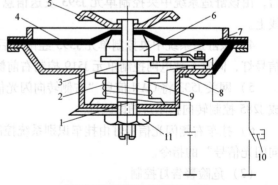

图 5-58 盆形电喇叭的结构

1—下铁心　2—线圈　3—上铁心　4—膜片
5—共鸣板　6—衔铁　7—触点　8—调整螺钉
9—电磁铁心　10—电喇叭按钮　11—锁紧螺母

与下铁心1不断碰撞，产生一个较低的基本振频，并激励膜片与共鸣板产生共鸣，从而发出比基本频率强且分布又比较集中的谐音。

为了得到较为和谐悦耳的声音，在汽车上一般装有高、低音两个电喇叭。由于电喇叭工作电流较大，为保护电喇叭开关，一般在电喇叭电路中设有电喇叭继电器。电喇叭电路如图5-59所示。

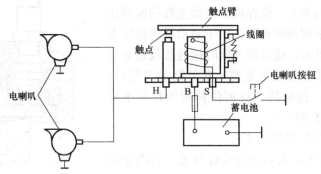

图5-59　电喇叭电路

当按下电喇叭按钮时，电喇叭继电器线圈通电，产生的电磁力使触点闭合接通电喇叭电路而使电喇叭发声。电喇叭电路为蓄电池正极→熔断器→接线柱"B"→触点臂→触点→接线柱"H"→电喇叭→搭铁→蓄电池负极。电喇叭工作电流不经喇叭开关，从而保护了电喇叭开关。

2. 电喇叭的调整

电喇叭的调整包括音调调整和音量调整两部分。盆形电喇叭的调整如图5-60所示。

（1）音调的调整

音调的高低取决于膜片的振动频率。改变盆形电喇叭上、下铁心之间的间隙，就可改变膜片的振动频率。将上、下铁心之间的间隙调小，可提高电喇叭的音调。调整方法：松开锁紧螺母，旋转铁心，调至合适的音调时旋紧锁紧螺母即可。

（2）音量的调整

电喇叭的音量与通过电喇叭线圈的电流的大小有关，电喇叭的工作电流大，电喇叭发出的音量就大。

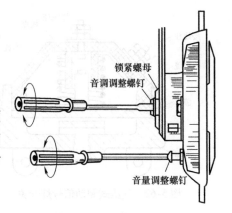

图5-60　盆形电喇叭的调整

线圈的电流可以通过改变电喇叭触点的接触压力来调节。压力增大，流过电喇叭线圈的电流增大，电喇叭音量就大；反之，音量就小。调整时不要过急，每次调整1/10圈。

三、制动信号装置

制动信号灯安装在汽车的尾部，当汽车制动时，红色信号灯亮，给尾随其后的车辆发出警告，以避免造成追尾事故。目前，在一些发达国家规定轿车必须安装高位制动信号灯。它装在后窗中心线、靠近窗底部附近，这样当前后两辆车靠得太近时，后面汽车驾驶人就能从高位制动信号灯的工作情况判断前面汽车的行驶情况。安装高位制动信号灯对于防止发生追尾事故，有相当好的效果。

1. 制动信号灯开关

制动信号灯由制动信号开关控制，常见的制动信号灯开关有以下几种。

（1）液压式制动信号开关

图 5-61 所示为液压式制动信号灯开关。它用于采用液压制动系统的汽车上，装在液压制动主缸的前端或制动管路中。当踩下制动踏板时，由于制动系统的压力增大，膜片 2 向上拱曲，接触桥 3 同时接通接线柱 6 和接线柱 7，使制动信号灯通电发亮。松开制动踏板时，制动系统压力降低，接触桥 3 在回位弹簧的作用下复位，制动信号灯电路被切断。

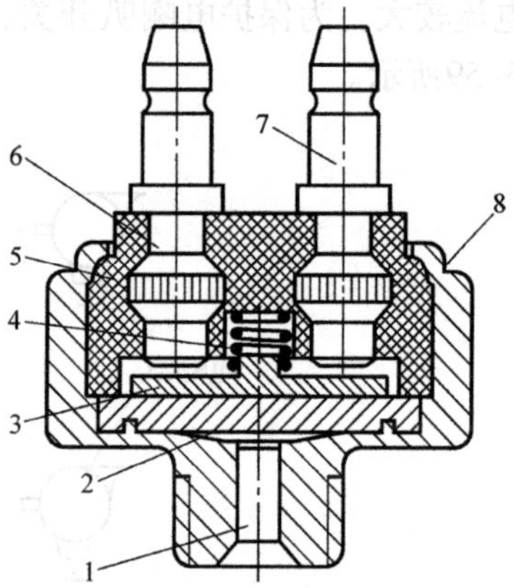

（2）气压式制动信号灯开关

图 5-62 所示为气压式制动信号灯开关。它用于采用气压制动系统的汽车，通常被安装在制动系统的气压管路上。制动时，制动压缩空气推动橡胶膜片上拱，接触点闭合，接通制动灯电路。

图 5-61　液压式制动信号灯开关
1—通制动液　2—膜片　3—接触桥
4—回位弹簧　5—胶木底座
6、7—接线柱　8—壳体

（3）弹簧式制动信号灯开关

弹簧式制动信号灯开关是一种较为常用的制动开关，装在制动踏板的后面，如图 5-63 所示。当踏下制动踏板时，开关闭合，制动灯亮。

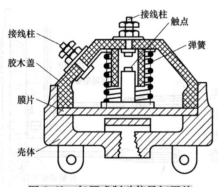

图 5-62　气压式制动信号灯开关

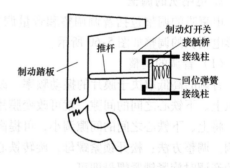

图 5-63　弹簧式制动信号灯开关

2. 制动信号灯电路

制动信号灯电路一般不受点火开关的控制，直接由电源、熔断器到制动信号灯开关。制动信号灯电路根据尾灯组合形式的不同有以下几种情况。

（1）采用三灯泡的组合式尾灯

在这种组合式尾灯中，采用单丝灯泡，每个灯泡只有一个功能，随着功能的增加，尾灯灯泡数量还要增加，如图 5-64 所示。

（2）采用双丝灯泡的尾灯

在双丝灯泡中，大功率的灯丝既用于制动信号，也用于转向信号。图 5-65 所示为美国福特汽车公司采用双丝灯泡的尾灯电路。工作原理：当转向灯开关 3 不工作时，转向灯开关内的所有电刷都处于中间位置；踩下制动踏板，制动信号灯开关 2 闭合，电流经制动信号灯

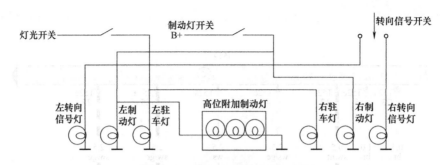

图 5-64 采用三灯泡的组合式尾灯

开关 2 进入转向灯开关 3，经转向柱开关内的两个电刷 A、D 分别到后面两个尾灯的大功率灯丝 4、7 上，这时两个尾灯内的大功率灯丝的功能都是制动信号。当打转向时，例如转向灯开关 3 在左转向档时，所有的电刷都打到左侧，电流经闪光器 1 进入转向灯开关 3，经转向灯开关内的两个电刷 B、C 分别到达左前转向信号灯和左后尾灯（灯丝 7），这时左后转向及左制动灯丝 7 的功能是转向信号。如果在打左转向的同时踩下制动踏板，则只有右后转向及右制动灯丝 4 起制动作用。电流经制动信号灯开关 2 到转向灯开关 3，经转向开关内的电刷 D 到右后转向及右制动灯丝 4，灯丝 4 起制动信号的作用。

打转向信号时，踩制动踏板的尾灯电路如图 5-66 所示。

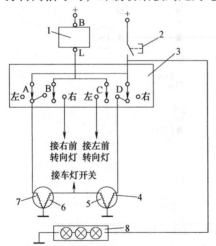

图 5-65 美国福特汽车公司采用双丝灯泡的尾灯电路
1—闪光器 2—制动信号灯开关 3—转向灯开关
4—右后转向及右制动灯丝 5—右后示廓灯丝
6—左后示廓灯丝 7—左后转向及左制动灯丝
8—高位制动灯

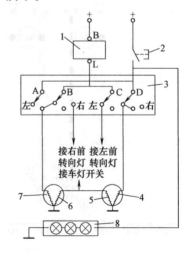

图 5-66 打转向信号灯时，踩制动踏板的尾灯电路
1—闪光器 2—制动信号灯开关 3—转向灯开关
4—右后转向及右制动灯丝 5—右后示廓灯丝
6—左后示廓灯丝 7—左后转向及左制动灯丝
8—高位制动灯

（3）由车载电网控制单元控制的组合式尾灯

一汽 - 大众迈腾（Magotan）B7L 采用的是组合式尾灯，制动信号灯开关 F 将制动信号给车载电网控制单元 J519，由 J519 控制倒车灯、制动信号灯、尾灯、转向信号灯的点亮，其电路图如图 5-67 所示。

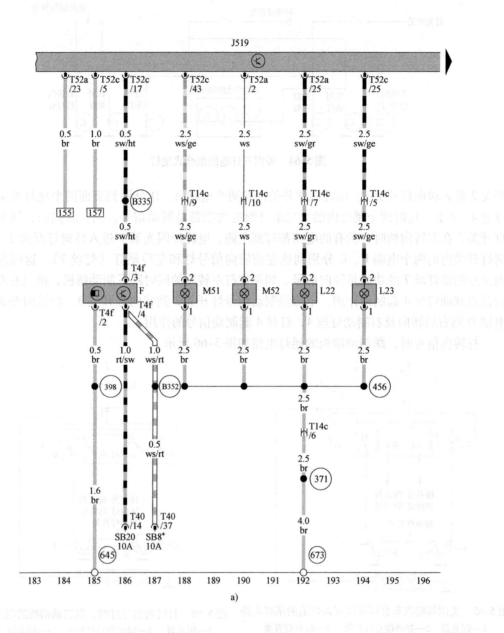

图 5-67 迈腾 B7L 组合式尾灯电路图
F—制动信号灯开关 J519—车载电网控制单元 L22—左侧前雾灯灯泡
L23—右侧前雾灯灯泡 M51—左侧静态弯道灯 M52—右侧静态弯道灯

项目五 照明与信号系统 179

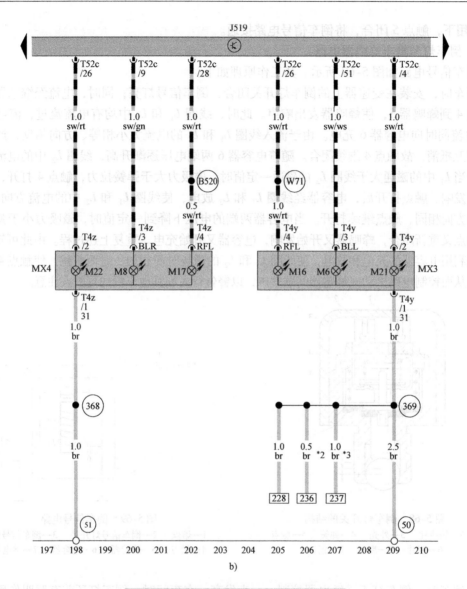

图 5-67 迈腾 B7L 组合式尾灯电路图（续）
J519—车载电网控制单元　MX3—左侧尾灯　MX4—右侧尾灯　M6—左后转向信号灯灯泡
M8—右后转向信号灯灯泡　M16—左侧倒车灯灯泡　M17—右侧倒车灯灯泡
M21—左侧制动信号灯和尾灯灯泡　M22—右侧制动信号灯和尾灯灯泡

四、倒车信号装置

汽车倒车时，为了警告车后的行人和使后面车辆的驾驶人注意，在汽车尾部装有倒车灯，有些车上还装有倒车蜂鸣器，它们均由倒车开关控制。

1. 倒车开关

倒车开关的结构如图 5-68 所示。倒车灯开关一般安装在变速器上，钢球 8 平时被倒车档叉轴顶起，而当变速杆拨至倒车档时，倒档叉轴上的凹槽对准钢球，钢球被松开，在弹簧

4 的作用下,触点 5 闭合,将倒车信号电路接通。

2. 倒车灯与倒车蜂鸣器电路

倒车信号电路如图 5-69 所示。其工作原理如下。

倒车时,安装在变速器上的倒车灯开关闭合,倒车信号灯亮;同时,电流经继电器 7 中的触点 4 到蜂鸣器 5,使蜂鸣器发出响声。此时,线圈 L_1 和 L_2 中均有电流流过,流经线圈 L_2 的电流同时向电容器 6 充电。由于流入线圈 L_1 和 L_2 的电流大小相等、方向相反,产生的磁通相互抵消,故触点 4 继续闭合。随着电容器 6 两端电压逐渐升高,线圈 L_2 中的电流逐渐减小。当 L_1 中的磁通大于线圈 L_2 的磁通一定值时,磁吸力大于弹簧拉力,触点 4 打开,蜂鸣器停止发响。触点打开后,电容器经线圈 L_1 和 L_2 放电,使线圈 L_1 和 L_2 中的电流方向相同,磁吸力方向相同,触点继续打开。当电容器两端的电压下降到一定值时,磁吸力小于弹簧弹力,触点又重新闭合,蜂鸣器又开始发响,电容器又开始充电,重复上述过程。由此可知,蜂鸣器是利用电容器的充电和放电,使线圈 L_1 和 L_2 的磁场时而相加、时而相减,使触点 4 时开时闭,从而控制电磁振动式蜂鸣器间歇发声,以警告行人和其他车辆的驾驶人注意。

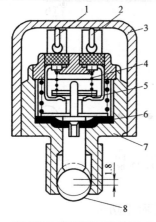

图 5-68 倒车灯开关的结构
1、2—接线柱　3—外壳　4—弹簧　5—触点
6—膜片　7—底座　8—钢球

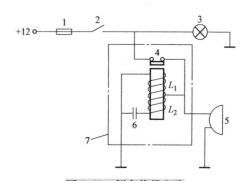

图 5-69 倒车信号电路
1—熔丝　2—倒车信号灯开关　3—倒车信号灯
4—触点　5—蜂鸣器　6—电容器　7—继电器

在倒车时,倒车灯不受继电器控制,一直发亮;在夜间时,倒车灯还兼有照明作用。

倒车信号装置随着技术的发展已经优化出驻车辅助系统,早已被大家所了解的是驻车辅助蜂鸣器。经过进一步的扩展,在多媒体界面显示屏中加入了视觉提示信息,它利用线条图形准确地向驾驶人显示出了哪个位置上存在碰撞危险。通过线条图形,驾驶人可以精确地估计与障碍物的距离。同时,驾驶人已经熟悉的提示信号声仍然被保留了下来。

如果希望查看车尾后面的情况,那么可以在多媒体界面显示屏上显示倒车摄像机内的图像。集成在行李舱盖拉手内的摄像机负责监控汽车后部的情况,挂入倒车档时将自动显示摄像机图像。

复 习 题

一、填空题

1) 转向电路系统由_____、_____两部分组成,一般共用一个闪光灯,用转向开关和危险警报开关分别控制。

2）转向信号灯电路主要由_____、_____、_____等组成。危险警告信号灯一般由_____、_____、_____等组成。

二、选择题

1）奥迪A6C7左后转向灯由（　　）单元控制。

A. J533　　　　B. J393　　　　C. J519　　　　D. J527

2）电喇叭工作时电流流动的路线为（　　）。

A. 蓄电池正极—接线柱"B"—触点臂—接线柱"H"—电喇叭—搭铁—蓄电池负极

B. 蓄电池正极—接线柱"B"—触点臂—触点—接线柱"H"—电喇叭—搭铁—蓄电池负极

C. 蓄电池正极—接线柱"B"—触点—触点臂—接线柱"H"—电喇叭—搭铁—蓄电池负极

D. 蓄电池正极—接线柱"B"—触点臂—接线柱"H"—电喇叭—蓄电池负极

3）奥迪A6C7中的J393是（　　）单元。

A. 数据总线诊断接口（网关）　　　　B. 车载电网控制

C. 危险警告灯开关　　　　D. 舒适系统中央控制

项目六 信息显示系统

随着电子技术的发展，汽车电子显示系统也日益完善和先进。汽车电子显示系统包括各类车用传感器、汽车电子仪表、电子警告装置、安全装置、照明控制装置，以及逐步发展起来的汽车咨询系统、诊断系统、通信系统和导航系统。

一个完整的电子显示装置，包括信息的检测转换、信息的分析加工和信息的处理显示等主要环节。传感器是信息检测转换的关键，也是现代汽车发展的关键。信息的分析、加工大量采用现代电子技术、微电子技术、计算机技术、数字信号处理技术，使信息的精度、实时性、重复性和可靠性满足现代汽车的需要。现代汽车大量采用电子显示技术，如各种电子式仪表、数字式仪表、条线图形显示、声光显示和电视屏幕显示等都已成为现代汽车不可缺少的部分。

为保证汽车的经济、高效、安全运行，现代汽车的信息显示系统，按其显示的信息内容大致可分为车况信息显示、工作信息显示、交通信息显示、安全信息显示及其他信息显示5大类别。本项目只对车况信息、工作信息、安全信息3种显示装置进行介绍。

学习任务一　认识汽车警告灯

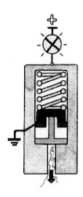

情境引入

故障现象：2019年全新迈腾B8轿车，行驶里程3 551km，机油油位警告灯等闪亮。

检查分析：首先检查机油尺油位正常，采用VAS6150E进行自诊断检测网关列表各系统显示正常。用引导性功能读取此故障车仪表机油加注液位数据流，显示为"不正常"。将故障车的机油油位传感器的插头用自制的延长跨接线连接到正常车的机油油位传感器上进行测试，故障车组合仪表中的机油油位警告灯依然闪亮。再将正常车的机油油位传感插头用自制的延长跨接线连接到故障车的机油油位传感器上进行测试，正常车的组合仪表显示正常。由此可证明机油油位传感器是正常的。

学习目标

1) 熟悉常见车型仪表警告灯符号的含义。
2) 熟练地识读与警告灯相关的电路图。

现代汽车为了保证行车安全、提高车辆的可靠性，在汽车仪表板上安装了许多警告装置，如机油压力警告灯、冷却液温度警告灯、燃油不足警告灯、制动液不足警告灯等。

警告灯由警告开关控制，当被监测的系统或总成工作不正常时，对应的警告开关闭合，使该系统的警告灯亮，以提醒驾驶人注意，采取相应的措施，确保行车安全。

警告灯通常安装在仪表上，图6-1所示为奥迪A6L轿车仪表板上的指示及警告灯。灯泡功率一般为1~4W，在灯泡前设有滤光片，使警告灯发出红光或黄光，滤光片上通常有标准图形符号，常见的警告灯图形符号及作用见表6-1。现代汽车多数采用发光二极管作为警告灯光源，其优点是结构简单、使用寿命长、耗电少、易于识别等。

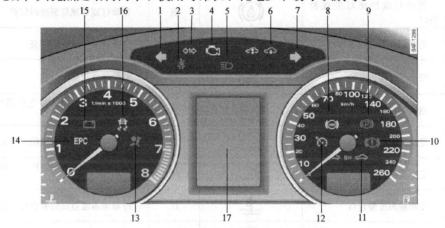

图6-1 奥迪A6L轿车仪表板上的指示及警告灯

1—左侧转向指示灯 2—安全带指示灯 3—挂车转向信号指示灯 4—发动机故障指示灯
5—远光指示灯 6—可调空气悬架指示灯 7—右侧转向指示灯 8—ABS指示灯 9—电子驻车制动指示灯
10—制动系统故障指示灯 11—自适应巡航跟车行驶 12—定速巡航工作指示灯 13—安全气囊故障指示灯
14—发动机功率电子控制系统故障指示灯 15—蓄电池充电指示灯 16—ESP指示灯 17—驾驶人信息系统

表6-1 常见的警告灯图形符号及作用

序号	名称	图形	颜色	作用
1	蓄电池液面过低警告灯		红	蓄电池的液面比规定量低时，灯亮
2	机油压力警告灯		红	发动机机油压力在0.03MPa以下时，灯亮
3	充电指示灯		红	硅整流发电机不发电时，灯亮
4	预热指示灯		黄	点火开关闭合时灯亮，预热结束时灯灭
5	远光指示灯		蓝	使用前照灯远光时灯亮
6	散热器液量不足警告灯		黄	散热器的液量比规定的少时灯亮
7	转向指示灯		绿	开转向灯时，灯亮
8	驻车制动器指示灯		红	驻车制动起作用时灯亮
9	车轮制动器失效警告灯		红	制动器失效时灯亮

(续)

序号	名称	图形	颜色	作用
10	燃油不足警告灯		黄	燃料余量约在10L以下时，灯亮
11	安全带警告灯		红	安全带未系时灯点亮
12	车门未关警告灯		红	车门打开或半开时灯亮
13	制动灯或后尾灯失效警告灯		黄	制动灯或后尾灯断路时灯亮
14	洗涤器液面过低警告灯		黄	洗涤器液面过低时灯亮
15	安全气囊警告灯		红	安全气囊故障时灯亮
16	制动防抱死失效警告灯		黄	ABS红色，表示ABS电控部分有故障时灯亮
17	发动机故障警告灯	CHECK	黄	发动机电控系统有故障时灯亮
18	定速巡航工作指示灯		绿	当定速巡航装置处于工作状态时灯点亮
19	冷却液温度警告灯		红	冷却液温度过高时警告灯点亮
20	转向系统故障警告灯		红	转向系统故障时警告灯点亮
21	点火开关故障警告灯		红	点火开关故障时警告灯点亮
22	胎压监控系统警告灯		黄	轮胎轻微失压时警告灯点亮
23	胎压监控系统警告灯		红	轮胎严重失压时警告灯点亮
24	制动摩擦片磨损过度警告灯		黄	制动摩擦片磨损超过极限时警告灯点亮
25	灯泡故障指示灯		黄	如某一转向信号灯（前部或后部）、某一前照灯、倒车灯、某一前雾灯或后雾灯失灵时警告灯点亮
26	发动机机油油位过低警告灯	MIN	黄	发动机机油油位过低时警告灯点亮
27	发动机机油传感器故障警告灯	SENSOR	黄	发动机机油传感器故障时警告灯点亮

一、机油压力警告装置

汽车上的机油压力表，现在基本上都换成了机油压力警告灯，每当润滑系统机油压力低于标准值时，机油压力警告灯即发亮，以引起驾驶人注意。

1. 弹簧式机油压力警告开关

如图6-2所示，机油压力警告灯由安装在发动机主油道的弹簧管式机油压力警告开关和安装在仪表板上的红色警告灯组成。其警告开关内有一管形弹簧，管形弹簧的一端与主油道相通，另一端有一动触点，固定触点经连接片与接线柱相接，活动触点经外壳搭铁。

发动机正常工作，当机油压力低于标准值时，管形弹簧向内弯曲，触点闭合，机油压力警告灯亮,以示警告;当机油压力正常时,管形弹簧产生的弹性变形增大,使触点分开,机油压力警告灯熄灭,以示机油压力正常。

2. 膜片式机油压力警告开关

图6-3所示为膜片式机油压力警告开关控制电路。当机油压力正常时,机油压力推动膜片向上弯曲,推杆将触点打开,机油压力警告灯熄灭;当机油压力低于标准值时,膜片在弹簧压力作用下向下移动,从而使触点闭合,机油压力警告灯亮,警告驾驶人机油压力不足。

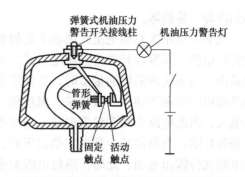

图6-2 弹簧式机油压力警告开关控制电路

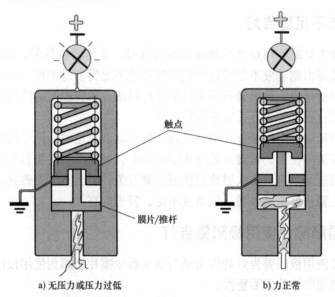

a) 无压力或压力过低　　　b) 力正常

图6-3 膜片式机油压力警告开关控制电路

二、冷却液温度警告灯

在汽车上除了装有冷却液温度表外,还装有冷却液温度警告灯,每当冷却液温度超过标准值时,红色警告灯亮,以示警告。

图6-4所示为冷却液温度警告灯控制电路,其警告开关为双金属片式温度开关。当冷却液温度在正常范围时,双金属片几乎不变形,触点分开,警告灯不亮;当冷却液温度达到规定值时,双金属片由于温度升高而弯曲变形,使触点闭合,警告灯亮,提醒驾驶人停车检查。

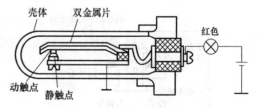

图6-4 冷却液温度警告灯控制电路

三、燃油不足警告灯

在汽车上除了装有燃油表外,还装有燃油不足警告灯,每当燃油少于规定值时,红色警告灯亮,以提醒驾驶人注意加油,尤其是油箱中有电子汽油泵的车辆,燃油过少,汽油泵得不到冷却，易损坏。

图 6-5 所示为热敏电阻式燃油不足警告开关控制电路。其警告开关为热敏电阻式，装在油箱内。当油箱内的燃油量多时，负温度系数的热敏电阻浸在燃油中，散热快，温度低，电阻值大，因此电路中几乎没有电流，燃油不足时警告灯暗；当燃油减少到规定值以下时，热敏电阻元件露出油面，此时，热敏电阻温度升高，电阻值减小，电路中电流增大，燃油不足，警告灯亮，提醒驾驶人注意加油。

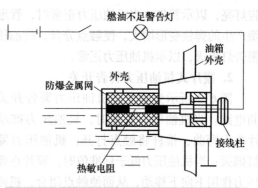

图 6-5 热敏电阻式燃油不足警告开关控制电路

四、制动液不足警告灯

制动液不足警告灯的作用是当制动液液面过低时，发出警告信号，以提醒驾驶人注意。制动液不足警告装置由制动液不足警告开关和制动液不足警告灯组成。制动液不足警告开关安装在制动主缸储液罐内，此类警告开关适用于冷却液、风窗玻璃清洗液等液面过低警告灯的控制电路，区别仅在于警告开关安装位置不同。

图 6-6 所示为制动液不足警告灯控制电路。当制动液充足时，浮子的位置较高，此时永久磁铁高于舌簧开关的位置，舌簧开关处于断开状态，制动液不足警告灯不亮；当浮子随着制动液液面下降到规定值时，永久磁铁便接近舌簧开关，将舌簧开关磁化，使舌簧开关触点闭合，制动液不足警告灯电路导通，制动液不足，警告灯亮。

五、制动器摩擦片使用极限警告灯

制动器摩擦片使用极限警告灯的作用是当制动器摩擦片磨损到使用极限厚度时，发出警告信号，表示制动器摩擦片需要更换。

图 6-7 所示为制动器摩擦片使用极限警告灯控制电路。将一段导线埋在制动器摩擦片内部，该导线与组合仪表中的电子控制器相连，当制动器摩擦片没有到使用极限时，电子控制器中的晶体管基极电位为低电位，晶体管截止，制动器摩擦片使用极限警告灯不亮；当制动

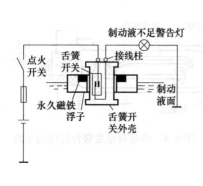

图 6-6 制动液不足警告灯控制电路

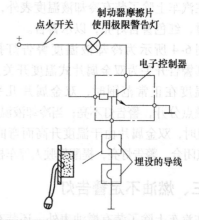

图 6-7 制动器摩擦片使用极限警告灯控制电路

器摩擦片到使用极限时，制动器摩擦片中埋设的导线被磨断，电子控制器中的晶体管基极电位为高电位，晶体管导通，警告灯亮。一般情况下，制动器摩擦片使用极限报警与制动液不足报警共用一个警告灯。

六、制动灯电路故障警告灯

由于制动灯对于行车安全极为重要，而驾驶人在开车过程中，又很难发现制动灯有故障，所以在一些车辆中设置了制动灯电路故障警告灯。

图 6-8 所示为美国通用公司采用的制动灯线路故障警告灯控制电路。在正常情况下，踩下制动踏板，制动灯开关接通，电流经左右两电磁线圈到制动信号灯。此时两线圈所产生的磁场相互抵消，舌簧开关的触点继续处于常开状态，警告灯不亮；当左右两个制动信号灯有一个灯泡坏了，或者从"线圈→线路→制动灯泡→搭铁"间有断路情况，则有故障一侧的电磁线圈将不产生磁场，而另一侧的电磁线圈产生磁场，舌簧开关中的触点将闭合，警告灯亮，提醒驾驶人制动灯线路有故障。

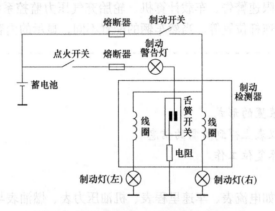

图 6-8 美国通用公司采用的制动灯线路故障警告灯控制电路

复 习 题

一、填空题

1) 汽车警告灯分为_____、_____、_____三种。
2) 当机油压力故障灯亮时，则说明当前汽车机油_____或_____低于标准值。

二、选择题

1) 下面哪个警告灯亮，提示发动机控制系统异常或故障？（　　）
A. 燃油指示灯　　　B. 气囊指示灯　　　C. 发动机故障灯　　　D. 水温指示灯
2) 当车辆电控系统故障，需要维修时，仪表板的哪种类型指示灯点亮？（　　）
A. 指示类　　　B. 提示类　　　C. 警示类　　　D. 仪表照明灯
3) 当车辆激活远光灯时，仪表上的远光指示灯是（　　）。
A. 黄色　　　B. 红色　　　C. 绿色　　　D. 蓝色

学习任务二　维护汽车电子显示装置及电子仪表

情境引入

维修车间师徒对话。

学徒工：刘师傅，奥迪 A8L（D4）轿车组合仪表中间有一块液晶显示屏，它主要都显示哪些内容？

刘师傅：组合仪表的那块液晶显示屏叫作驾驶人信息系统，它可以让驾驶人迅速了解本车当前的运行状态。驾驶人信息系统可以提供以下功能：CD 显示和收音机显示、车外温度显示、车门和行李舱盖警告、保养周期显示、汽车自检系统、驾驶指南、限速警告、车载计算机、轮胎充气压力监控系统、自动变速器变速杆位置等。当然车辆的配置不同，显示的内容会有所区别。

学习目标

1) 了解电子显示装置的形式。
2) 熟练地从电子仪表上得到所需的信息。
3) 能独自完成保养复位工作。

　　传统的汽车仪表，如电流表、车速里程表、机油压力表、燃油表与冷却液温度表等，这些仪表基本上都采用电热式或电磁式结构原理，通过指针和刻度盘实现模拟显示。这些仪表虽然结构简单，但精度不高、可靠性差、体积大、质量大，而且显示的信息量少、目视性不好、易使驾驶人眼睛疲劳，难以满足人们对汽车舒适性和方便性的要求。

　　随着汽车工业的发展，人们对汽车性能的要求越来越高，这样汽车在行驶过程中各系统工作状态的信息需求量显著增加，即对汽车仪表功能的要求越来越高。为适应汽车安全、节能、舒适和低污染的要求，汽车电子控制装置必须能准确、迅速地处理各种复杂的信息，并以数字、文字或图形显示出来，而且信息还要精确、可靠。这样现在高档汽车的组合仪表已采用电子显示装置，即采用了电子仪表。因此，汽车数字式仪表的使用比例正在逐年增加，其优点如下。

　　1) 能提供大量复杂的信息，显示直观。为满足汽车排气净化、节能、安全性和舒适性的要求，汽车电子控制装置必须能迅速、准确地处理各种复杂的信息，并以数字、文字或图形显示出来，供驾驶人了解汽车的运行状况，并及时处理。另外，对于汽车的故障诊断、导航、定位等大量的信息，数字仪表显示终端能完成这些处理任务。

　　2) 具有高精度和高可靠性数字式仪表。显示为即时值，故精度高，又因没有运动部件，故故障率低，提高了可靠性。

　　3) 可满足小型、轻量化的要求。数字式仪表既可适用各种传感器和控制系统的电子化，又可实现小型轻薄化，既节省了仪表板附近的空间利用率，又能处理日益增多的信息。

4）具有一表多用的功能。数字式仪表采用数字显示，既可用一组数字分时显示，又可同时显示几个信息，不必为每个信息设置一个指示表，故使仪表系统结构得以简化。

一、电子显示装置

1. 发光二极管（LED）

发光二极管是电子显示装置中最简单的一种，体积小，结构简单，耐用，使用寿命长达 5×10^4h 以上。

发光二极管的结构图如图6-9所示，PN 结是由特殊材料制成的。当 PN 结空穴从 P 区流向 N 区和电子从 N 区流向 P 区时，电子从导带跃迁到价带，与空穴产生复合结外加正向电压，放出能量，从而发出一定波长的光。发光二极管的颜色有红、绿、黄、橙，可单独使用，也可用来组成数字或光条图。图6-10所示为发光二极管组成的光条显示器，图6-11所示为发光二极管组成的数码显示器图，图6-12所示为发光二极管组成的点阵显示器。发光二极管还常用做汽车仪表板上的警告灯，如燃油、制动液、风窗洗涤液等的液面过低，制动蹄片过薄，制动灯、尾灯、前照灯等的灯泡烧坏，警告灯就会亮。

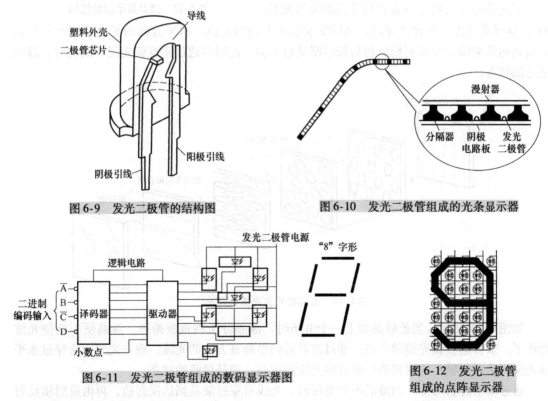

图6-9 发光二极管的结构图

图6-10 发光二极管组成的光条显示器

图6-11 发光二极管组成的数码显示器图

图6-12 发光二极管组成的点阵显示器

发光二极管的缺点：在环境暗的情况下，效果较好，在阳光直射下很难辨别；若要增大其亮度，则需要相当大的电流，功率消耗较大，故使用受到限制。

2. 液晶显示器（LCD）

液晶是一种有机化合物，由长形杆状分子构成。在一定的温度范围内，它具有普通液体的流动性，也具有晶体的某些特征。液晶的光学性质随着分子排列方向的变化而变化，当在液晶上加一个电场时，液晶杆状分子的长轴方向发生变化，因此液晶的光学性质也发生变化。液晶显示器是一种被动显示装置，具有显示面积大、耗能少、显示清晰、在阳光直射下不受影响等特点，应用十分广泛。

液晶显示器需要外接电源，这是因为其自身不能发光，只能起到吸收、反射或透光的作用。外来光源可以是日光，也可以是人为光源，人为光源可以由灯光开关控制，也可以由点火开关的 ON 位或 ACC 位控制。

液晶显示器是一种非发光型平板显示器，其结构如图 6-13 所示。

在前、后玻璃板之间夹有一层液晶，外表面分别贴有前偏光镜和后偏光镜，在玻璃板的后面放有反射镜。前面的偏光镜是垂直偏光镜，后面的偏光镜是水平偏光镜。液晶显示的数字或光条是透过垂直偏光镜观看的。如图 6-14 所示，液晶分子的排列方式将来自垂直偏光镜的光波旋转

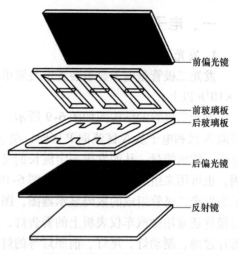

图 6-13 液晶显示器的结构

90°，这样垂直方向的光波穿过液晶后变成水平方向的光波，水平方向的光波穿过水平偏光镜后到达反射镜，经反射镜反射后按原路反射回去，这时再透过垂直偏光镜看液晶时，液晶呈亮的状态。

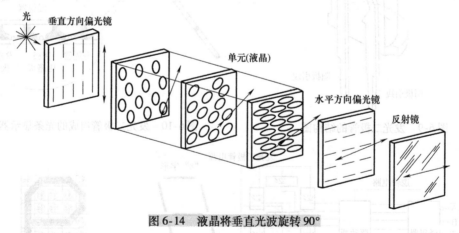

图 6-14 液晶将垂直光波旋转 90°

如图 6-15 所示，当给液晶加上一个电场时，液晶分子将重新排列，液晶便不能使光波旋转了。来自垂直偏光镜的光波，通过液晶后仍是垂直方向的光波，垂直光波无法穿过水平偏光镜到达反射镜，这时再透过垂直偏光镜看液晶，液晶呈暗的状态。

通过以上分析可知，当液晶不加电压时，光线可穿过液晶到达反射镜，再由反射镜反射回去，观察者可看到液晶呈亮的状态；当液晶加上电压时，液晶分子方向发生改变，并且不能使光波旋转，来自垂直偏光镜的光波经过液晶后，将不能穿过水平偏光镜到达反射镜，观察者看到的液晶呈暗的状态。这样将液晶制成字符段，分别控制每个字符段的通电状态，即控制哪些字符段呈亮的状态，哪些字符段呈暗的状态，观察者便可在液晶上看到字符段了，如图 6-16 所示。

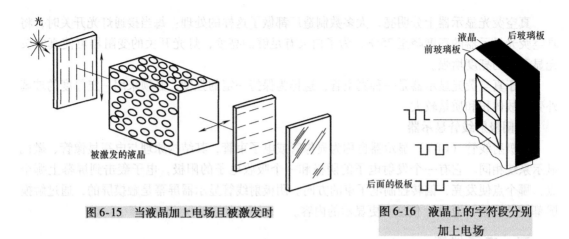

图 6-15 当液晶加上电场且被激发时　　图 6-16 液晶上的字符段分别加上电场

加到液晶上的方波电压,是通过两块偏光镜与前、后玻璃板上的导电字符段轮廓线接触来实现的。前、后玻璃板上有显示字符段轮廓形状的金属镀膜。液晶显示器本身没有颜色,只能靠液晶显示器前面的滤色膜决定。

3. 真空荧光显示器（VFD）

真空荧光显示器是一种主动显示系统,使用寿命长,色谱宽,易与控制电路连接,环境温度适应性强,可改变其显示亮度,能显示数字、单词和柱状图表等。

真空荧光显示器实际上是一种低压真空管,它由玻璃、金属等材料构成。图 6-17 所示为汽车用的数字式车速表的真空荧光显示器。真空荧光显示器由灯丝、栅格、阳极和玻璃罩构成。其中灯丝为阴极,与电源负极相接,阳极为涂有磷光物质的屏幕,与电源正极相接,采用的是 20 字符段图形（也有采用 7 或 14 字符段图形）,每个字符段由电子开关单独控制通电状态;在灯丝与阳极之间有栅格,整个装置密封在被抽真空的玻璃罩内。

真空荧光显示器的工作原理如图 6-18 所示,当阴极有电流通过时,灯丝便产生热量,释放电子。由于栅格的电位比阴极的电位高,电子被栅格吸引;而阳极的电压更高,这样一些电子穿过栅格,均匀地打在阳极的字符段上。凡是由电子开关通电的字符段,受电子轰击后发亮;否则,发暗。这样通过控制字符段的通电状态,便可在真空荧光显示器上形成不同的数字。

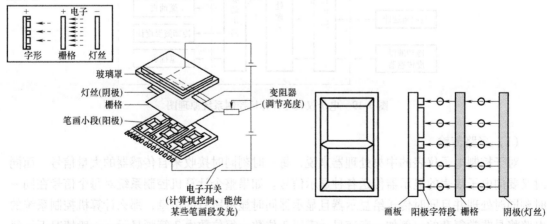

图 6-17 汽车用的数字式车速表的真空荧光显示器　　图 6-18 真空荧光显示器的工作原理

真空荧光显示器十分明亮，大多数制造厂都做了这样的处理：每当接通灯光开关时，将真空荧光显示器的亮度降至75%，为了白天有足够的亮度，灯光开关的变阻器可使真空荧光显示器的亮度增强。

由于真空荧光显示器是一种真空管，这样为保持一定的强度，必须采用一定厚度的玻璃外壳，故体积和质量较大。

4. 阴极射线管显示器

阴极射线管（CRT）显示器也称为显像管或电子束管，其结构原理与电视显像管、微机显示系统相同。它有一个发射电子的阴极和一个吸收电子的阳极，电子轰击到屏幕上哪个点，哪个点便发亮，偏转控制电子束的方向。阴极射线管显示器屏幕是触摸屏的，通过触摸屏幕上的按钮（菜单）便能变更显示的内容。

二、电子仪表

为适应汽车安全、节能、舒适和低污染等性能的要求，汽车电子控制装置必须能准确、迅速地处理各种复杂的信息，并以数字、文字或图形的形式显示出来，向驾驶人发出汽车各种工作状态的信号和故障警告信号，而且信息还要精确、可靠。这样现代汽车便广泛采用电子仪表，即采用计算机控制数字、文字显示的电子仪表。

1. 电子仪表的计算机控制系统组成

电子仪表的计算机控制系统原理图如图6-19所示。电子仪表的计算机控制系统由A-D转换器、多路传输、中央处理器（CPU）、只读存储器（ROM）和随机存取存储器（RAM）以及输出接口等组成。它与各种信号传感器相连，利用来自不同传感器的模拟信号或数字信号通过接口电路、中央处理器、输出驱动电路，最后控制电子仪表的显示器。对于控制电子仪表的计算机，有的车型采用车身计算机来控制电子仪表，而有些车型采用单独的计算机来控制电子仪表。

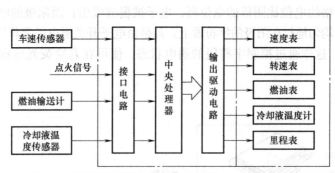

图6-19 电子仪表的计算机控制系统原理图

（1）多路传输

对于控制电子仪表的中央处理器来说，每一时刻同时接收来自传感器的大量信号，而同时又要向电子仪表的显示器传送各种显示信号。如果整个计算机控制系统对每个信号在同一时刻同时处理并且同时传送给显示器且显示器同时显示所有的信息，那么计算机控制系统的电路将是非常复杂的。例如，车速显示需要3位数，每位数由7笔画显示，一般情况下，每位数7笔画的线路连接需要一根正极接线和7根输出线，这样用于显示3位数的车速显示器的接线就需要 3 根正极接线和 21 根输出线，那么整个电子仪表的计算机控制系统的电路复杂程度可想而知。为降低成本，节省空间，电子仪表板采用多路传输技术，如车速显示器的 3 位数字共用 7 根输出线，如图 6-20 所示。当显示器工作时，电流在 3 个数字之间快速扫描，每一瞬间只有一个数字发亮，但每个笔画每秒都要开关数千次，因此驾驶人看到的还是连续发亮的数字或图像。

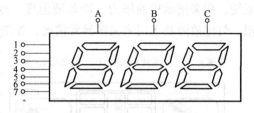

图 6-20　7 笔画显示的多路传输

（2）多路信号转换开关

为了简化电路、降低成本、节省空间，在电子仪表的计算机控制系统中，采用了多路传输技术。但是当汽车发动机起动后，发动机转速、冷却液温度、燃油油位等多种信号同时传输给计算机处理。这样中央处理器就要按一定的次序处理不同项目的信号，同时中央处理器还要将处理后的大量信号按一定的次序传送给相应的显示器。也就是说，在电子仪表的计算机控制系统中，在同一时刻，在所有输入的大量信号中，计算机系统只能处理一个信号；在所有需要输出的大量信号中，计算机系统只能输出一个信号到相应的显示器中。

1）多路开关选择器（MUX）把输送给计算机系统的大量信号分开，有序地选择信号源，输送给计算机系统。

2）多路开关分配器（DEMUX）把计算机系统处理后的所有信号分开，有序地把信号输送给相应的显示器，如图 6-21 所示。

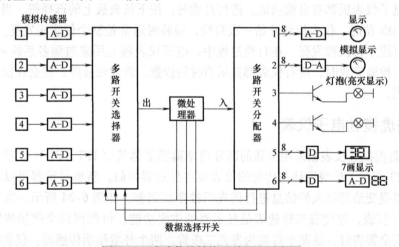

图 6-21　多路信号转换开关原理示意图

多路信号转换开关的基本原理如下。

根据各项信息的快慢，如冷却液温度信号变化慢而发动机转速信号变化快，计算出不同信号源开关的接通时刻，即确定对某一信号源在一段时间内选送信息的次数，再根据项目数据的多少，编出相应的控制电路，以实现上述控制功能。

2. 电子仪表板的组成

一般情况下，电子仪表板有 3 组由计算机控制的独立液晶显示器，分别用来显示车速、油耗及发动机转速等信息，仪表板中央有一个驾驶人信息中心，用来显示燃油存量、润滑油压力、冷却液温度、累计行驶里程及平均油耗等信息，同时驾驶人信息中心还有一套警告灯系统，用来指示机油压力、冷却液温度、冷却液液面高度、蓄电池充电电压、制动蹄片磨损、灯泡故障及车门未关等异常情况，如图6-22所示。

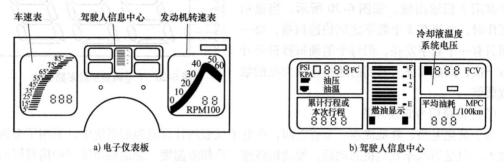

图6-22 雪佛兰汽车电子仪表板

电子仪表板的显示系统一般有3种显示方式：数字显示（包括曲线图显示）、模拟显示和指示灯亮灭显示。车速表和发动机转速表常用数字显示和曲线图显示，燃油表可用数字显示，也可用模拟显示。为更准确地显示信息，计算机系统对数字显示信号每秒修正2次，对曲线图显示信号，每秒修正16次，对驾驶人信息中心显示的各种信号，每秒修正1次。

电子仪表板的亮度调整通常有两种方式：一种是由电子仪表中的光电池进行自动调整；另一种是像普通仪表照明一样，用灯光开关电路中的变阻器进行调整。

大多数电子仪表板都有自检功能，进行自检时，按下仪表板上的选择钮。当点火开关转到ACC位或ON位时，仪表板便开始一次自检，检验时通常是整个仪表板发亮。与此同时，各显示器的每段字符段都发亮。在自检过程中，电子仪表板上用来监测各系统的ISO符号，一般都闪烁，检验完成时，所有仪表都显示当时的读数。若发现故障，便会在仪表控制单元内记录故障码。

三、路虎揽胜电子仪表

2010款路虎揽胜仪表板采用全新的高分辨率薄膜晶体管（TFT-LCD）显示器，其安装位置如图6-23所示。外观设计与传统的仪表板主显示器相似，新型显示器可以不断进行重新配置，以对提交给驾驶人的信息进行优先级排序和完善。如图6-24所示，所有显示器均采用"虚拟"仪表，速度表和转速表是显示器的主要功能。仅保留两个硬接线警告灯：气囊警告灯和安全警告灯，这两个灯均为发光二极管。两个环境照明传感器：仪表组的两侧各有一个（以确保检测到亮度最高的照明条件），用于根据当前照明条件调节仪表板照明。

仪表板采用一系列警告灯，警告灯以4种颜色之一亮起，这些颜色分别指示警告的不同严重程度：红色，警告；琥珀色，小心；绿色，系统运行；蓝色，前照灯、远光灯运行。

在典型的行驶过程中，新事件和优先消息可根据需要和在必要时在显示器上不断更新。例如，在中央位置显示的音频信息可被替换为导航指令信息，或者可在越野情况下显示4×4（四轮驱动）信息。

为了确保检测到亮度最高的照明条件，两个环境照明传感器分别位于仪表板的两侧，它们用于根据当前照明条件调节仪表板照明。仪表板还配备高输出亮度LED背光照明和烟色

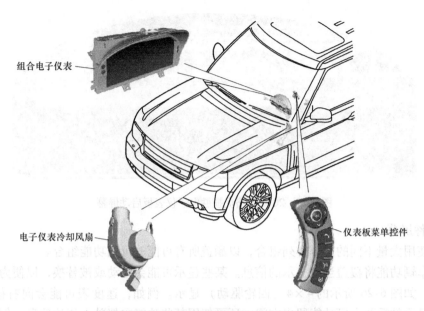

图 6-23　2010 款路虎揽胜仪表板的安装位置

图 6-24　2010 款路虎揽胜电子仪表板

"玻璃"屏幕，有助于通过减少直射到屏幕上的日光量来防止褪色。TFT-LCD 显示器屏幕还集成有一层防眩光涂层。

整个 TFT-LCD 屏幕沿其对角线的尺寸为 312mm，并且具有 1 280 水平像素和 480 垂直像素。由于组合仪表板的设计，并非整个屏幕都是可视的，而是将图形设计为在可视区域内显示。

1. 启动屏幕

如图 6-25 所示，当车辆锁闭时，显示器也会关闭。当车辆解锁时，显示器将缓慢亮起，以显示背景图像并向驾驶人显示钥匙信息。按下停止/启动按钮将初始化屏幕显示完整结构，以显示速度表和转速表，以及警告灯。当发动机使一系列适用仪表运行起来后，将显示消息和警告灯。

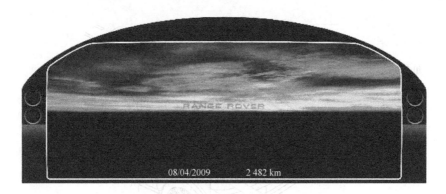

图 6-25　2010 款路虎揽胜电子仪表板启动屏幕

2. 事件屏幕

可以使用大量不同的屏幕排列组合，以涵盖所有可能的可用功能组合。

某些车辆功能将覆盖当前显示的信息。某些显示可能会移动或被替换，以便为其他显示留出空间，如图 6-26 所示的 4×4（四轮驱动）显示。例如，速度表可能会向右移动一点，以便为要显示的重要车辆功能留出空间。还可使用某些功能向驾驶人传达信息。例如，如果选择了速度控制，那么将在速度表外圈以标志的形式显示设定速度。

图 6-26　2010 款路虎揽胜电子仪表板事件屏幕（四轮驱动、速度控制）

3. 仪表板菜单

仪表板菜单仅在按下菜单控件任何部分后才能看到，其菜单控件如图 6-27 所示。图 6-28 所示为 2010 款路虎揽胜电子仪表板菜单选项。

当所需选项突出显示时，按下 OK（确定）按钮将选择该选项。屏幕随后将显示该选项的子菜单，或启用所选的菜单项。借助菜单左边的滚动箭头，可将菜单向上或向下移动到当前视图中看不到的菜单项。如果箭头明亮显示，这表示沿该方向还有其他可用的菜单项。

通过按下菜单控件上的左侧按钮，可以关闭菜单。如果子菜单已打开，按住菜单控件上的左侧按钮将关闭子菜单。如果出现以下情况，那么菜单将自动关闭。

① 打开 10s 内未在主菜单中进行选择。

② 已在主菜单中进行选择，但在 4min 内未进行进一步选择。如果在 4min 内进行了选择，计时器将复位，如果再经过 4min 仍未进行进一步选择，菜单将自动关闭。

4. 仪表板的冷却风扇

由于仪表板的位置，在炎热的气候条件下存在因温度过高而影响性能的风险，所以使用一个冷却风扇将温度保持在可接受的水平。2010款路虎揽胜电子仪表板的冷却风扇如图6-29所示。该风扇位于转向柱附近，它将空气吹入与仪表板后面连接的通道中。该通道还将空气引入到触摸显示屏（TSD）后面。温度在仪表板内部受到监控，仪表板通过PWM（Pulse Width Modulation）信号起动风扇。

如果仪表板温度较高，那么风扇可在点火开关关闭后继续工作最多5min，以帮助冷却仪表板/触摸显示屏（TSD）。

如果风扇发生故障，仪表板配有内部温度传感器，该传感器可检测到过热，并逐渐降低显示

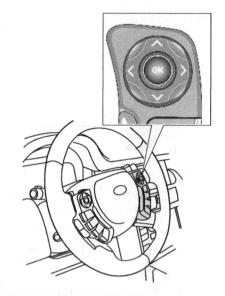

图6-27　2010款路虎揽胜电子仪表板菜单控件

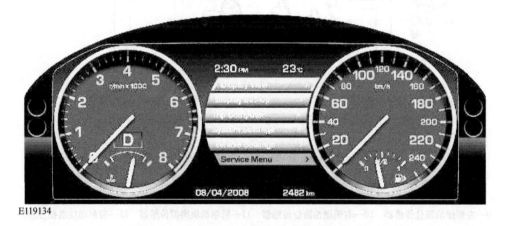

图6-28　2010款路虎揽胜电子仪表板菜单选项

器的背光照明，以减少仪表板中产生的热量。通过这种方式，仪表板将自行限制温度，以避免过热，其代价是在高温下降低亮度。

5. 仪表板的控制

图6-30所示为2010款路虎揽胜电子仪表板的控制示意图。

仪表板中有3个处理器管理车辆与仪表板显示器之间的通信，并集成有重新配置驾驶屏幕所需的操作软件。

电源通过乘客车厢熔断器盒中安装的永久熔断体向仪表板供电。同一电源还向仪表板冷却风扇供电。

仪表板通过中速CAN（Controller Area Network）总线、高速CAN总线和LIN（Local Interconnect Network）总线与车辆其

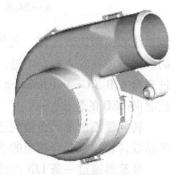

图6-29　2010款路虎揽胜电子仪表板的冷却风扇

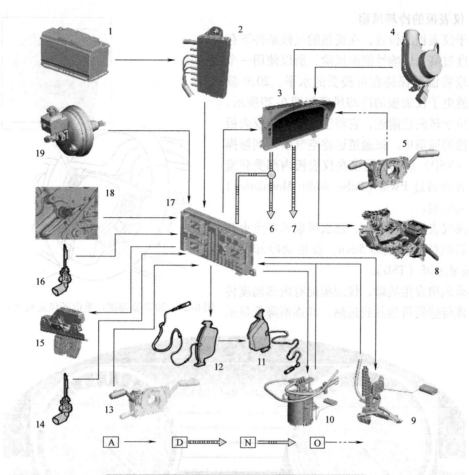

图 6-30 2010 款路虎揽胜电子仪表板的控制示意图
1—蓄电池 2—蓄电池接线盒（BJB） 3—仪表板 4—仪表板冷却风扇 5—续流器
6—低速 CAN 总线连接至车辆其他系统 7—高速 CAN 总线连接至车辆其他系统 8—转向柱锁
9—左侧燃油液位传感器 10—右侧燃油液位传感器 11—后制动块磨损传感器 12—前制动块磨损传感器
13—左转向柱多功能开关 14—洗涤器液位传感器 15—尾门插销 16—发动机冷却液液位传感器
17—中央接线盒（CJB） 18—机油压力开关（仅限柴油车） 19—制动液液位传感器
A—硬接线 D—高速 CAN 总线 N—低速 CAN 总线 O—LIN 总线

他系统和控制模块连接。大多数信息通过高速和中速 CAN 总线以及 LIN 总线从其他系统控制单元传输到仪表板，不过，有些车辆传感器使用硬接线与仪表板直接连接。安全 LED 通过来自 CJB（Central Junction Box）的硬接线连接受到控制。CJB 中的场效应晶体管（FET）控制向 LED 的输出。

转向锁控制单元连接到通向仪表板的硬接线连接。来自其他控制单元的安全信息通过网络总线传输，当符合相应的条件时，仪表板将指示转向锁控制单元解锁转向柱。

续流器通过一条 LIN 总线与仪表板连接。LIN 总线将驾驶人对转向盘上安装的开关所做的选择传输到仪表板，以进行处理并传输到其他控制单元。

仪表板冷却风扇通过 3 根电线与仪表板连接：1 根电线提供风扇电动机搭铁；其余 2 根电线向仪表板提供监控反馈和 PWM 输出，用于控制风扇转速。

复 习 题

一、填空题

1）在对汽车电子显示装置部分进行拆卸时，首先需要对_____进行切断，然后对_____进行切断。

2）真空荧光显示器是一种主动显示系统，其特点是_____、_____、_____、_____、_____、_____等。

二、选择题

1）随着汽车工业的发展，现在高档汽车的组合仪表已采用电子显示装置及电子仪表。其优点有哪些？（　　）（多选）

A. 能大量提供复杂的信息

B. 好看高级

C. 具有高精度和可靠性

D. 满足小型、轻量化的需求

E. 具有一表多用的功能

2）发光二极管是电子显示装置中最简单的一种，其特点是什么？（　　）（多选）

A. 体积小　　B. 耐用　　C. 使用寿命长达 5 万 h 以上　　D. 结构复杂

项目七 汽车辅助电器

为了提高汽车行驶的安全性及可靠性，减轻驾驶人的劳动强度，现代汽车的辅助用电设备越来越多，而且性能也越来越完善，最大程度地体现了汽车的豪华、舒适、安全、可靠。

学习任务一　检修电动刮水器及洗涤器

情境引入

故障现象：一辆 2018 款一汽 - 大众宝来（Bora）轿车行驶 15 021km，刮水器在运行时抖动、刮水不彻底并有异响。

原因分析：首先检查刮水片是否正常，磨损严重会造成上述故障现象。检查风窗清洗液是否采用符合要求的专用风窗清洗液。拆下刮水片，检查刮水臂勾头与风窗接触之间是否存在夹角，正常情况下不应存在夹角。发现刮水片严重磨损、刮水臂勾头与风窗接触之间存在夹角。更换刮水片，调整并消除夹角以保证刮水臂勾头与风窗接触面无夹角，故障排除。建议用户保证风窗清洁、寒区注意防冻，以防止大阻力造成刮水臂勾头变形。采用符合要求的专用风窗清洗液能清除风窗脏物，可防止刮水片过早损坏。

学习目标

1) 能正确操作刮水器系统，实现各项功能。
2) 熟悉刮水器系统的结构及工作过程。
3) 能正确分析刮水器系统的电路图。

电动刮水器的作用是刮除风窗玻璃上的雨水、雪或灰尘，确保驾驶人有良好的视线。目前，在汽车上广泛采用的电动刮水器具有高速、低速及间歇 3 个工作档位，而且除了变速之外，还有自动回位功能。

一、电动刮水器的组成

如图 7-1 所示，电动刮水器由电动机、传动机构和刮水片 3 部分组成。电动机电枢轴端的蜗杆驱动蜗轮，蜗轮带动摇臂旋转，摇臂使拉杆作往复运动，从而带动刮水片左右摆动。

电动刮水器的电动机一般有永磁式和励磁式两种，而永磁式电动机结构简单、体积小、可靠性好，被广泛采用。

二、永磁式电动刮水器

图 7-2 所示为永磁式电动刮水器的电动机结构。

1. 电动刮水器的变速原理

为了实现电动机高、低速档位工作，永磁式电动机一般采用三刷式电动机。其工作原理如图 7-3 所示。直流电动机工作时，在电枢内的所有线圈中同时产生反电动势；每个小线圈都产生相等的反电动势，反电动势的方向如图 7-3 中所示。

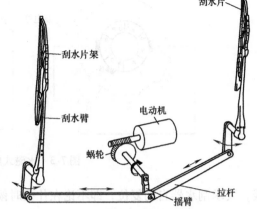

图 7-1 电动刮水器的组成

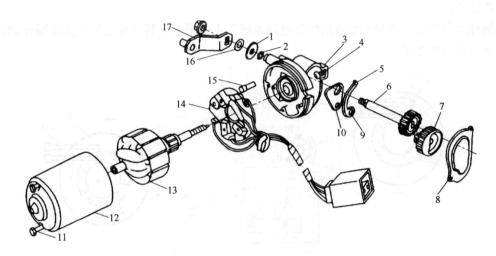

图 7-2 永磁式电动刮水器的电动机结构

1—平垫圈 2—O形圈 3—减速器壳 4—弹簧 5—复位开关顶杆 6—输出齿轮和轴 7—惰轮和蜗轮
8—减速器盖 9—放在凸轮表面的部分 10—复位开关顶杆的定位板 11—长螺钉
12—电动机外壳和磁铁总成 13—电枢 14—3个电刷的安装位置和复位开关总成
15—复位开关顶杆及其与开关联动的销子 16—弹簧垫圈 17—输出臂

当开关 S 拨到低速档 L 时，在两个电刷 B_1、B_3 之间有两条并联支路，各有 3 根线圈。

当开关 S 拨到高速档 H 时，在两个电刷 B_2、B_3 之间也有两条并联支路，一个支路有两根线圈串联；另一个支路有 4 根线圈串联，但其中一根线圈的反电动势方向与另 3 根线圈的反电动势的方向相反，故在电动机电枢绕组上得到总的反电动势。

由上式可见，由于反电动势的减小使电枢的转速上升，重新达到电压平衡，这样永磁电动刮水器就得到了高、低速不同的工作档位。

2. 电动刮水器的电路控制及自动复位原理

电动刮水器的刮水速度可根据雨水的大小由驾驶人进行控制。为了不影响驾驶人的视

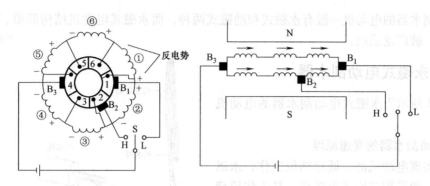

图 7-3 永磁式电动机的工作原理

线，要求刮水器自动复位，即不论在什么时候关闭刮水器开关，刮水片都能自动停在风窗玻璃的下部。刮水器自动复位是利用自动复位开关与刮水器开关并联，刮水器开关由驾驶人控制，而自动复位开关由蜗轮控制，只有当刮水片停在风窗玻璃的下部规定位置时，自动复位开关才断开。

铜环式自动复位装置刮水器的控制电路如图 7-4 中所示，其自动复位开关在减速蜗轮 8 上。其工作原理如下。

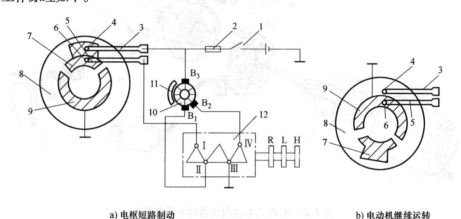

a) 电枢短路制动　　　　　　　　　　　　　　b) 电动机继续运转

图 7-4　铜环式自动复位装置刮水器的控制电路

1—电源开关　2—熔断器　3、5—触点臂　4、6—触点　7、9—铜环
8—减速蜗轮　10—电枢　11—永久磁铁　12—刮水器开关

1）当电源开关接通，刮水器开关位于Ⅰ档时，电流从蓄电池的正极→电源开关→熔断器→电刷 B_3→电枢绕组→电刷 B_1→刮水器Ⅰ档→搭铁，刮水器电动机低速运转。

2）当刮水器开关位于Ⅱ档时，电流从蓄电池的正极→电源开关→熔断器→电刷 B_3→电枢绕组→电刷 B_2→刮水器Ⅱ档→搭铁，刮水器电动机高速运转。

3）当刮水开关位于"0"档时，如果刮水器的刮水片没有停在规定的位置，则电流经蓄电池正极→电源开关→熔断器→电刷 B_3→电枢绕组→电刷 B_1→刮水器"0"档→触点臂 5→铜环 9→搭铁（图 7-4b），这时电动机继续运转。当刮水器的刮水片到规定位置时，触点臂 3、5 和铜环 7 接触，电动机被短路（图 7-4a）。与此同时，电动机电枢由于惯性不能立刻停下来，电枢绕组通过触点臂 3、5 与铜环 7 接触而构成回路，电枢绕组产生感应电流，因而产生制动转矩,电动机迅速停止转动,使刮水器的刮水片停止在规定的位置。

三、常见车型的电动刮水器与洗涤器电路

图 7-5 所示为带间歇档位电动刮水器与洗涤器电路图。该系统的刮水器电动机是永磁式直流电动机。洗涤器由微型永磁直流电动机、离心式水泵、喷嘴、储液罐和水管 5 部分组成。洗涤器电动机与水泵一体组成电动机与水泵总成,这个总成安装在储液罐内。其工作原理如下。

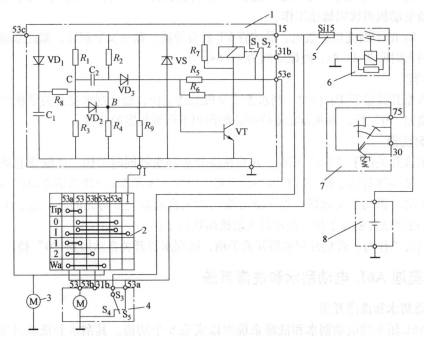

图 7-5 带间歇档位电动刮水器与洗涤器电路图
1—刮水器间歇控制器 2—刮水器与洗涤器开关 3—洗涤器电动机 4—刮水器电机 5—熔断器
6—卸荷继电器 7—点火开关 8—蓄电池 Tip—点动开关 "0"—空档
I—间歇档 "1"—低速档 "2"—高速档 Wa—洗涤档

1. 低速档

当刮水器开关位于档位"1"时,电流走向为蓄电池正极→卸荷继电器→熔断器→刮水器开关 53a 和 53→刮水器电动机 53→搭铁,此时刮水器电动机在低速档工作。

2. 高速档

当刮水器开关位于档位"2"时,电流走向为蓄电池正极→卸荷继电器→熔断器→刮水器开关 53a 和 53b→刮水器电动机 53b→搭铁,此时刮水器电动机在高速档工作。

3. 自动停机复位

当刮水器开关位于"0"档时,若此时刮水片没有回到规定位置,则刮水器电动机自动复位开关触点 S_3 与 S5 相接,电流走向为蓄电池正极→卸荷继电器→熔断器→刮水器电动机 53a、S_5 和 31b→间歇控制器 31b、动断触点 S_2 和 53e→刮水器开关 53e 和 53→刮水电动机 53→搭铁,电动机仍继续旋转;刮水片到达规定位置时,复位开关中的触点 S_3 与 S_5 断开而与 S_4 接通,电动机被短路,产生制动转矩,刮水器回到规定的位置。

4. 间歇档

当刮水器开关位于 I 档时，晶体管 VT 导通，间歇控制器中的触点 S_2 打开、S_1 闭合，电流走向为蓄电池正极→卸荷继电器→间歇控制器接线柱 15、触点 S_1、接线柱 53e→刮水器开关 53e 和 53→刮水器电动机 53→搭铁，此时刮水器在低速档工作。

当刮水器到达规定位置时，复位开关中触点 S_3 与 S_4 接通（即 S_3 搭铁），使间歇控制器中 31b 为低电位，C 点电位下降，晶体管 VT 截止，间歇控制器触点 S_1 断开，刮水器电动机停止工作。此时，C_2 处于放电状态，随着放电过程的进行，C 点电位升高，晶体管 VT 又导通，刮水器电动机再次以低速工作。

可见，C_2 的不断充电、放电，晶体管 VT 就会导通、截止反复翻转，如此形成间歇刮水过程。其刮水时间为 2~4s，间歇时间为 4~6s。

5. 点动档

当刮水器开关位于 Tip 档时，刮水器电动机低速工作；松开刮水器开关手柄时，刮水器开关自动跳回 "0" 档，刮水器在复位开关的作用下回到规定的位置。

6. 风窗洗涤

当刮水器开关位于 "Wa" 档时，风窗洗涤器和刮水器同时工作。洗涤器电动机的电路为蓄电池正极→卸荷继电器→熔断器→刮水器电动机 53a 和 53c→洗涤器电动机→搭铁，于是洗涤器电动机带动水泵运转，将洗涤液喷洒到风窗玻璃上。与此同时，通过间歇控制器 53c 接线柱使间歇控制器工作，刮水器电动机间歇档工作。

在此档位工作时，若松开刮水器开关手柄，则刮水器开关自动回到 "0" 档。

四、奥迪 A6L 电动刮水和洗涤系统

1. 电动刮水和洗涤开关

奥迪 A6L 轿车的电动刮水和洗涤系统可以实现 6 个功能。其刮水和洗涤开关如图 7-6 所示。

1) 点动刮水。向下移动操纵杆到位置①，可仅在前车窗玻璃上短促刮水。

2) 间歇刮水（激活雨量传感器）。向上移动操纵杆到槽口②，可以实现间歇刮水；将开关 A 向上或向下移动，调节雨量传感器的灵敏度。

3) 慢速刮水。向上移动操纵杆到槽口③，可以实现慢速刮水。

4) 快速刮水。向上移动操纵杆到槽口④，可以实现快速刮水。

5) 刮水/清洗自动功能。拉动操纵杆到位置⑤，不松手就可实现刮水/清洗自动功能；重新松开操纵杆，清洗装置停止工作，而刮水器还会工作约 4s。

6) 关闭前风窗玻璃刮水器。移动操纵杆到基本位置⓪，就可将刮水和洗涤系统关闭。

前风窗玻璃刮水器和前风窗玻璃清洗装置只能在点火开关已打开时才工作。雨量传感器只有在间歇刮水位置上才起作用。如果下雨，便会自动进行间歇刮水。

2. 雨量和光强度识别传感器

雨量和光强度识别传感器 G397 装在前风窗玻璃上内后视镜的安装底座内，如图 7-7 所示。

（1）雨量传感器的任务

根据前风窗玻璃的沾水湿润程度，可实现下面的功能：刮水器分为 7 个速度档自动接通和关闭；在下雨时接通近光灯。

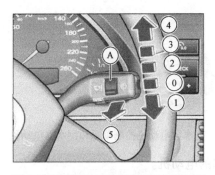
图7-6 奥迪轿车电动刮水和洗涤开关

图7-7 雨量和光强度识别传感器的安装位置

当刮水器开关置于"Intervall"（间歇）时，雨量传感器就被激活了。驾驶人可以通过刮水器间歇工作调节器设定4个灵敏度。在本系统上不再需要参考刮水动作（激活雨量和光强度识别传感器时的刮水动作），于是刮水开关就可以总是保持在"Intervall"（间歇）位置。出于安全考虑，只有在车速超过16km/h或通过刮水器间歇工作调节器来改变其工作灵敏度时，雨量传感器才会被激活。

（2）雨量传感器的功能

雨量传感器根据光折射的原理来判断前风窗玻璃的湿度情况，该传感器内集成有环形的发光二极管，这个发光二极管在乘员舱内透过前风窗玻璃发射出红外线光。

如果玻璃处于干燥状态，那么红外线光由玻璃的表面来反射。于是集成在该传感器中央的光电二极管就滤过了较多的光，如图7-8所示，此时刮水器不会工作。

如果玻璃浸湿了，那么玻璃表面的光学特性就发生了变化，玻璃表面因水滴的作用会发生散射，于是反射的光量就减少了，那么光电二极管滤过的光也就减少了（散光原理），如图7-9所示，刮水器工作而且根据雨量大小可以自动调整刮水速度。

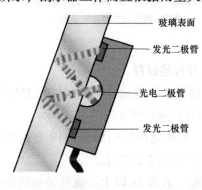
图7-8 风窗玻璃处于干燥状态

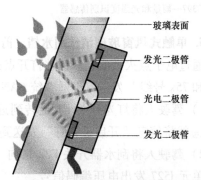
图7-9 风窗玻璃处于浸湿状态

3. 刮水器电动机控制单元

刮水器电动机控制单元J400与刮水器电动机集成在同一个壳体内，如图7-10所示。该控制单元是通过LIN总线与车载控制单元J519连接在一起的，如图7-11所示。

4. 刮水器电动机信号传递过程（刮水器1档）

通过电子点火锁或配备高级钥匙的使用和起动授权按钮E408打开点火开关，以便进入和起动许可控制单元J518将"15号线和75x号线"信息发送到舒适系统CAN总线上。其信号传递过程示意图如图 7-12 所示。

1) 间歇式刮水器开关 E22 向转向柱电器控制单元 J527 发送信息"刮水器 1 档"。

2) 转向柱组合开关模块将信息"刮水器 1 档"发送到车载电网控制单元 J519 上。

3) 车载电网控制单元将信息"刮水器 1 档"经由 LIN 总线发送到刮水器电动机控制单元 J400 上。刮水器电动机控制单元控制与其集成在一起的电动机。

图 7-10　刮水器电动机控制单元和刮水器电动机

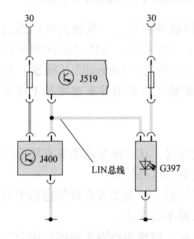

图 7-11　刮水器电动机控制单元 J400 电路连接

J400—刮水器电动机控制单元
J519—车载电网控制单元
G397—雨量和光强度识别传感器

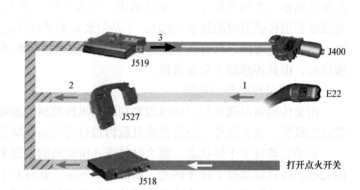

图 7-12　刮水器电动机信号传递过程示意图

E22—刮水器开关　　J518—进入和起动许可控制单元
J519—车载电网控制单元　　J400—刮水器控制单元
J527—转向柱电器控制单元

5. 单触式风窗玻璃清洗刮水档、前照灯清洗信号传递过程

通过电子点火锁或高级钥匙打开点火开关,以便进入和起动许可控制单元 J518 将"15 号线和 75x 号线"发送到舒适系统 CAN 总线上。信号传递过程如图 7-13 所示。

1) 驾驶人将灯光开关 E1 旋转到近光灯位置,车载电网控制单元 J519 经由舒适系统 CAN 总线将信息"开启近光灯"发送到车载电网控制单元 2 J520 上。

2) 驾驶人将刮水器开关 E22 推向"单触式清洗"方向 1s 以上,该开关向转向柱电器控制单元 J527 发出电压编码信号。

3) 转向柱电器控制单元 J527 将信息"清洗前窗"发送到舒适系统 CAN 总线上。

4) 车载电网控制单元 J519 经由 LIN 总线将信息"开启车窗清洗泵"发送到刮水器电动机控制单元 J400 上。

5) 刮水器电动机控制单元控制车窗清洗泵 V5。

6) 车载电网控制单元 2 J520,接到信息"清洗前风窗"和"开启近光灯" 1s 后,通过前照灯清洗装置的继电器 J39 来控制提升式喷嘴 V248、V249 和前照灯清洗泵 V11。

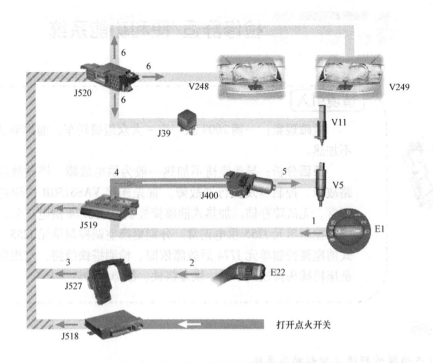

图 7-13 单触式清洗刮水档、前照灯清洗信号传递过程示意图

E1—灯光开关　E22—刮水器开关　J39—前照灯清洗装置继电器　J518—进入和起动许可控制单元
J519—车载电网控制单元　J520—车载电网控制单元2　J527—转向柱电器控制单元　J400—刮水器控制单元
V5—车窗清洗泵　V11—前照灯清洗泵　V248、V249—前照灯清洗喷嘴

复 习 题

一、填空题

1）根据奥迪 A6C7 刮水器工作原理，刮水器开关信号发送到转向柱开关控制单元 J527，J527 将信号通过网络传输到_____，再发送信号到刮水器控制单元 J400，刮水器电动机与刮水器单元集成在一起，刮水器单元接到信号控制电机运转，刮水器单元自带电源，不需要控制单元输入_____。

2）常见的刮水器及洗涤器是由、_____、_____、_____、_____组成。

二、选择题

1）雨量很小时，刮水器开关应选择（　　）档位。
A. 间歇档　　　　B. 低速档　　　　C. 高速档　　　　D. 喷水档

2）刮水器的电动机有（　　）。
A. 永磁式和励磁直流电动机　　　　B. 微型永磁和永磁直流电动机
C. 永磁式直流电机　　　　　　　　D. 励磁式直流电机

3）雨量传感器是根据什么原理来判断前风窗玻璃湿度情况？（　　）
A. 光折射　　　　B. 二极管　　　　C. 红外线　　　　D. 雨水

学习任务二 检修舒适/便利功能系统

> **情境引入**
>
> **故障现象**：一辆2009款一汽-大众迈腾轿车，前排乘员座椅不加热。
>
> **原因分析**：导致座椅不加热一般为供电故障、搭铁故障、线路故障、控制器及执行器故障。首先连接VAS6150B检测各系统正常，无故障存储。加热式前座椅控制单元J774供电正常，自动空调控制单元J255供电正常。分别更换空调控制单元J255、加热式前座椅控制单元J774后故障依旧。检测搭铁线路，发现前排乘员座椅插头搭铁线不通，恢复搭铁，故障排除。

学习目标

1) 能正确操作舒适/便利功能系统。
2) 能正确分析各系统电路图。

一、电动车窗

轿车基本上都采用电动车窗取代了传统的摇把式车窗。电动车窗升降系统的电动机广泛采用的是永磁式电动机，也有一些车型采用的是双磁场式电动机。

电动车窗升降系统一般包括主控开关、分控开关及各个门窗的升降器。门窗升降器的传动机构有绳轮式和交叉臂式两种。图7-14所示为奥迪轿车采用的绳轮式电动门窗升降器。图7-15所示为交叉臂式电动门窗升降器。

主控开关对全车电动升降门窗系统进行总的操纵，其电流是从主控开关到各个分控开关。为了安全起见，有些车的主控开关还有一个锁止开关，当开动锁止开关时，便切断了各分控开关的电路，此时只能用主控开关升降各车窗玻璃。有些车型的汽车还增加了其他安全措施，只有当点火开关在RUN位或ACC位时，分控开关才能起作用。

永磁式电动机通过改变电枢电流的方向来改变电动机的旋转方向，使车窗玻璃上升或下降，电动机本身不搭铁，而是到主控开关搭铁。图7-16所示为永磁式电动机电动门窗升降系统的电路图。

现以左后门窗上升为例说明其原理。

1. 主控开关控制

当主控开关中的左后门窗开关拨到UP位时，电流方向为蓄电池正极→点火开关→电路断电器→主控开关中左后门窗触点→左后门窗分控开关触点→电动机→左后门窗分控开关另一触点→主控开关中左后门窗另一触点→搭铁，电动机旋转，带动左后门窗玻璃上升。

项目七 汽车辅助电器 209

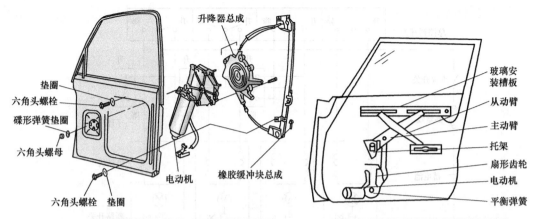

图 7-14 奥迪轿车采用的绳轮式电动门窗升降器　　图 7-15 交叉臂式电动门窗升降器

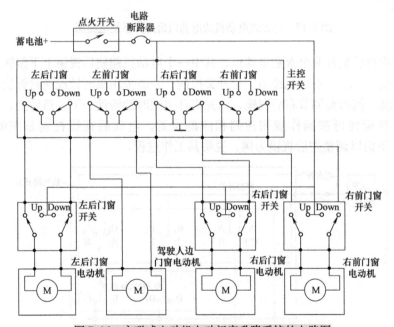

图 7-16 永磁式电动机电动门窗升降系统的电路图

2. 分控开关控制

当左后门窗分控开关拨到 UP 位时，电流方向为蓄电池正极→点火开关→电路断电器→左后门窗分控开关触点→电动机→左后门窗分控开关另一触点→主控开关中左后门窗另一触点→搭铁，电动机旋转，带动左后门窗玻璃上升。

有些车型的汽车采用双磁场绕组电动机（图 7-17），其原理是电动机有两个绕向相反的励磁绕组，一个是上升绕组，一个是下降绕组；每次励磁其中一个绕组，电动机的旋转方向由励磁绕组决定，且电动机外壳本身是搭铁的。

二、电动后视镜

对于可电动调节的后视镜，驾驶人只需操作开关便能将外面的后视镜调整到合适的位置。

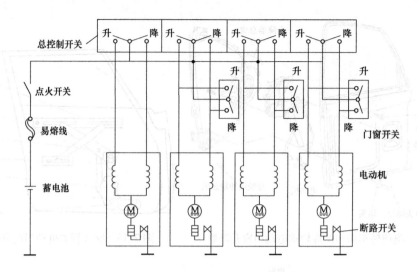

图 7-17 电磁式电动机的电动门窗升降系统电路图

电动后视镜镜片背后装有两个永磁电动机,其中一个电动机能使后视镜上下偏转,另一个能使后视镜左右偏转。左、右后视镜由一个开关控制,一般采用顺时针或逆时针旋转确定左后视镜或右后视镜,例如要调节右后视镜,则先将开关顺时针转动一下,然后上、下、左、右操作开关,后视镜便可按操作规则达到相应的位置。电动后视镜控制系统的电路图如图 7-18 所示。下面以调整左后视镜为例,说明其工作过程。

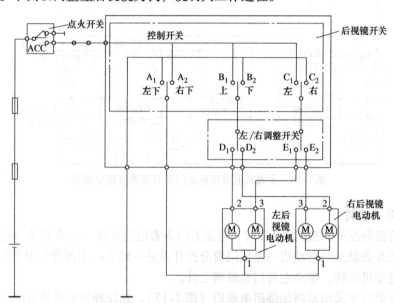

图 7-18 电动后视镜控制系统电路图

1) 首先,逆时针方向旋转开关,使后视镜中的触点 D_1、E_1 闭合。

2) 若要使镜片向上旋转,则向上扳动开关,使后视镜开关中的触点 A_1、B_1 闭合。其电路为蓄电池正极→点火开关→触点 B_1 →触点 D_1 →左后视镜电动机 2-1→触点 A_1 →搭铁。

这样，左后视镜镜片向上旋转，直到松开后视镜开关为止。

3）若要使镜片向右旋转，则向右扳动开关，使后视镜开关中的触点 A_2、C_1 闭合。其电路为蓄电池正极→点火开关→触点 A_2→左后视镜电动机 1-3→触点 E_1→触点 C_2→搭铁。这样，左后视镜镜片将向右旋转，直到松开后视镜开关为止。

三、中央控制门锁

中央控制门锁系统具有钥匙联动锁门和开门功能，通过左前或右前门上的钥匙可以同时关闭或打开所有车锁。中央控制门锁一般采用永磁电动机（图 7-19），由门锁开关控制组合继电器，通过组合继电器改变电动机的电流方向，使电动机的连接杆上下运动，控制锁块关闭或打开。

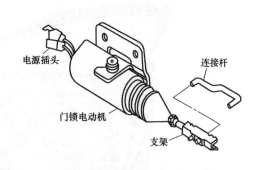

图 7-19 永磁式中央控制门锁电动机

图 7-20 所示为使用继电器控制门锁的电路图。下面以车门上锁为例，说明其工作过程。当将门锁主开关转到锁止位置时，触点 1 闭合，门锁继电器中的锁止线圈有电流通过，触点 5 闭合。这时，全车门锁电动机的电流方向为蓄电池正极→门锁继电器触点 5→全车门锁电动机→门锁继电器触点 7→搭铁，电动机旋转拉动连接杆，将车门锁住。

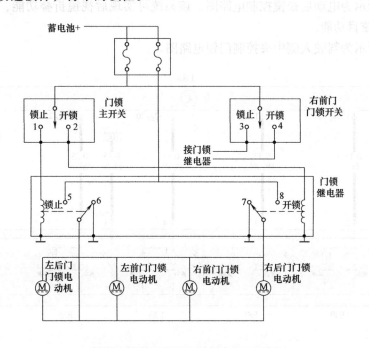

图 7-20 使用继电器控制门锁的电路图

四、奥迪 A6L（C7）电动车窗、电动后视镜、中央门锁控制系统

奥迪 A6L（C7）轿车在每个车门内都安装了一个车门控制单元分别是 J386（左前门）、

J387（右前门）、J388（左后门）、J389（右后门），其中左前车门控制单元J386的安装位置如图7-21所示。车门控制单元控制电动车窗的升降、控制中控门锁的开锁与闭锁，前车门控制单元还控制后视镜调节电动机、后视镜收折电动机、加热式车外后视镜、自动防眩目后视镜。

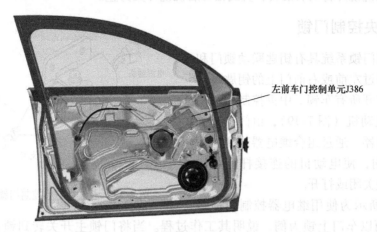

图7-21　左前车门控制单元J386的安装位置

图7-22所示为左前门电动车窗控制电路图。

图7-23所示为电动后视镜控制电路图，该系统可实现后视镜折叠功能、后视镜加热功能、后视镜防眩目功能。

图7-24所示为驾驶人侧中央控制门锁电路图。

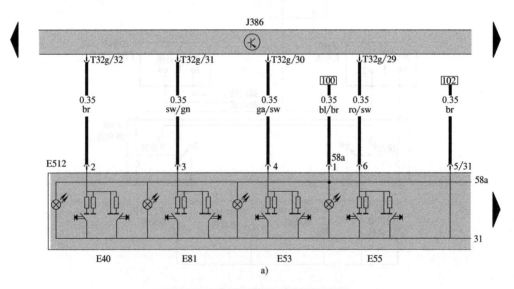

图7-22　左前门电动车窗控制电路图

E40—前左车窗升降器　E53—驾驶人侧车门中的后左车窗升降器开关
E55—驾驶人侧车门中的后右车窗升降器开关　E81—驾驶人侧车门中的前右车窗升降器开关
E512—驾驶人侧车门中的车窗升降器操作单元　J386—驾驶人侧车门控制器

项目七 汽车辅助电器 213

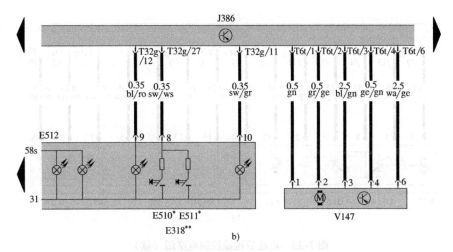

图7-22 左前门电动车窗控制电路图（续）
E318—儿童安全锁按钮　E510—左侧儿童安全锁按钮　E511—右侧儿童安全锁按钮
E512—驾驶人侧车门中的车窗升降器操作单元　J386—驾驶人侧车门控制器
V147—驾驶人侧电动摇窗器电动机　＊—带电动儿童安全锁的车辆　＊＊—不带儿童安全锁的车辆

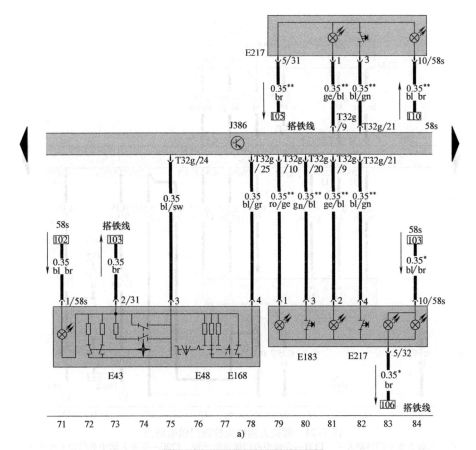

图7-23 电动后视镜控制电路图
E43—后视镜调节开关　E48—后视镜调节转换开关　E168—带折叠功能的后视镜调节开关
E183—车内监控关闭开关　E217—警告装置关闭开关　J386—驾驶人侧车门控制器
58s—受前照灯开关E1控制的电源线　＊—不适用于美国　＊＊—仅适用于美国

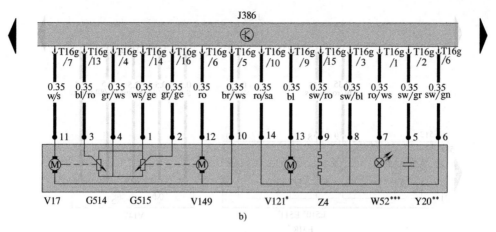

图 7-23 电动后视镜控制电路图（续）
G514—驾驶人侧后视镜水平调节电位计　G515—驾驶人侧后视镜垂直调节电位计
J386—驾驶人侧车门控制器　V17—驾驶人侧后视镜调节电动机　V121—驾驶人侧后视镜折叠电动机
V149—驾驶人侧后视镜调节电动机　W52—驾驶人侧车外后视镜内的登车照明灯
Y20—驾驶人侧自动防眩车外后视镜　Z4—驾驶人侧可加热车外后视镜　*—带折叠功能的后视镜
—带自动防炫车外后视镜的车辆　*—车外后视镜中带登车照明的车辆

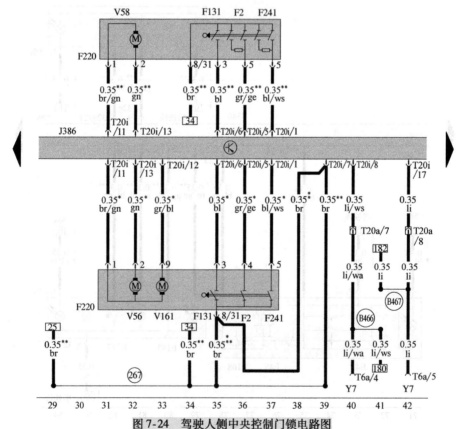

图 7-24 驾驶人侧中央控制门锁电路图
F2—驾驶人侧车门接触开关　F131—左前中央门锁执行元件　F220—驾驶人侧中央门锁上锁单元
F241—驾驶人侧锁芯中的接触开关　J386—驾驶人侧车门控制器　V56—驾驶人侧车门中央门锁电动机
V161—驾驶人侧车门中央门锁安全功能电动机　Y7—自动防眩的车内后视镜
*—不带附加装备的车辆　**—带附加装备的车辆

五、电动座椅

为提高汽车的乘坐舒适性,有些轿车的座椅空间位置由电动机驱动调整。

1. 本田雅阁轿车电动座椅

本田雅阁轿车电动座椅,其调整方向有向前、向后、向上、向下、前俯和后仰 6 个调整方向,且其靠背倾斜角度可调。有些轿车的电动座椅除具有以上功能外,座椅的头枕、扶手等都可调整。

电动座椅的调整系统由电动机、开关和传动装置组成。电动机为双向永磁式,座椅的调整功能越多,电动机的数量越多。调整开关可控制电动机的电流方向,从而使电动机具有两个转动方向。图 7-25 所示为本田雅阁轿车电动座椅电路图。该电动座椅有 4 个电动机。

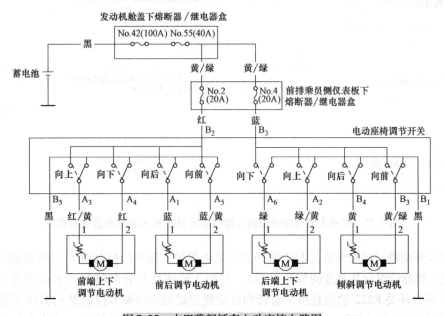

图 7-25 本田雅阁轿车电动座椅电路图

2. 奥迪 A6L（C7）轿车电动座椅控制系统

奥迪 A6L（C7）轿车可以选装不带记忆和带记忆的电动座椅控制系统。对于位置可电动调节的座椅来说,座椅调节控制单元最多可以设定 8 个座椅位置,这些位置信息可以存储起来,在需要时可以通过记忆按键或遥控钥匙调出。

图 7-26 所示为驾驶人侧座椅调节控制单元 J136。座椅调节控制单元安装在驾驶人或前排乘员座椅下面的地板上。该控制单元通过插座上的端子编码即可控制驾驶人侧座椅,也可控制前排乘员侧座椅。未进行自适应/编码的控制单元,在首次连接到座椅上时,会自动按驾驶人侧座椅或前排乘员侧座椅的端子电平来编制代码。

使用地址码 36（驾驶人侧座椅调节）和 06

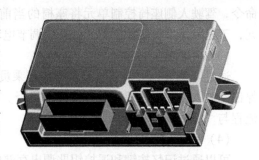

图 7-26 驾驶人侧座椅控制单元 J136

（前排乘员侧座椅调节），可以进行下面的诊断操作：读取测量数据块、编码、执行元件诊断、自适应。

（1）座椅调节控制单元 J136 输入和输出信号（驾驶人侧）

驾驶人侧电动座椅调节控制单元 J136 输入和输出信号示意图如图 7-27 所示。座椅调节控制单元通过其负载输出来直接给座椅内的调节电动机供电，调节电动机的位置是通过霍尔传感器来识别的。

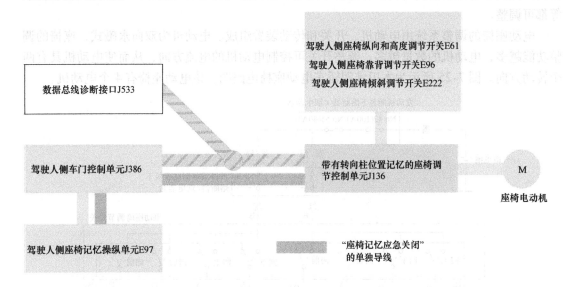

图 7-27　驾驶人侧电动座椅调节控制单元 J136 输入和输出信号示意图

驾驶人侧座椅记忆操纵单元 E97 的开关信息由驾驶人侧车门控制单元 J386 根据电压来读入，驾驶人侧座椅纵向和高度调节开关 E61、驾驶人侧座椅靠背调节开关 E96 以及驾驶人侧座椅倾斜调节开关 E222 的信息由带有转向柱位置记忆的座椅调节控制单元 J136 直接读入。

"座椅记忆应急关闭"按钮信息由驾驶人侧车门控制单元 J386 读入，单独作为 CAN 舒适总线信息给带有转向柱位置记忆的座椅调节控制单元 J136 使用。舒适功能，如座椅同步、侧面视野调节以及遥控钥匙与存储位置之间的匹配，由多媒体交互系统界面（MMI）来完成。

（2）座椅同步

通过 MMI 上的"驾驶人侧座椅/前排乘员侧座椅同步"功能，可以使前排乘员侧座椅与驾驶人侧座椅同步运动。MMI 通过 CAN 舒适总线向驾驶人侧座椅控制单元发送一个相应的命令，驾驶人侧座椅控制单元将座椅的当前位置和一个控制命令发送给前排乘员侧控制单元，于是前排乘员侧控制单元就开始调节电动机。

（3）侧面视野调节

通过"侧面视野调节"可以将前排乘员侧座椅置于一个挡住车辆 B 柱的位置，这样可保证驾驶人在向车外观看时获得最佳视野。可以通过 MMI 来调出这个功能，该功能的信号流程与"座椅同步"中的是一样的。

（4）调出记忆的位置

可以通过记忆按键和遥控钥匙调出存储的记忆位置，如图 7-28 所示。

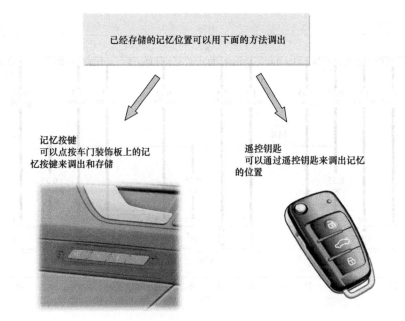

图 7-28 调出座椅记忆位置流程示意图

(5) 电动座椅控制电路图（驾驶人侧）

带记忆功能的驾驶人侧电动座椅控制电路图如图 7-29 所示。

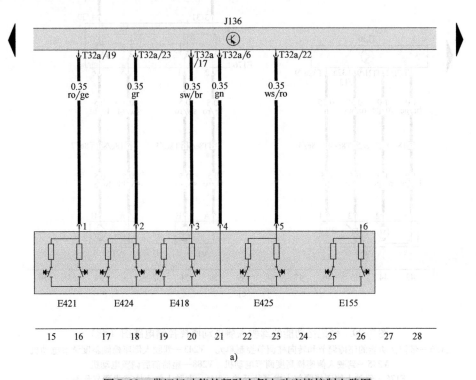

图 7-29 带记忆功能的驾驶人侧电动座椅控制电路图

E155—头枕调整按钮　E418—座椅前后调整按钮　E421—倾斜度调整按钮　E424—座椅高度调整按钮
E425—靠背调整按钮　J136—带记忆功能的座椅调节和转向柱调节控制单元

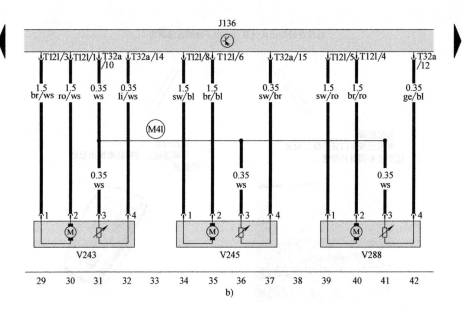

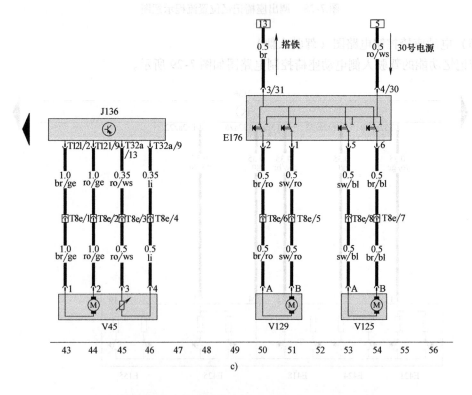

图 7-29 带记忆功能的驾驶人侧电动座椅控制电路图（续）

J136—带记忆功能的座椅调节和转向柱调节控制单元　V243—驾驶人侧座椅倾斜度调节电动机
V245—驾驶人侧座椅高度调节电动机　V288—座椅前后调整电动机
E176—驾驶人侧座椅腰部支撑调节开关　V45—驾驶人侧座椅靠背调节开关
V125—驾驶人侧座椅腰部支撑纵向调节电动机
V129—驾驶人侧座椅腰部支撑高度调节电动机

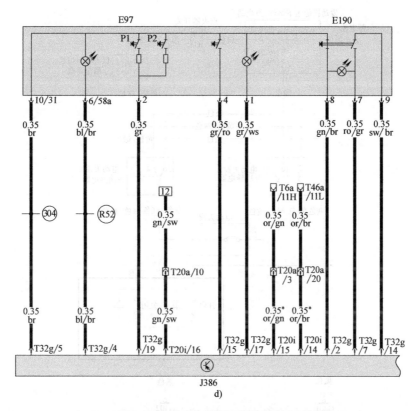

图7-29 带记忆功能的驾驶人侧电动座椅控制电路图（续）
E97—带记忆功能的驾驶人侧座椅操作单元 E190—紧急关闭按钮 J386—驾驶人侧车门控制器
T46a—46芯插头连接，左侧CAN分离插头 ∗—CAN总线（数据导线）

六、电动天窗

有些轿车为提高乘坐舒适性，安装了电动天窗。其原理与电动车窗的原理基本相同，是利用电动机控制天窗的打开和关闭，有的汽车天窗还可向上倾斜和向下倾斜。

1. 本田雅阁轿车电动天窗

图7-30所示为本田雅阁轿车电动天窗电路图。其电动机为永磁直流电动机，利用开启和关闭两个继电器改变电动机电流的方向，从而使电动机具有两个转动方向（向前或向后）。

其工作过程如下。

1) 当开启开关接通时，开启继电器中的磁化线圈有电流通过，触点1闭合；电动机的电流方向为蓄电池正极→触点1→电动机→触点3→搭铁，电动机转动，将天窗打开。

2) 当关闭开关接通时，关闭继电器中的磁化线圈有电流通过，触点4闭合；电动机的电流方向为蓄电池正极→触点4→电动机→触点2→搭铁，电动机以相反的方向转动，将天窗关闭。

2. 奥迪A6L（C8）轿车电动天窗

奥迪A6L（C8）轿车电动天窗将天窗电动机V1和天窗控制单元J245是分开的，该天窗控制单元J245为舒适CAN总线用户，有独立的地址码诊断仪可以直接进入控制单元进行诊断。滑动天窗按钮为E325，天窗卷帘按钮为E584。同样也可以利用遥控器对天窗实现打开和关闭（需在MMI上进行设置）。奥迪A6L（C8）轿车电动天窗电路图如图7-31所示。

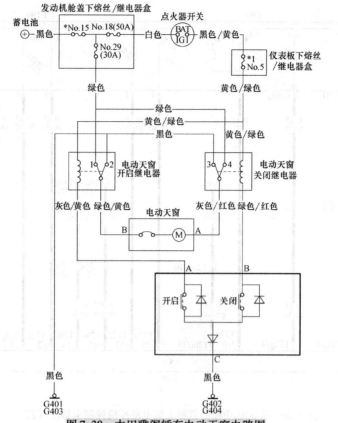

图 7-30 本田雅阁轿车电动天窗电路图

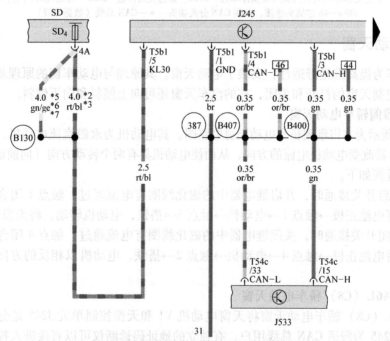

图 7-31 奥迪 A6L（C8）轿车电动天窗电路图
J245—滑动天窗控制单元　J533—数据总线接口
*2—见熔丝布置所适用的电路图　*3—截至 2020 年 11 月　*5—自 2021 年 3 月起
*6—自 2020 年 11 月起　*7—截至 2021 年 3 月

项目七 汽车辅助电器

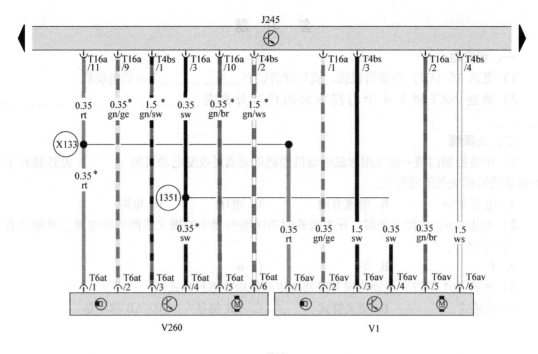

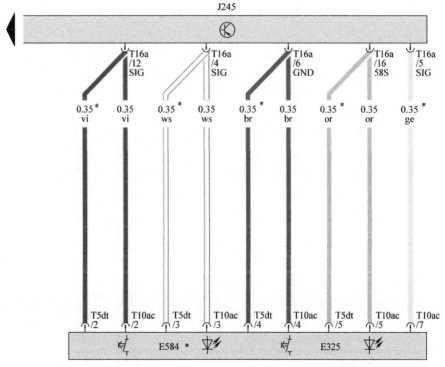

图 7-31 奥迪 A6L（C8）轿车电动天窗电路图（续）
J245—滑动天窗控制单元　V1—滑动天窗电机　V260—滑动天窗卷帘电机
E325—滑动天窗按钮　E584—天窗卷帘按钮 1　J245—滑动天窗控制单元
*—依汽车装备而定

复 习 题

一、填空题

1）奥迪 A6（C7）电动后视镜，镜片背后装有＿＿＿＿＿个永磁电动机。

2）奥迪 A6C7 轿车 4 个门控单元的代号分别是 ＿＿＿＿、＿＿＿＿、＿＿＿＿、＿＿＿＿。

二、选择题

1）中央控制门锁一般采用永磁电动机控制单元通过改变电动机的（　　）使连接杆上下运动控制锁块关闭或打开。

　　A. 电流大小　　　B. 电流方向　　　C. 电压　　　D. 电阻

2）奥迪 A6C7 关闭天窗时，开关接通时关闭继电器中的磁化线圈中有电流，接触点有（　　）个闭合。

　　A. 1　　　B. 2　　　C. 4

3）奥迪 A6L（C7）电动门窗升降器的传动机构是哪种方式？（　　）

　　A. 绳轮式　　　B. 交叉臂式　　　C. AB 都是　　　D. AB 都不是

项目八 汽车空调

学习任务一 检修汽车空调制冷系统

> **情境引入**
>
> **故障现象**：一辆 2016 年一汽-大众捷达轿车行驶 12 830km，空调制冷效果不好。
>
> **原因分析**：首先检查故障车，冷凝器散热良好。用压力表测量压力值，测量条件：发动机转速为 1 500~2 000r/min，环境温度为 25~30℃。测量实际压力，低压侧压力为 0.33MPa，高压侧压力为 1.1MPa；正常系统压力，低压侧压力为 0.15~0.25MPa，高压侧压力为 1.2~1.5MPa。低压侧压力明显高于正常值，更换膨胀阀后试车故障依旧，最后更换压缩机后试车，故障排除。汽车空调系统低压过高、高压过低，一般由压缩机输出功率降低所致，因此该空调系统故障的主要原因是由于压缩机压力不足导致空调制冷不良。

学习目标

1) 了解汽车空调的功能。
2) 熟悉汽车空调系统的组成。
3) 熟悉汽车空调系统的制冷原理。
4) 熟悉汽车空调制冷系统各主要部件的作用、结构。

人在一定的环境温度及湿度下，会感到舒适，作为主动安全的组成部分，驾驶人的状态是影响其驾驶能力的一个重要因素。车内气候对驾驶人无疲劳驾驶，以及驾驶的安全性都有直接的影响。舒适的车内温度取决于环境温度和足够的空气流动，如图 8-1 所示。

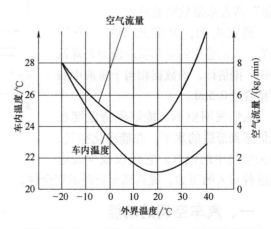

图 8-1 环境温度和空气流动对舒适度的影响曲线图

即使有先进的暖气和通风系统,也很难在外界温度很高的情况下让车内维持一个舒适的温度,如图 8-2 所示,这是为什么?

1)特别是在强烈的阳光下,被加热的车内空气只能通过环境温度进行交换。

2)在行驶途中,空气温度由进风口到出风口,温度通常是上升的。

3)为了更加舒适而开启车窗、车顶天窗或加大风扇的转速,通常会给乘客带来另外的不适,如干燥、暴露在噪声、废气排放和污染中。

另外,高的大气湿度也会使人处于高度紧张中。

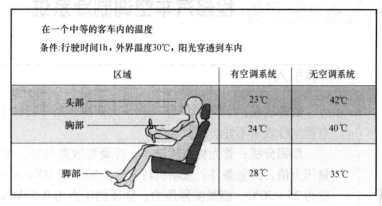

图 8-2 没有空调系统的车内各空间温度

WHO(世界卫生组织)所进行的研究表明,当人处于压力之下,其注意力和反应能力都将受到影响,而热会给人体带来压力。

对驾驶人来说,最佳的温度是 20~22℃,这相当于图 8-3 中的"气候负载 A":"舒适范围"。强烈的阳光可以使车内的温度比外界的温度升高 15℃ 以上,特别是头部区域,这是"热"所带来最危险的地方。

研究表明,温度从 25℃ 上升到 35℃,人的感应知觉和反应能力要降低 20%。据估计,该数据相当于血液中的酒精含量 0.5mL。

人们发明空调,能够保持温度在人们感到舒适的水平,并能净化空气、除去空气中的潮气。它可以减少或消除这种对人的压力,提高驾车行驶的安全性。

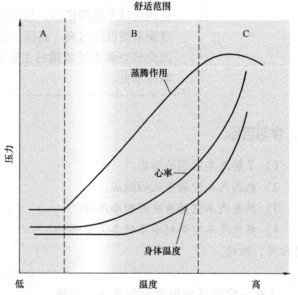

图 8-3 温度对驾驶人舒适度的影响

一、汽车空调的功能

汽车空调即车内空气调节,包括对车内温度、湿度及空气清洁度等进行调节控制。汽车空调的功能如下。

1. 调节车内温度

车内温度是指车内空气的冷热程度。为给乘员创造适宜的车内温度环境，在寒冷的冬季利用采暖装置提高车内的温度，而在炎热的夏季则利用制冷装置来降低车内温度。

2. 调节车内湿度

车内湿度是指车内空气中所含水蒸气量的多少。车内湿度过小（或过大）会使乘员感觉干燥（或闷热）。人体感觉最舒适的相对湿度为30%~70%，因此汽车空调的湿度参数要求控制在此范围内。

3. 调节车内空气速流

空气的流速和方向对人体舒适性的影响很大。空气流速稍大，有利于夏季人体的散热，但会影响冬季人体的保温；过大的风速直接吹到人体上也会令人感觉不舒服。车内空气流速以夏季不超过0.5m/s、冬季不超过0.3~0.35m/s为宜。

4. 调节车内空气清洁度

车内空间小，乘员密度大，极易出现缺氧和二氧化碳浓度过高的情况；发动机废气和道路上的粉尘等也会造成车内空气污浊，影响乘员的身体健康。因此，汽车空调装置上一般都设有进风门、排风门、空气过滤装置和空气净化装置。

二、汽车空调系统的组成

汽车空调系统一般由制冷系统、加热系统、通风系统、操纵控制系统及空气净化系统组成。

1. 制冷系统

制冷系统的作用是对车内或由外部进入车内的新鲜空气进行冷却或除湿，使车内空气变得凉爽、舒适。

2. 加热系统

加热系统的作用是对车内或由外部进入车内的新鲜空气进行加热，达到取暖、除霜的目的。

3. 通风系统

通风系统的作用是将车外的新鲜空气引入车内，起到通风和换气的作用。

4. 操纵控制系统

操纵控制系统的作用是对制冷系统、加热系统及通风系统的工作进行控制，同时对车内的空气温度、风量、流量进行调节，以保证空调系统正常工作。

5. 空气净化系统

空气净化系统的作用是对车内空气中的尘埃、臭味、烟气等进行过滤，以保证车内空气清洁。

三、汽车空调系统的分类

1. 按功能分类

汽车空调系统按功能的不同可分为单一功能和组合式两种。

1) 单一功能。它是指冷、暖风各自独立自成系统，一般用在大、中型客车上。
2) 组合式。它是指冷、暖风共用一个鼓风机，一套操纵机构。这种结构又分为冷、暖风同时工作和冷、暖风分别工作两种,多用在轿车上。

2. 按驱动方式分类

汽车空调系统按驱动方式的不同可分为非独立式和独立式两种。

(1) 非独立式汽车空调系统

非独立式汽车空调系统的制冷压缩机由汽车本身的发动机驱动,汽车空调系统的制冷性能受汽车发动机工况的影响较大,工作稳定性较差,尤其是在低速时制冷量不足而在高速时制冷量过剩,并且消耗发动机的功率较大,影响发动机的动力性。这种类型的汽车空调系统一般多用在制冷量相对较小的中、小型汽车上。

(2) 独立式汽车空调系统

独立式汽车空调系统的制冷压缩机由专用的空调发动机驱动,故汽车空调系统的制冷性能不受汽车发动机工况的影响,工作稳定、制冷量大,但由于加装了一台制冷用的发动机(也称为副发动机),不仅增加了成本,而且使汽车的体积和质量也增加了。这种类型的汽车空调系统多用在大、中型客车上。

四、制冷剂与冷冻润滑油

1. 制冷剂

目前,汽车空调制冷系统使用的制冷剂通常有 R1234yf 和 R134a 及 R744 等,其中,英文字母 R 是 Refrigerant(制冷剂)的简称,数字代号使用的是美国制冷工程师学会(ASRE)编制的代号系统。

(1) 制冷剂 R134a 的特性

制冷剂 R134a 的物理和化学特性见表 8-1。

表 8-1 制冷剂 R134a 的物理和化学特性

化学分子式	CH_2FCF_3
沸点(0.1MPa 时)	-26.5℃
凝固点	-101.6℃
临界温度	100.6℃
临界压力	4.056MPa
易燃性	不可燃
状态	压缩液化气体
颜色	无色
气味	无臭
全球变暖潜值(GWP)⊖	1400

制冷剂 R134a 的分子式为 CH_2FCF_3,是卤代烃类制冷剂中的一种。R134a 制冷剂具有无色、无臭、不燃烧、不爆炸、基本无毒的特性。但是采用制冷剂 R134a 在润滑油等的作用下,会产生酸、二氧化碳或一氧化碳,将对金属产生腐蚀作用,或产生"镀铜"作用,因此 R134a 对系统的干燥和清洁要求比较高。

(2) 制冷剂 R1234yf 的特性

制冷剂 R1234yf 的物理和化学特性见表 8-2。

⊖ 一种材料的温室效应潜力或英语名称 Global Warming Potential(GWP)描述了它对温室效应的影响,指的是这种材料对地球大气升温的潜在贡献。作为依据和参考值,将二氧化碳(CO_2)的 GWP 数值规定为 1。GWP 数值越小,则温室效应越小,因此对环境的影响也就越小。

表8-2 制冷剂 R1234yf 的物理和化学特性

化学分子式	$CF_3CF=CH_2$
化学名称	2,3,3,3-四氟-1-丙烯,HFO-1234yf
沸点（0.1MPa 时）	-29.4℃
凝固点	-152.2℃
临界温度	94.7℃
临界压力	3.282MPa（过压） 3.382MPa（绝对压力）
自燃温度	405℃，在 10.2MPa（绝对压力）时
易燃性	易燃气体 爆炸下限 6.2%（体积），爆炸上限 12.3%（体积）
形状	压缩液化气体
颜色	无色
气味	软弱的固有气味

该制冷剂在蒸气和液体状态下同水一样是无色的，气态时是不可见的，只有气体和液体之间的交界层是看得见的（加注缸立管内的液位或视孔玻璃内的气泡）。在视孔玻璃中制冷剂 R1234yf 液体可能是有色的（乳白色），出现这种混浊现象的原因是冷冻润滑油部分溶解在其中，因此并不表明有问题。

该制冷剂几乎无味，如果制冷剂 R1234yf 溢出，根据环境条件可以通过类似醚类的轻微气味来判断。

纯净的制冷剂 R1234yf 化学性能稳定，不会侵蚀铁、铝和对应研发且适用的塑料，但是制冷剂内的杂质可能会侵蚀和损毁制冷剂回路部件。不适合的材料（例如并非为制冷剂 R1234yf 和所使用的冷冻润滑油研发的密封件和软管）可能也会被纯净的制冷剂 R1234yf 或冷冻润滑油侵蚀并将其损坏。但是，受到例如氯化物污染或紫外线影响而导致的制冷剂杂质会让金属和专为该制冷剂和配套冷冻润滑油研发并已经检验的塑料被侵蚀，这会导致堵塞、泄漏，或者空调压缩机柱塞上有沉积物。某些金属也会被制冷剂 R1234yf 侵蚀，例如精细分散的铝、锌、镁。

（3）制冷剂 R744 的特性

制冷剂 R744 的物理和化学特性见表 8-3。

表8-3 制冷剂 R744 的物理和化学特性

化学分子式	CO_2
化学名称	二氧化碳
0.1MPa（绝对压力）下的沸点	-78.7℃
凝固点	-56.6℃
三态点	0.518MPa（绝对压力）下为 -56.6℃
临界温度	31.1℃
临界压力	7.38MPa（绝对）
纯度（针对奥迪制冷剂回路）	大于 99.995%
易燃性	不可燃
形状	压缩液化气体
颜色	无色
气味	自身无味

制冷剂 R744 是一种天然制冷剂（二氧化碳 CO_2），因此与其他制冷剂（气体）相比对大气的负面影响要小许多。这种天然制冷剂不含有害物质，因此允许排放到大气中。作为制冷剂，R744 使用的二氧化碳大多由天然渠道或者通过净化不同化学过程或石油/天然气加工而产生的废气获得。

2011 年 1 月 1 日之后，只有空调器制冷剂回路中加注 GWP 值小于 150 的制冷剂时，车辆才能获得新的型式认证。制冷剂 R744 的 GWP 值约为 1，显著低于规定值 150。

自 2014 年以来，新生产汽车的空调器使用的制冷剂逐步从 R134a 改为 R1234yf。该制冷剂的 GWP 值（全球变暖潜能值）约为 4，而制冷剂 R744（二氧化碳）的 GWP 值为 1，因此它对地球大气的负面影响大幅低于 GWP 值约为 1400 的制冷剂 R134a，也低于 GWP 值约为 4 的制冷剂 R1234yf。

制冷剂 R744（二氧化碳 CO_2）会在任何燃烧过程中产生。制冷剂 R744 的 GWP 值（全球变暖潜能值）被规定为"1"。因此，在对温室效应带来的影响上，制冷剂 R134a 约是其1400 倍，制冷剂 R1234yf 约是其 4 倍，甲烷或丁烷约是其 23 倍。

纯净的制冷剂 R744 化学性能稳定，不会侵蚀铁、铝和对应研发且适用的塑料。如果制冷剂 R744 不纯净，例如含有水和氯化物，那么会导致某些金属和塑料被侵蚀，这会导致堵塞、泄漏，或者空调压缩机柱塞上有沉积物。镁等某些强还原剂作用的非贵金属会与二氧化碳发生反应，形成碳和金属氧化物。

不适合的材料（例如并非为制冷剂 R744 和所使用的冷冻润滑油而研发的密封件和软管）可能也会被纯净的制冷剂 R744 或冷冻润滑油侵蚀并损坏，但氯化物等制冷剂污物会使金属以及专为该制冷剂和配套冷冻润滑油研发并检验的塑料被侵蚀，这会导致堵塞、泄漏，或者空调压缩机柱塞上有沉积物。

2. 冷冻润滑油

在空调系统中需要一种不含诸如硫黄、蜡以及水分等杂质的专用润滑油——冷冻润滑油，用以润滑运动部件。

（1）冷冻润滑油的作用和特性

冷冻润滑油也叫冷冻油，是制冷压缩机的专用润滑油。它保证压缩机正常运转，可靠工作和延长使用寿命。冷冻油具有以下作用。

1）润滑作用。压缩机是高速运转的机器，轴承、活塞、活塞环、曲轴、连杆等机件表面需要润滑，以减少阻力和磨损，延长使用寿命，降低功耗，提高制冷系数。

2）密封作用。汽车使用的压缩机传动轴需要油封来密封，以防止制冷剂泄漏。有润滑油，油封才起密封作用。同时，活塞环上的润滑油不仅起减摩作用，而且起密封压缩机蒸汽的作用。

3）冷却作用。运动的摩擦表面会产生高温，需要用冷冻油来冷却。冷冻油冷却不足，会引起压缩机温度过热，排气压力过高，降低制冷系数，甚至烧坏压缩机。

4）降低压缩机噪声。

（2）空调制冷系统对冷冻油的性能要求

冷冻油在空调制冷系统中完全溶于制冷剂，并随制冷剂一起在制冷系统中循环，因此冷冻油工作在高温与低温交替的条件下。为保证其工作正常，对冷冻油提出以下性能要求。

1）冷冻油的凝固点要低，在低温下具有良好的流动性。若冷冻油的低温流动性差，则冷冻油会沉积在蒸发器内影响制冷能力，或凝结在压缩机底部，失去润滑作用而损坏运动部件。

2）冷冻油的黏度受温度的影响要小。当温度升高或降低时，其黏度随之变小或增大。与冷冻油完全互溶的制冷剂会使冷冻油变稀，因此应选用黏度较高的冷冻油；但黏度也不宜过高，否则需要的起动转矩增大，压缩机起动困难。

3）冷冻油与制冷剂的溶解性能要好。在汽车空调制冷系统中，制冷剂与润滑油是混合在一起的。当制冷剂流动时，润滑油也随之流动，这就要求制冷剂与润滑油能互溶。若二者不互溶，润滑油就会聚集在冷凝器和蒸发器的底部，阻碍制冷剂流动，降低换热能力。由于润滑油不能随制冷剂返回压缩机，所以压缩机会因缺油而加剧磨损。

4）冷冻油要具有较高的热稳定性，即在高温下不氧化、不分解、不结胶、不积炭。

5）冷冻油应无水分。若冷冻油中的水分过多，则会在膨胀阀节流口处结冰，造成冰堵，影响系统制冷剂的流动。同时，冷冻油中的水分会使冷冻油变质分解，腐蚀压缩机材料。

（3）冷冻油的牌号

按黏度的不同，国产冷冻润滑油的牌号有15号、22号、32号和46号4种，牌号越大，其黏度也越大。进口冷冻润滑油有 SUNISO 3GS、SUNISO 4GS、SUNISO 5GS 3 种牌号。目前，汽车空调制冷系统通常选用国产22号和32号冷冻润滑油，或进口 SUNISO 5GS 冷冻润滑油。不同的制冷剂须使用专用冷冻润滑油，否则会导致空调失灵、部件损坏。

五、制冷循环

汽车空调制冷系统采用蒸汽压缩式制冷方式，即利用液态制冷剂气化时吸收周围的热量而对周围产生制冷效应。不同车型汽车的空调制冷系统虽有所不同，但都是由压缩机、蒸发器、膨胀节流装置、储液干燥器、高/低压管路、鼓风机及控制电路等组成，如图8-4所示。

汽车制冷系统工作时，发动机驱动空调压缩机工作，在空调压缩机的作用下制冷剂在制冷系统内进行循环，如图8-5所示。其工作过程如下。

1. 压缩过程

压缩机吸入来自蒸发器的低温、低压气态制冷剂，将其压缩成高温、高压气态制冷剂，然后排出压缩机到冷凝器。

2. 冷凝过程

来自压缩机的高温、高压气态制冷剂进入冷凝器后，经过冷凝器的冷凝变成高温、高压液态制冷剂。

3. 节流膨胀过程

高温、高压液态制冷剂通过膨胀阀后体积变大，压力和温度急剧下降，以雾状（细小液滴）形式进入蒸发器。

4. 蒸发过程

雾状制冷剂进入蒸发器后，因制冷剂的沸点远低于蒸发器内的温度，雾状制冷剂迅速蒸发成气态制冷剂。制冷剂在蒸发过程中吸收蒸发器外部的热量，使蒸发器表面的温度迅速下降，而后低温、低压气态制冷剂又进入压缩机，开始下次循环。

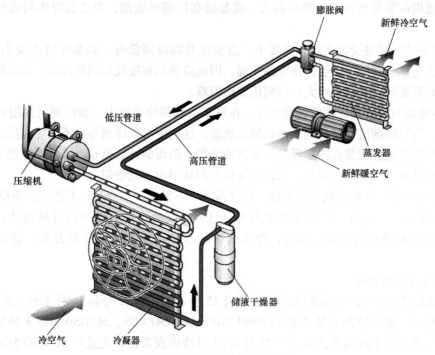

图 8-4 制冷系统的基本组成

六、空调制冷系统的主要部件

1. 压缩机

压缩机是空调制冷系统的主要部件之一，其功用是：一方面维持制冷剂在系统中的循环流动；另一方面对低温、低压气态制冷剂进行加压，使之超过冷凝器外界大气的温度和压力，以便在冷凝器中向外界大气放热，并形成液态制冷剂。

轿车空调制冷系统的压缩机一般由汽车发动机驱动，其结构形式有很多种，目前斜盘式压缩机和翘板式压缩机应用得较广。

（1）斜盘式压缩机

斜盘式压缩机又称为回转斜盘式压缩机，该压缩机具有工作可靠、结构紧凑、体积小、质量轻等优点，其工作原理如图 8-6 所示。

斜盘式压缩机采用往复式双头活塞，依靠斜盘的旋转运动使双头活塞获得轴向的往复运动。双头活塞中间开槽与斜盘装合，因此可由斜盘驱动其在前、后两个气缸内作往复运动。压缩机主轴和斜盘旋转一周时，双头活塞在前、后两个气缸内往复运行两个行程。活塞向前移动时，前气缸进行压缩行程，后气缸则进行吸气行程；反向时，前后两个气缸的作用互相对调。回转斜盘式压缩机的气缸数为双数，常见的有 6 缸和 10 缸；各气缸沿圆周方向，前后成对均匀布置，各气缸均装有进、排气阀，各气缸的进气腔和排气腔分别通过管路连通。

（2）翘板式压缩机

翘板式压缩机具有结构紧凑、工作平稳、质量轻的特点。各气缸以压缩机轴线为中心均匀布置，各气缸的轴线与输入轴的轴线相互平行。活塞与翘板用连杆和球形万向节连接，以

项目八 汽车空调　231

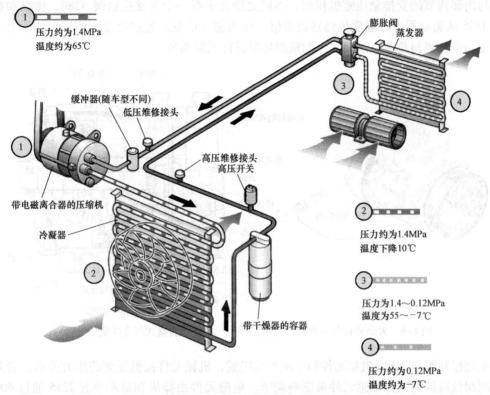

图 8-5　制冷系统循环工作示意图

协调活塞与翘板的运动。翘板中心用钢球定位，并用一对齿轮限制翘板只能左右摆动而不能转动。由于斜盘与翘板的接触面为斜面，所以当压缩机工作时，主轴带动斜盘一起转动，翘板则以定位钢球为中心做摇摆运动，并通过连杆带动活塞在气缸内做往复直线运动。其工作原理如图 8-7 所示。

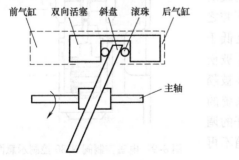

图 8-6　斜盘式压缩机的工作原理

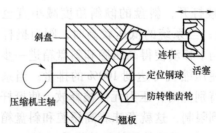

图 8-7　翘板式压缩机的工作原理

(3) 斜盘式可变排量压缩机

空调压缩机的动力由发动机提供，从节约汽车发动机的动力提高驾乘舒适性方面考虑，出现了变排量压缩机。变排量压缩机有排量固定变化式和连续变化式两种。下面主要介绍排量连续变化式空调压缩机。

图 8-8 所示为大众公司装备的日本电装公司生产的外控斜盘式可变排量压缩机。其工作

原理与内部调节的变排量压缩机相似，不同之处在于有一个电磁控制阀 N280，操纵和显示单元 J255 从蒸发器出风温度传感器获得信号作为输入信息，通过改变压缩机内的压力比例来改变斜盘的倾斜角度，从而对压缩机的功率进行无级调节。

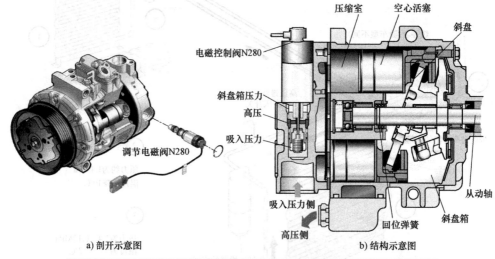

图 8-8 大众公司装备的日本电装公司生产的外控斜盘式可变排量压缩机

电磁控制阀 N280 由机械元件和电磁单元组成，机械元件按低压侧的压力关系，借助位于控制阀低压区的压力敏感元件来影响调节。电磁元件由操纵和显示单元 J255 通过 400Hz 的通断频率进行控制。

图 8-9 所示为电磁控制阀 N280 控制示意图。在无电流的状态下，阀门开启，高压腔和压缩机斜盘箱相通，高压侧压力 B 和斜盘箱压力 A 达到平衡；全负荷时，阀门关闭，斜盘箱和高压腔之间的通道被隔断，斜盘箱压力 A 下降，斜盘的倾斜角度加大直至达到 100% 的排量；关掉空调或所需的制冷量较低时，阀门开启，斜盘箱和高压腔之间的通道被打开，斜盘的倾斜角度减小直至低于 2% 的排量；当系统的低压较高时，阀门挺杆被松开，继续向下移动使得高压腔和斜盘箱进一步被隔离，从而使压缩机可达到 100% 的排量；当系统的吸气压力特别低时，压力元件被释放，使挺杆的调节行程受到限制，这就意味着高压腔和斜盘箱不再能完全被隔断，从而使压缩机的排量变小。

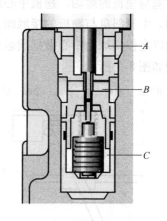

图 8-9 电磁控制阀 N280 控制示意图
A—斜盘箱压力　B—高压侧压力　C—低压侧压力

外部调节变排量压缩机采用了新结构带轮。带盘由带轮和从动盘组成，通过一橡胶元件将带轮和从动盘有力地连接起来，如图 8-10 所示。当压缩机因损坏而卡死时，从动盘和带轮之间的橡胶元件的传递力急剧增大，带轮在旋转方向将橡胶元件挤压到卡死的从动盘上，橡胶元件产生变形进而对从动盘产生的压力增大，从动盘随之产生变形直至从动盘和带轮之间脱离连接，从而避免了传动带的损坏，如图 8-11 所示。

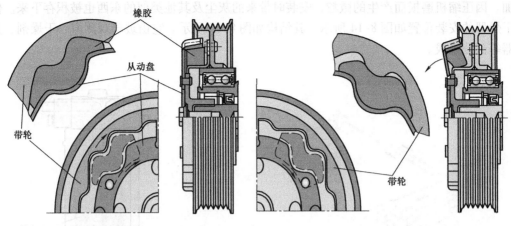

图 8-10 压缩机正常工作　　　　　　图 8-11 压缩机抱死

通过带轮上的橡胶磨损可识别压缩机是否已抱死。如果橡胶发生磨损，则带轮的过载保护触发。通过对运转中的发动机进行仔细观察，可以判定带轮仍在转动，但从动盘已停止。

2. 冷凝器

冷凝器是热交换装置，通常设置在发动机散热器前面，一般采用铝材料制造。冷凝器有管片式和管带式两种，如图 8-12 所示。空调系统工作时，从压缩机出来的高温、高压气态制冷剂流过冷凝器时，在外部空气的冷却作用下，高温、高压气态制冷剂变成了高温、高压液态制冷剂，如图 8-13 所示。

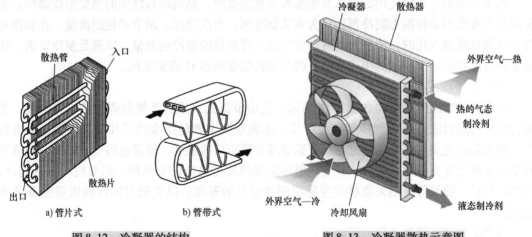

　　a) 管片式　　　　　b) 管带式

图 8-12 冷凝器的结构　　　　　　图 8-13 冷凝器散热示意图

3. 储液干燥器

储液干燥器的全名为储液干燥过滤器。它安装在冷凝器与膨胀阀之间，主要作用是储存制冷剂，作为制冷剂的膨胀容器，过滤杂质，吸收水分。因为工作条件诸如蒸发器和冷凝器的热负载，以及压缩机转速不同，不同数量的制冷剂被压到回路中，所以在管路中集成了液体容器，以补偿这一波动。

储液干燥器还能够消除安装时进入到制冷剂回路中的化学潮气。干燥剂根据不同的型号能吸收 6~12g 的水分，所吸收的水分数量与温度有关。当温度下降时，所吸收的水分数量增加。因压缩机磨损而产生的微粒，安装时带来的灰尘及其他类似的东西也被积存下来。储液干燥器的安装位置如图8-14所示，其结构如图8-15所示。它由玻璃观测窗、干燥剂、过滤器等部分组成。

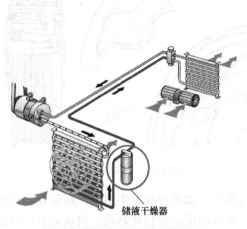

图8-14 储液干燥器的安装位置

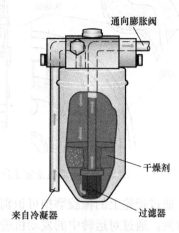

图8-15 储液干燥器的结构

一旦空调系统被打开，储液干燥器必须被更换。在安装前，干燥器必须尽可能保持关闭，以防止外界空气中的潮气吸到干燥器中。

4. 膨胀阀

汽车空调制冷系统使用的膨胀节流装置简称膨胀阀，是制冷系统中的重要组成部件。膨胀阀的主要作用是将液态制冷剂转化为雾状制冷剂，节流降压，调节和控制流量。在制冷负荷和压缩机转速变化时，膨胀阀能自动调节进入蒸发器的制冷剂流量，以满足制冷要求，保证车内温度稳定。膨胀阀的主要类型有内平衡式膨胀阀和H形膨胀阀。

（1）内平衡式膨胀阀

内平衡式膨胀阀的结构如图8-16所示。它由节流孔、感温系统和调节机构等组成。节流孔的作用是对液态高压制冷剂节流降压。感温系统主要包括金属膜片、毛细管、感温包等。感温包内充满气体，它通过毛细管感应蒸发器出口的温度，感温包内气体的压力随蒸发器出口温度变化而变化，并将这种变化通过金属膜片传递给调节机构。调节机构包括阀体、阀座、顶杆、弹簧等，用来直接改变膨胀阀节流孔的开度，以实现对制冷剂流量的调节和控制。

内平衡式膨胀阀的工作原理如下。

感温包内气体的压力作用在金属膜片上，而金属膜片下面承受经阀芯和顶杆传来的弹簧力与平衡压力（节流后的制冷剂压力）共同作用，阀芯直接控制节流孔的开度。当金属膜片受力平衡时，金属膜片的位置、阀芯的位置、节流孔的开度均固定。当蒸发器出口温度过高时，感温包内的气体作用在金属膜片上方的压力增大，使金属膜片、顶杆、阀芯向下移动，节流孔开度增大，使进入蒸发器的制冷剂流量增加，制冷量也相应地增加；反之，当蒸发器出口温度较低时，节流孔开度减小，进入蒸发器的制冷剂流量减小，制冷量也相应地减少。由于平衡压力是膨胀阀内部将节流后的制冷剂引至金属膜片下方产生的，所以称之为内平衡式膨胀阀。

（2）H形膨胀阀

H形膨胀阀又称为整体式阀，因其内部制冷剂通道为H形而得名。H形膨胀阀安装在蒸发器的进、出口之间。H形膨胀阀的结构如图8-17所示，在H形膨胀阀进口通道中设有一个球阀控制的节流孔，节流孔的开度由球阀弹簧和感温器控制。当蒸发器出口的温度升高时，感温器内的气体压力增大，膜片向下移动，通过推杆推动球阀克服弹簧力向下移动，节流孔开度增大，进入蒸发器的制冷剂流量增加，制冷量也随之增加；反之，当蒸发器出口温度下降时，感温器内气体的压力下降，在弹力作用下球阀向上移动，节流孔开度减小，进入蒸发器的制冷剂流量减小，制冷量也随之减小。

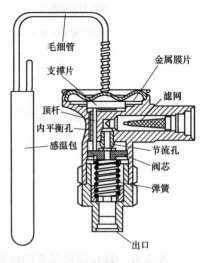

图8-16 内平衡式膨胀阀的结构

5. 蒸发器

汽车空调蒸发器属于直接风冷式结构，是制冷系统中的重要部件之一。制冷系统工作时，来自膨胀阀的低压雾状制冷剂通过蒸发器时，吸收蒸发器周围空气的热量，从而达到降低车内温度的目的，同时低压雾状制冷剂变为低压气态制冷剂，并回到压缩机，如图8-18所示。

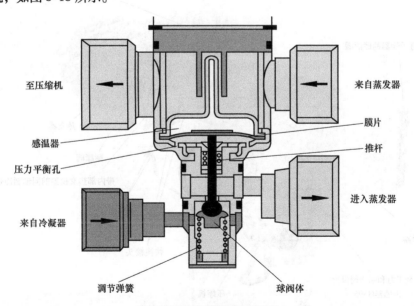

图8-17 H形膨胀阀的结构

6. 制冷剂循环管路

由于汽车空调的各部件总成一般分散安装在汽车的各个部位，汽车空调管路将这些部件总成连接起来，组成一套完整的汽车空调系统。如果压缩机是空调系统的心脏，汽车管路就是空调系统的血管。汽车空调管路一般由铝管、空调胶管及其他管路附件组成。

制冷剂油与R134a制冷剂的混合物腐蚀某些金属（例如铜）及合金，并分解特定的软管材料，因此要使用原厂配件。管道与软管是通过螺栓连接或特殊的插头连接在一起的。

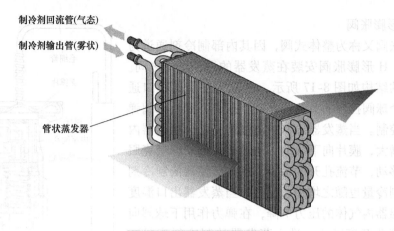

图 8-18 蒸发器吸热示意图

现在有一种叫同轴导管的空调管路逐渐开始用在空调制冷系统中。使用同轴导管的空调系统，如图 8-19 所示。空调管路共有两条：一条是接自冷凝器的高压管路，另外一条是回到压缩机的低压管路。它们在同轴导管首端通过快换接头进行连接。膨胀阀位于同轴导管的另一端。

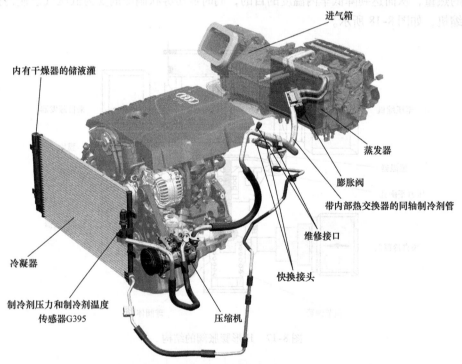

图 8-19 奥迪 Q5 空调管路连接示意图

如图 8-20 所示，同轴导管是一条制冷导管，其结构是"管中管"的形式。在这条制冷剂管路中，低压管路与高压管路在空间上相互分隔。制冷剂经由外部管路流入膨胀阀，然后经由内部管路从膨胀阀流回空调压缩机。通过这种方式，这两个制冷导管就可以形成一个内部换热器。这种设计在提高设备效率的同时还降低了油耗。

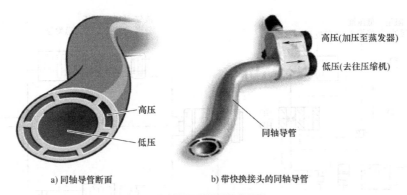

a) 同轴导管断面　　　　b) 带快换接头的同轴导管

图 8-20　同轴制冷导管

七、汽车空调制冷系统的分类

汽车空调制冷系统工作时，由于制冷剂在蒸发器内蒸发吸热，使蒸发器周围空气中的相对湿度随蒸发器温度的降低而增加，这时若蒸发器外表温度又降至 0℃ 以下，蒸发器外表凝结的水分将结霜甚至发生结冰，影响制冷系统的正常工作。防止蒸发器表面结霜是汽车空调制冷系统必须具备的功能，这一功能可通过控制蒸发器表面温度的方法来实现。根据控制蒸发器表面温度的方法不同，汽车空调可分为两大类：蒸发器压力控制的制冷系统和离合器控制的制冷系统。汽车空调制冷系统分类如下。

$$\text{汽车空调制冷系统} \begin{cases} \text{蒸发器压力控制的制冷系统} \\ \text{离合器控制的制冷系统} \begin{cases} \text{膨胀阀式制冷系统} \\ \text{孔管（CCOT）式制冷系统} \end{cases} \end{cases}$$

离合器控制的制冷系统一般用在经济型中级轿车上。制冷系统工作时，利用离合器控制压缩机的工作。压缩机离合器电路由空调开关、温控开关、压力开关等控制元件共同控制。根据膨胀节流装置的结构，离合器控制的制冷系统又可分为膨胀阀式制冷系统和孔管式制冷系统。

1. 膨胀阀式制冷系统

如图 8-21 所示，膨胀阀安装在蒸发器与储液干燥器之间，其作用一是用来使制冷剂雾化，另一个作用是控制进入蒸发器的制冷剂量。当蒸发器表面温度较高时，膨胀阀的开度较大，有较多的制冷剂进入蒸发器，制冷系统的制冷量也较大；反之，当蒸发器表面温度较低时，膨胀阀的开度也较小，进入蒸发器的制冷剂流量减小，制冷系统的制冷量也减小。膨胀阀按其结构的不同，也可分为热力膨胀阀、H 形膨胀阀等，热力膨胀阀又分为内平衡式与外平衡式两种。

2. 孔管（CCOT）式制冷系统

孔管（CCOT）式制冷系统的工作原理与膨胀阀式制冷系统的工作原理基本相同。孔管式制冷系统如图 8-22 所示。在该制冷系统中用简单的节流孔管取代了结构复杂的膨胀阀。孔管的结构如图 8-23 所示。孔管的结构简单，不易损坏，但是只能起到节流降压作用，不能有效控制进入蒸发器的制冷剂流量。

孔管不能控制进入蒸发器的制冷剂流量，当压缩机高速运转时，蒸发器内的制冷剂有可能蒸发不彻底，因此在制冷系统低压侧安装了液气分离器，以使低压侧制冷剂气液分离，防止液态制冷剂进入压缩机而导致液击。液气分离器同时又具有干燥及过滤功能，其结构如图 8-24 所示。

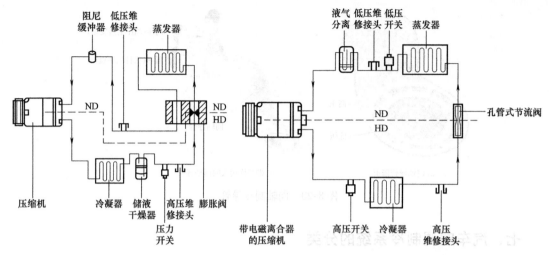

图 8-21 膨胀阀式制冷系统　　图 8-22 孔管（CCOT）式制冷系统

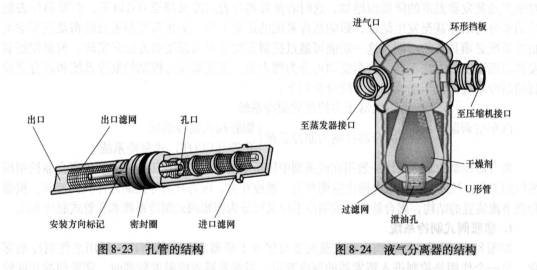

图 8-23 孔管的结构　　图 8-24 液气分离器的结构

液气分离器工作时，制冷剂从顶部进入容器，其中液态制冷剂沉入容器底部，而在顶部的气态制冷剂被吸出管引向压缩机。在容器底部的吸出管上有一个小孔，允许少量冷冻润滑油和少量液态制冷剂流回压缩机，以满足压缩机工作时的润滑需要。流回压缩机的少量液态制冷剂不会引起液击现象。

八、制冷系统控制元件

为保证制冷系统的正常工作，并使车内保持所需的温度，必须在制冷系统中设置自动控制装置。

1. 空调开关

空调开关是用于接通空调器的开关，控制电磁离合器建立空调和发动机之间的连接，如图 8-25 所示。

在自动控制系统中，散热风扇和鼓风机必须同时起动。在手动控制的系统中，必须将鼓风机切入到1档。

空调系统接通的信号被传递到发动机控制单元中，发动机的急速被提高（以补偿因为压缩机所带来的负载）。

该开关一般位于环境温度开关的后部，这保证空调系统在外界温度低于5℃时不能起动。

2. 电磁离合器

一般轿车制冷系统的压缩机都是通过电磁离合器与发动机曲轴带轮连接的。压缩机的起动或停止是由电磁离合器的分离或吸合来决定的。电磁离合器通常安装在压缩机前端，用来控制压缩机的停机和开机。它由空调（A/C）开关、恒温器、压力开关、空调放大器及温度开关等控制。

图8-25 空调开关

如图8-26所示，电磁离合器由带有轴承的带轮、带有轮毂的弹簧板、电磁线圈等组成。弹簧板上的轮毂安装在压缩机输入轴上。带轮安装在压缩机输出轴一端罩壳的轴承上，电磁线圈与压缩机罩壳相连接。在弹簧板与带轮之间有一个间隙A。

发动机通过带有加强筋的V带驱动带轮（箭头）。

当压缩机接通时，电磁线圈上有电压，就产生磁场。该磁场将弹簧板拉向转动的带轮（间隙A被消除），带轮带动压缩机的输入轴转动，压缩机开始工作（图8-26b）。压缩机一直运转直至电磁线圈的电路断开，弹簧板被收回，带轮继续运转，但不驱动压缩机输入轴（图8-26a）。

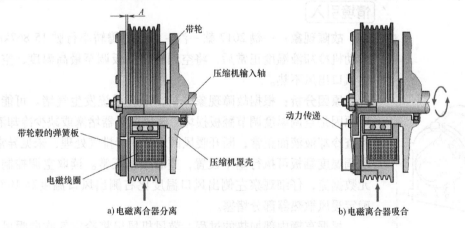

图8-26 电磁离合器的结构与工作原理

3. 压力释放阀

如图8-27所示，该阀（以前是破裂型密封件）直接安装在压缩机上。它在约3.8MPa的压力下开启，并当压力下降到3.0~3.5MPa时关闭。

根据型号的不同，也可以安装当阀升起就会破裂的塑料片。

当出现这种情况时，必须确定系统中超出压力的原因。只有在系统中的制冷剂完全释放完的情况下，才可以更换破裂式密封件。

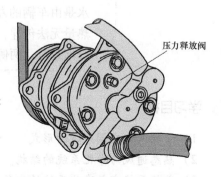

图8-27 压缩机上的压力释放阀

复 习 题

一、填空题

1）汽车空调系统的组成：_____、_____、_____、_____、_____。
2）目前，汽车空调制冷系统使用的制冷剂通常有_____和_____两种。

二、选择题

1）（　　）不属于空调制冷系统的部件。
   A. 蒸发器　　　　B. 冷凝器　　　　C. 暖风器　　　　D. 集液干燥器
2）蒸发器中制冷剂为（　　）。
   A. 高压气态　　　B. 高压液态　　　C. 低压液态　　　D. 低压气态
3）汽车通风系统的通风方式为（　　）。
   A. 自然通风　　　B. 强制通风　　　C. 顶面通风法　　D. A和B

学习任务二　检修汽车空调的采暖与通风

情境引入

故障现象： 一辆2017款一汽–大众迈腾轿车行驶15 867km，发动机冷却液温度正常后，将空调控制面板调至最高温度，空调出风口出风不热。

原因分析： 根据故障现象分析，采暖系统发生气堵。可能故障原因是空调温度调节翻板损坏、暖风散热器堵塞或缺少冷却液。检查冷却液液面正常；断开暖风回水管进行排气处理，未见异常；空调温度翻板可执行基本设置，查看数据正常。读取空调控制单元数据流，仔细观察左侧出风口温度比右侧出风口温度高10℃，确定暖风散热器部分堵塞。

根据车辆内部加热的过程，鼓风机风扇将冷空气吹向暖风散热器后加热，而暖风散热器中的热水来自发动机冷却液，并且热水是由车辆的左侧流向右侧的。当暖风散热器内部完全堵塞时，热量无法传递，即车内空气无法加热；但是当暖风散热器发生部分堵塞时，两侧才会产生温度差异。更换暖风散热器，故障排除。

学习目标

1）了解汽车空调采暖的形式。
2）熟悉通风与净化系统的结构。
3）熟练更换空气净化系统的空气滤清器。

一、采暖系统的功用与类型

采暖系统也称为暖风系统。在汽车空调系统中，采暖是重要的功能之一，汽车空调采暖系统的功用有冬季取暖、调节车内温度及车窗玻璃除霜。

按热源的不同，可将常见的汽车空调采暖系统分为两种类型：余热式采暖系统与独立式采暖系统。

余热式采暖系统是利用发动机冷却液对车内空气进行加热。轿车内的空间小，取暖需要的热量也少，因此一般都装用余热水暖式采暖系统。

独立式采暖系统利用独立的热源对车内空气或送入车内的外部新鲜空气加热。独立热源通常是燃烧汽油、柴油或煤油等燃料的燃烧器。大型客车常采用独立式采暖系统。这里只介绍轿车用的余热式采暖系统。

二、余热水暖式采暖系统

1. 工作原理

余热水暖式采暖系统的工作原理如图 8-28 所示。发动机冷却液温度达到 80℃时，冷却系统中的节温器主阀门开启，使冷却液进行大循环。节温器和加热器之间装有一个热水阀（暖风水阀），需要采暖时，打开此热水阀，从发动机水套出来的热水流经节温器主阀门后，一部分流到供暖系统的加热器，另一部分流到散热器散热。进入加热器内的热水向加热器周围的空气传热，在鼓风机的作用下，车内或外部新鲜空气经过加热器后，冷空气变成了热空气，热空气再经通风管道的不同出风口被送入车内。

常见轿车的余热水暖式采暖系统通风管道风门布置如图 8-29 所示。通过调整风门可使暖风口吹入车内的热空气吹向人体足部或胸部，以保证驾驶人和乘客感觉舒适。除霜风门向风窗玻璃吹送热空气，以防止风窗玻璃结霜或结雾。

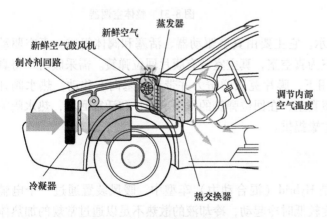

图 8-28 余热水暖式采暖系统的工作原理

图 8-29 常见轿车的余热水暖式采暖系统通风管道风门布置

2. 主要部件

（1）暖风机总成

采暖系统的主要部件是加热器和鼓风机，两者组合成一体称为暖风机总成。余热水暖式采暖系统中装用的暖风机分两种：单独暖风机和整体空调器。

单独暖风机主要由加热器、鼓风机和外壳等组成，如图 8-30 所示。加热器的构造与蒸发器的构造类似，也分为管翅式和管带式两种，使用的材料有铜和铝。采暖系统工作时，冷却液自下而上流过加热器，这样可防止空气或蒸汽存留在加热器内产生"气阻"。鼓风机实际上就是一个风扇，它由电动机驱动。

整体空调器采暖系统加热器与制冷系统蒸发器装在一个壳体内，共用一台鼓风机，两者用风门隔开，如图 8-31 所示。

（2）热水阀

热水阀安装在发动机与加热器之间的进水管中，用来控制加热器的热水通道。根据控制方式的不同，热水阀分为两种：拉绳控制阀和真空控制阀。

拉绳控制阀应用在手动空调系统中，由驾驶人通过温度选择开关来拉动拉绳，使热水阀开启或关闭。其结构如图 8-32 所示。

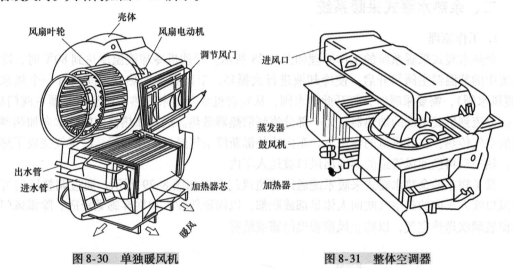

图 8-30　单独暖风机　　　　　　　图 8-31　整体空调器

真空控制阀的结构如图 8-33 所示。它主要由真空驱动器、活塞和阀体组成。真空驱动器的膜片左侧气室通大气，右侧气室为真空室，真空室装有膜片回位弹簧。需采暖时，将真空引至膜片右侧气室，在压差的作用下，膜片克服弹簧力并带动活塞向右移动，热水阀开启；停止采暖时，释放膜片右侧气室真空，在回位弹簧的作用下膜片和活塞回位，热水阀关闭。真空源可由发动机进气管或真空罐提供。

三、辅助加热装置

在带有柴油发动机的汽车或者是 Hybrid（混合动力）车型中，暖风装置通过一个电辅助加热装置支持。发动机在车外温度较低时冷起动，冷却液的散热不足以通过常规的加热体给车内供暖。为此，在空调器中安装了一个 PTC 供暖装置作为加热器，它将进入车内的空气通过车载电网中的电能加热，这样在冷起动后马上就有热能提供以便供暖，如图 8-34 所示。

PTC 是一个冷导体，它将电能转换为热能，再将热量传递到波纹件上，以便将进入车内的空气加热。

项目八 汽车空调　243

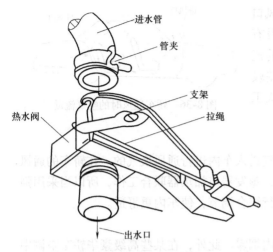

图 8-32　拉绳控制阀的结构

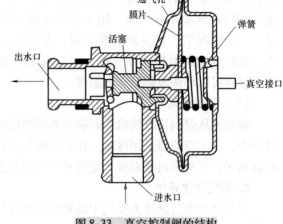

图 8-33　真空控制阀的结构

如图 8-35 所示,如果想要进行空气辅助加热,那么自动空调控制单元 J255 会将信息发送到舒适 CAN 总线上,这个信息会被网关控制单元 J533 转换成驱动 CAN 总线信号,被发动机控制单元 J623 所接收。

四、通风与空气净化系统

1. 通风系统

将新鲜空气送进车内,取代污浊空气的过程,称为通风。通风的目的是使车内空气符合一定的卫生标准,以保证驾乘人员的健康和舒适,通风还可起到调节车内温度的作用。

汽车空调的通风方式有动压通风和强制通风两种。

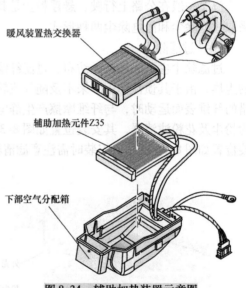

图 8-34　辅助加热装置示意图

图 8-35　辅助加热装置控制示意图

（1）动压通风

动压通风也叫作自然通风,是利用汽车行驶时空气对车身表面所产生的压力作为动力,按照车身表面压力分布规律,在车上适当的地方开设进风口和排风口,以实现车内的自然通风。

进风口应设置在汽车前部的正压区,并尽可能离地面高一些,以免汽车行驶时扬起的尘土进入车内;排风口应设在汽车车厢后部的负压区。

轿车通风时的空气流动如图 8-36 所示。进风口设置在车前窗玻璃的下部，而且在进风口处还设有进气阀门和内循环空气阀，用来控制新鲜空气的流量。一般情况下，在空调刚起动时，车内外温差较大，此时应该关闭外循环气道，采用内循环方式工作，这样可以尽快地降低车内温度。

图 8-36 轿车通风时的空气流动

（2）强制通风

强制通风是利用鼓风机强制将车外部新鲜空气送入车内进行通风换气的。在轿车的通风系统中，由于空调器采用冷暖一体化的配气方式，蒸发器与加热器联合工作，所以当采用强制通风时，可对车内的温度、湿度及空气净化进行综合调节，使车内更舒适。

2. 空气净化系统

空气净化主要是除去空气中的悬浮尘埃及车内烟雾。此外，在某些高级豪华轿车空调中还设有除臭和空气负离子发生装置。

汽车一般在公路上行驶，悬浮粉尘是其最大的污染。根据粉尘特性的不同，除尘净化可采取过滤除尘和静电除尘两种形式。

（1）过滤除尘

过滤除尘主要采用由无纺布、过滤纤维等组成的干式纤维过滤器对空气进行除尘。较大的尘埃，由于其惯性作用，来不及随气流转弯而碰在纤维孔壁上；微小颗粒，在围绕纵横交错的纤维表面运动时，与纤维摩擦产生静电作用，被纤维吸附在其表面。安装在乘员舱内的为粉尘及花粉滤清器，其安装位置如图 8-37 所示；安装在发动机舱内的为粉尘滤清器，安装位置如图 8-38 所示，安装时需注意滤清器侧面箭头所示空气流动方向。

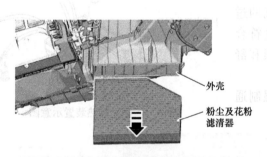

图 8-37 前排乘员侧脚部粉尘及花粉滤清器的安装位置

图 8-38 发动机舱内的粉尘滤清器

一些高端车型已开始使用带活性炭的滤清器，该滤清器除了起到粉尘及花粉滤清器的作用，它还可以将臭氧、苯、氮等从流经的空气中滤除。因为活性炭过滤层会持续吸附一部分有害物质微粒，在一定时间后会达到饱和，达到饱和的滤清器不能再吸附有害物质，对流经的有害物质不起阻挡作用，所以在空气污染严重的地区行车，有必要在规定期限之前更换粉尘及花粉滤清器。

（2）静电除尘

静电除尘是指利用高压电极产生高压电场，对空气进行电离，使尘粒带电，然后在电场作用下产生定向运动，沉降在正、负电极上，从而实现对空气的除尘。

静电式净化器的工作原理如图 8-39 所示。它由电离部、集尘部、活性炭吸附器 3 部分组成。电离部和集尘部可做成一体，也可以分开，它是静电式净化器的主要组成部分，总称为静电过滤器。静电过滤器和负离子发生器由高压发生器供给高压电。在电离部的电极之间施加高达 5kV 的高压电，使粉尘电离并带负电；带负电的粉尘在电场力作用下，向由正极板构成的集尘部移动。在集尘部，由于正极板外加高压正电，可将带负电的粉

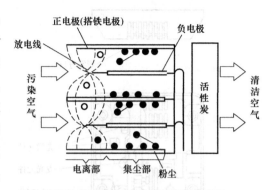

图 8-39 静电式净化器的工作原理

尘吸附。除去粉尘后的空气再用活性炭吸附，除去臭味及有害气体，净化后的空气被送至车内。

有些净化器还设有负离子发生器（空气改善系统），改善车厢内的空气品质，以利于人体健康。以奥迪为例，负离子发生器 2011 年用在了中国市场的奥迪 A8L（D4）上，现在中国市场上的加长型奥迪 A6L（C7）也可选装这个系统。这个空气改善系统是个电离器，安装在车辆右侧的 B 柱空气导管内，如图 8-40 所示。

该系统的作用就是改善车内的空气质量。该系统工作时不会有什么异味。

负离子发生器就是个空气清洁器，可以让乘员感觉舒适。在很小的电流但很高的电压作用下，两个电极之间产生了一个电流，这个电流穿过电极间的气隙，使气隙处的空气分子电离了，这个过程就产生了带负电的离子（阴离子）。车内的负离子越多，那么空气就越新鲜、干净，乘员感觉也就越舒适。

（3）净化烟雾

有些汽车在空调器内部设置了烟雾浓度传感器。当接通点火开关

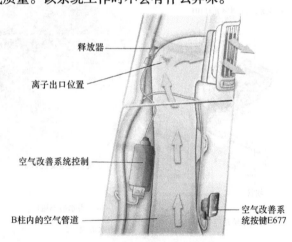

图 8-40 奥迪 A6L（C7）负离子发生器（空气改善系统）

并且空调开关处于 AUTO 方式时，烟雾浓度传感器开始检测烟雾，并将信号发送给空调控制单元，空调控制单元使后送风机在有烟雾时自动低速运转，没有烟雾时自动停止，保持车内空气清新。

烟雾浓度传感器的结构及工作原理如图 8-41 所示。它由发光元件、光敏元件及信号处理电路 3 部分组成。通过细缝的空气可以自由地流动，发光元件间歇地发出红外线，在没有烟雾的情况下，红外线射不到光敏元件上，电路不工作；当烟雾等进入传感器内部时，烟雾粒子对间歇的红外光进行漫反射，就有红外光射到光敏元件上，这时空调控制单元判断出车内有烟雾，就会使鼓风机旋转。

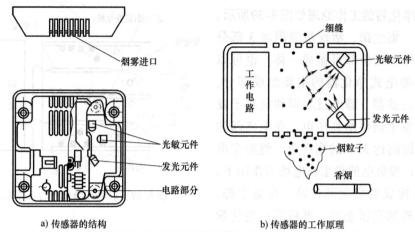

a) 传感器的结构　　　　　b) 传感器的工作原理

图 8-41　烟雾浓度传感器的结构及工作原理

五、香氛系统

奥迪 A8（D5）提供了两种不同的香氛，如图 8-42 所示，可以在夏季和冬季香氛之间进行选择。在行驶过程中，可以通过 MMI 显示屏、前部信息显示和操作系统控制单元的显示单元 J685 设置香氛选择以及香氛强度，同时显示了相应香氛的当前液位。

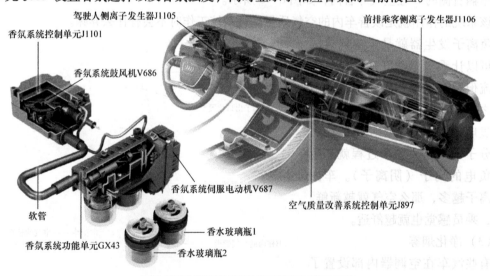

图 8-42　奥迪 A8（D5）香氛系统示意图

香气是由香氛系统功能单元 GX43 中的 2 个圆柱形小玻璃瓶提供。这个功能单元位于转向盘左侧，仪表板下面，通过一个小鼓风机将小玻璃瓶中溢出的香气输送到外侧前部的出风口中。此外，还可以选择不同的香味强度：稀薄、淡、中、高。在售后服务中，香水瓶作为备件提供。

六、汽车空调配气系统

1. 汽车空调的配气方式

汽车空调系统不仅能将新鲜空气引入车厢内，而且能将冷气、热风及新鲜空气有机地进行混合调节，形成冷暖适宜的气流并吹入车厢。配气系统常见的配气方式有以下几种。

(1) 空气混合式

空气混合式空调配气系统的组成及工作原理如图8-43所示。空气经过蒸发器后即变为冷空气，而冷空气经过加热器后变为热气，最后由出风口吹出的空气是冷空气和热空气的混合气体。风门的作用就是将经过蒸发器的冷空气分成两部分：一部分冷空气经过加热器后变为热空气；另一部分冷空气没经过加热器，仍然是冷空气。改变风门的位置可以改变冷空气与热空气的比例，即通过改变风门的位置来调节车内空气的温度。图8-43所示状态中所有的冷气都经过加热器处理，此时空调吹出的空气是最热空气。随着风门的顺时针转动，经过加热器的冷空气将逐渐减少，即热空气越来越少，吹向车内的混合气体的温度逐渐降低。

图8-43 空气混合式空调配气系统的组成及工作原理

空气混合式空调配气系统的工作过程为外界空气+车内空气→进入风机→进入蒸发器进行除湿降温→由风门调节进入加热器的冷气量→经加热器的冷气和没经加热器的冷气混合→从出风口吹入车厢。

(2) 全热式（再热式）

全热式空调配气系统的组成及工作原理如图8-44所示。

全热式空调配气系统的工作过程为外界空气+车内空气→进入风机→进入蒸发器进行除湿降温→全部进入加热器→从出风口吹入车厢。

在夏季时，可单独使用蒸发器进行降温；在冬季时，可单独使用加热进行采暖；在春秋雨季时，蒸发器与加热器可同时使用进行除湿加热。

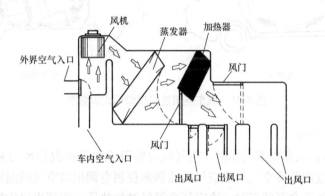

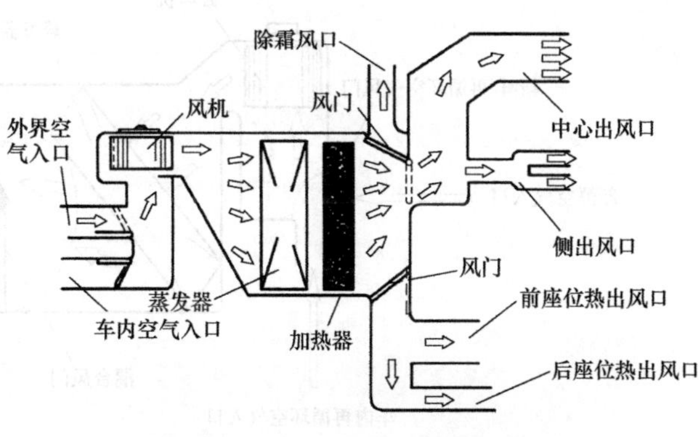

图8-44 全热式空调配气系统的组成及工作原理

2. 汽车空调的气流组织形成

汽车空调的气流组织过程分3个阶段：空气进气阶段、空气混合阶段和空气分配阶段。

(1) 空气进气阶段

汽车空调工作时，空气进入阶段气流的组织形式有两种（图8-45）：一种是外界新鲜空气进入空调进行空气调节工作，称为外循环；另一种是车内空气进入空调进行空气调节工作，称为内循环。进气形式的选择由新鲜/再循环空气风门控制。新鲜/再循环空气风门用于控制新鲜空气和室内空气的循环比例。例如：当夏季室外空气温度较高时，应该尽量开小风门，使压缩机运行时间减少；同理，当冬季室外温度较低时，也应该尽量开小风门，以保持车内温度。当汽车车内空气品质下降时，应该开大风门，使更多的新鲜空气进入车内。

图8-45　汽车空调进气组织形式示意图

(2) 空气混合阶段

如图8-46所示，汽车空调工作时，空气混合阶段主要是由混合风门来控制空调的工作温度。混合风门通过调节冷空气与热空气的比例来控制空调出口空气的温度，进而控制车内温度。当混合风门处于全开状态时，冷空气全部经过加热器，空调出口为热空气，此时空调为车内进行采暖；当混合风门处于关闭位置状态时，冷空气不经过加热器，空调出口空气温度最低，此时空调为最大制冷状态。只要混合风门处于全开或全闭之间的不同位置，就可得到不同温度和湿度的空气。

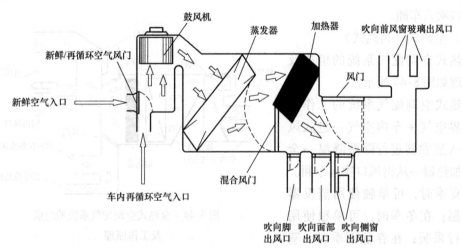

图8-46　汽车空调进气组织原理图

(3) 空气分配阶段

如图8-46所示，空气分配阶段可通过控制不同的风门，使空气吹向面部、脚部及前风窗玻璃。

复 习 题

一、填空题

1）汽车空调制冷系统主要由_____、_____、_____、_____、_____和鼓风机等组成。

2）汽车空调根据驱动方式的不同可分为_____和_____。

二、选择题

1）进入压缩机的是（　　）状态制冷剂。
A. 液体　　　　B. 气体　　　　C. 混合体　　　　D. 胶状体

2）冷凝器中，经过风扇和空气冷却，制冷剂变为（　　）。
A. 高温、高压气态　　　　B. 高温、高压液态
C. 中温高压液态　　　　　D. 低压气态

3）制冷剂在空调系统（　　）中由液态变为雾状。
A. 冷凝器　　　B. 蒸发箱　　　C. 压缩机　　　D. 节流器

学习任务三　检修汽车空调的操纵控制系统

情境引入

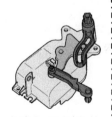

故障现象：一辆2017年奥迪A6（C7）轿车长时间高速行驶空调无风送出，但能听到鼓风机转动的声音。

原因分析：一般说，进风口堵塞、风门卡滞、蒸发箱结冰都会导致出风口不出风。根据故障现象，初步判断是蒸发箱外部温度过低而出现冰阻，从而导致鼓风机吹出的风不能吹过蒸发器，无法将冷空气送到车室内。试车不久便感觉到空调出风口中的风量越来越小，直至完全不出风，而此时鼓风机工作正常，空调压缩机继电器仍然吸合，不会自动跳开。检查空调控制单元无故障码，传感器、线路都正常，最后更换压缩机，故障排除。奥迪A6（C7）采用可变排量压缩机，当车内温度下降时，压缩机因故障无法实现制冷剂压缩量的调节，使得蒸发箱由于温度过低而结冰，最后导致出风口不出风。

学习目标

1）了解自动空调与手动空调的差别。
2）能熟练操作汽车空调的控制面板。
3）能正确分析汽车空调的电路图。

为使车内环境更舒适,在空调系统工作时,必须根据实际需要通过操纵控制系统调节车内温度、风向和风速等。汽车空调的操纵控制系统根据其控制方式的不同可分为手动空调操纵控制系统和自动空调操纵控制系统。

手动空调操纵控制系统的鼓风机转速、出风温度及送风方式等是由驾驶人操纵和调节的,驾驶人通过仪表板上的空气控制杆、温度控制杆和风扇开关来控制空调系统。

自动空调操纵控制系统利用温度传感器随时检测车内温度及车外环境温度的变化,并把检测到的信号送至空调控制单元,空调控制单元按预先编好的程序对信号进行处理,并通过执行器不断对风机转速、出风温度、送风方式及压缩机工作状况等进行调节,从而使车内温度、湿度及空气流量始终保持在驾驶人设定的水平上。

一、手动空调操纵控制系统

手动空调操纵控制系统通过驾驶人操纵控制面板上的各种功能键,来实现对温度、风向和风速等的调节。在手动空调操纵控制系统中,暖风水阀及空气分配门控制方式分为两种类型:一种是由仪表板上的旋钮通过拉线控制,另一种是由仪表板上的旋钮通过真空阀控制。

空调控制面板安装在驾驶室工作台上。如图8-47所示,空调控制面板上主要设有3个控制开关,分别为鼓风机开关、空调方式选择开关和温度选择开关。

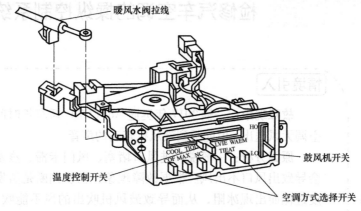

图 8-47 手动空调控制面板

(1) 鼓风机开关

鼓风机开关通过控制调速电阻来控制转速。鼓风机电路如图8-48所示,其电动机通常为永磁式单速电动机。鼓风电动机的工作原理:当鼓风电动机开关置于低速(Low)档、中速1(Mod 1)档、中速2(Mod 2)档或高速(High)档时,电路中所串联的电阻值越来越小,电阻值的变化,改变了鼓风电动机的工作电压。由于鼓风电动机是单速电动机,工作电压越高,转速越高,故与鼓风电动机串联的电阻阻值越小,其工作电压越高,转速越高。

(2) 空调方式选择开关

此开关用于确定空调系统的功能,及要求空调是制冷、取暖、通风,还是除霜。驾驶人拨动此开关即可选择空调系统的功能,空调方式选择开关通常设有停止位置(OFF)、最冷位置(MAX)、中冷位置(NORM)、微冷位置(BILEV)、取暖位置(HEAT)、通风位置(VENT)和除霜位置。

（3）温度选择开关

温度选择开关是用来控制暖风水阀的位置，以实现对车内温度的调节。温度选择开关可在左右两半区无级连续调节，左侧温度低，右侧温度高。

二、自动空调操纵控制系统

自动空调系统的组成图8-49所示。自动空调系统主要由通风、采暖、制冷、空气净化、操作和控制等部分组成，其中制冷系统、暖风系统和送风系

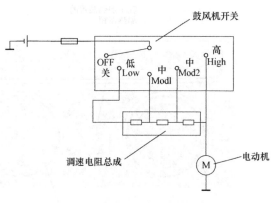

图8-48 鼓风机电路

统等的结构与手动空调系统的结构基本是相同的。自动空调系统就是在手动空调系统的基础上增加了控制系统，控制系统由传感器、空调控制单元和执行元件等组成；而其操作系统与送风系统是在手动空调系统的基础上增加了各种伺服电动机，并且操作系统有温度设定与选择开关。

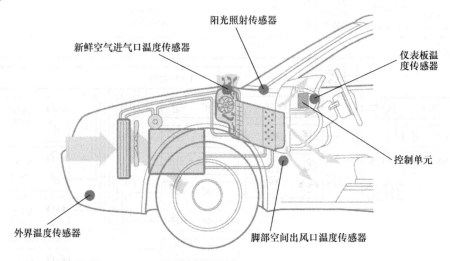

图8-49 自动空调系统的组成

图8-50所示为2019款高尔夫A7双区域独立控制自动空调系统操作面板，驾驶人和前排乘客侧的温度可彼此独立设置为16~29.5℃。

SETUP：打开信息娱乐系统操作和显示单元中的空调菜单，以便进行空调设置、车内循环空气和驻车加热装置的程序设定。

AUTO：根据日照强度、车内外温度以及空气湿度，对鼓风机、温度和空气分配进行自动调节。

MAX Defrost（除霜）：最大鼓风机功率，空气吹向风窗。

SYNC：空调区温度同步为驾驶人侧数值。

MAX A/C：温度设置为"LO"，最大鼓风机功率，空气吹向乘员。

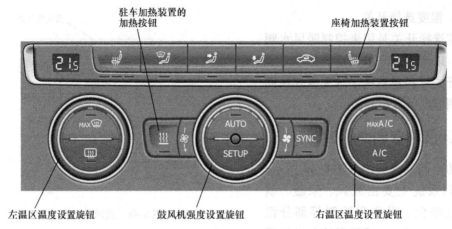

图 8-50 2019 款高尔夫 A7 双区域独立控制自动空调系统操作面板

1. 自动空调器的系统概述

高尔夫 A7 自动空调器的系统能够实现左右两侧两个区域温度的独立控制，其系统联网图如图 8-51 所示。

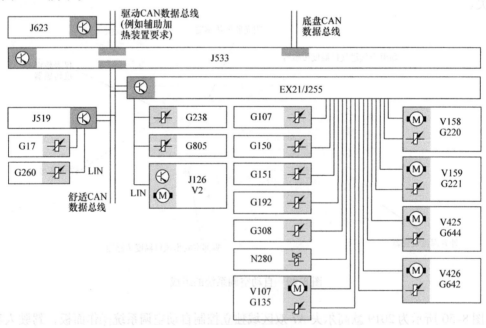

图 8-51 高尔夫 A7 自动空调器的系统联网图

EX21—暖风装置/空调操作元件　G17—车外温度传感器　G107—日照光电传感器
G135—除霜翻板伺服电动机电位计　G150—左侧出风口温度传感器　G151—右侧出风口温度传感器
G192—脚部空间出风口温度传感器　G220—左侧温度翻板伺服电动机电位计
G221—右侧温度翻板伺服电动机电位计　G238—空气质量传感器　G260—空调的空气湿度传感器
G308—蒸发器温度传感器　G642—空气分配电位计　G644—新鲜空气/循环空气速滞压力风门电位计
G805—制冷剂循环回路压力传感器　J126—新鲜空气鼓风机控制单元　J255—全自动空调控制单元
J519—车载电网控制单元　J533—数据总线诊断接口　J623—发动机控制单元　N280—空调压缩机调节阀
V2—新鲜空气鼓风机　V107—除霜翻板伺服电动机　V158—左侧温度翻板伺服电动机　V159—右侧温度翻板伺服电动机
V425—新鲜空气/循环空气速滞压力风门伺服电动机　V426—空气分配伺服电动机

自动空调将驾驶人从手动控制中解脱出来，该系统有很多优点，可以在控制单元中包含许多参数并可事先计算出所调整的结果。控制单元是主要部分，处理来自传感器的所有信号，执行抗干扰处理并将它们送到控制单元中的微处理器；微处理器根据预先编程的设定点对输出信号进行计算；输出信号通过输出级传递到执行元件，执行元件是暖风/空调器上的定位电动机，一些电机被用来控制风门。控制单元内还配置了故障存储器，部件的故障或断路都可以由自诊断迅速地探测出来。无论发生什么故障，控制单元都会持续工作并保持在已设定的紧急状态下的温度设定。

现在的空调系统是与车辆的控制单元或直接或通过 CAN 总线进行连接的，车速信号、发动机转速、停车时间都包括在空调器控制单元的计算之中。

暖风空调系统中的执行元件/传感器的安装位置如图 8-52 所示。

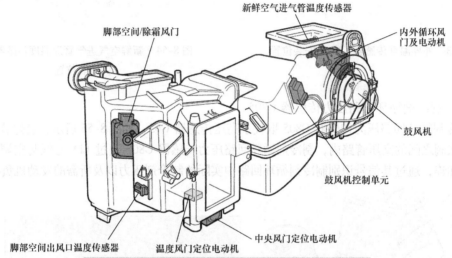

图 8-52　暖风空调系统中的执行元件/传感器的安装位置

暖风和空调系统的每个空气道的风门都有一个定位电动机。空气风门和内外循环风门都是由定位电动机驱动的，这些风门由带两个导轨的驱动盘分别驱动。

在其他系统里，内外循环风门可能由真空和电磁阀驱动。

2. 主要的温度传感器

（1）外界温度传感器 G17

该温度传感器位于车辆的前部，如图 8-53 所示，主要用来记录实际的外界温度。控制单元根据温度变化来控制温度风门和新鲜空气鼓风机。

如果信号出现故障，则使用第二空气温度传感器（在进气管道中的温度传感器）的测量值。如果该信号同样出现故障，系统则继续使用一个预先设定好的替代数值 +10℃，内循环被停止。该温度传感器具有自诊断能力。

（2）新鲜空气进气管道温度传感器 G89

该温度传感器位于新鲜空气进气管道内，它是第二个实际外界温度测量点，其安装位置如图 8-54 所示。

控制单元根据温度变化来控制温度风门和新鲜空气鼓风机。如果信号出现故障，则使用第一空气温度传感器（外界温度传感器）位于车辆前部的测量值。该温度传感器具有自诊断能力。

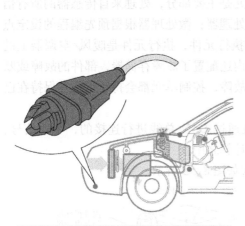

图 8-53 外界温度传感器 G17 的安装位置

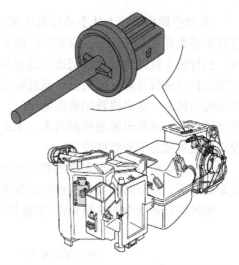

图 8-54 新鲜空气进气管道温度传感器 G89 的安装位置

（3）制冷剂循环回路压力传感器 G805

制冷剂循环回路压力传感器 G805 取代了高压传感器 G65，如图 8-55 所示，它拧装在电容器和膨胀阀之间的高压管路内，制冷剂循环回路压力传感器 G805 通过 LIN 总线与空调控制单元直接相连，通过其信号识别制冷剂循环回路中实际的制冷剂压力以及所需的发动机负荷。

a) G805 的安装位置

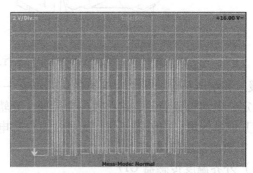

b) G805 LIN 总线信号波形

图 8-55 制冷剂循环回路压力传感器 G805

（4）脚部空间温度传感器 G192

该温度传感器测量从暖风/空调系统吹出（并进入车内）的风的温度。该温度传感器为一个负温度系数的热敏电阻，其安装位置如图 8-56 所示。

控制单元对该信号进行评估，并将其用作控制除霜/脚部空间空气的分布，以及新鲜空气鼓风机的空气量。如果发生故障，那么控制单元以一个替代值 +80℃ 来进行计算，系统继续工作。该传感器具有自诊断功能。

（5）阳光照射光电传感器 G107

空调温度是由阳光传感器进行控制的，它记录下车内乘客在阳光下照射的情况。根据空调类型的不同，系统可以通过一个或两个传感器测量阳光照射在车内左侧或右侧的强度。

其结构如图 8-57 所示，阳光穿过一个过滤器并照射在一个光电二极管的光学元件上。过滤器的功能在很大程度上类似于一副太阳眼镜并防止光学元件被紫外线伤害。

光电二极管是对光敏感的半导体元件，当没有入射光时，只有很小的电流流过二极管。当光电二极管暴露在阳光照射下时，流过的电流便增加，阳光照射强度越大，电流便越大。当电流增加时，空调系统的控制单元便识别到阳光非常强烈并相应地调节车内温度。温度风门和新鲜空气鼓风机也被相应地控制。

如果装备了两个传感器，那么车辆中被阳光照射较强的一侧便会更快地冷却。

如果信号传感器出现故障，那么控制单元会使用一个预定的阳光照射数值，其电路如图 8-58 所示。

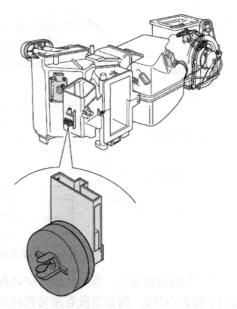

图 8-56 脚部空间温度传感器 G192 的安装位置

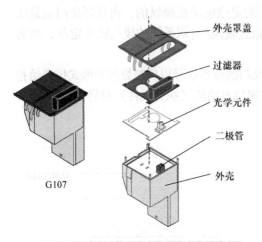

图 8-57 阳光照射光电传感器 G107 的结构

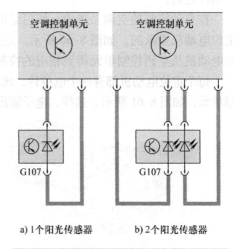

a) 1个阳光传感器　　b) 2个阳光传感器

图 8-58 阳光照射光电传感器 G107 的电路

（6）温度控制的辅助信号

对温度控制来说，附加的信号可以提高舒适性并用于系统控制，如图 8-59 所示，这些辅助信号是通过其他的控制单元提供，并由空调控制单元进行处理。这些信号是停车时间 t_h、车速 v、发动机转速 n。

1）停车时间 t_h。停车时间是指切断点火开关至再次起动发动机之间的时间间隔。该信号用于调整温度风门，当发动机重新起动时，控制单元处理关闭发动机前所存储的外界温度数值，这样便能够快速地达到设定的舒适的温度。

2）车速 v。该信号被用来控制风门。信号由车速传感器所产生并被控制单元使用，在高的车速下，空气管的截面积会缩小，以尽可能地保持吹入车厢内的风量稳定。

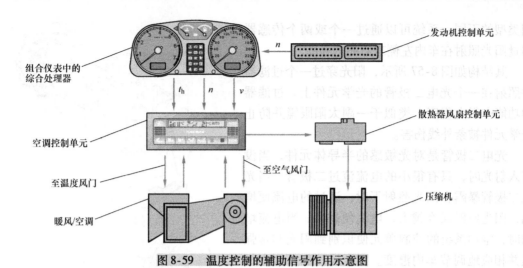

图 8-59 温度控制的辅助信号作用示意图

3）发动机转速 n。该信号是向空调控制单元提供发动机实际工作状态的信号,它被系统用于控制 N280,例如当没有发动机转速信号时,减小压缩机排量。

3. 定位电动机

在手动空调系统中,温度风门、中央风门、脚部空间/除霜风门是由驾驶人通过拉索来分别控制的。

在自动控制的空调系统中,风门是由电子控制的定位电动机操纵的,内循环风门也是由定位电动机操纵的,如图 8-60 所示。定位电动机通过暖风/空调系统的风门轴来定位,所有的电动机从空调控制单元得到相应的控制信号。

每个定位电动机都有一个电位计,该电位计将风门的位置信号以反馈数值的形式传递给控制单元,如图 8-61 所示。这样,电子输出信号通过定位电动机（执行元件）被转换为机械量。

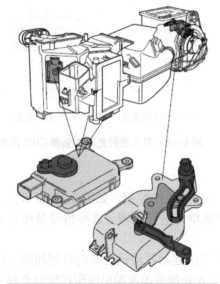

图 8-60 内外循环和空气风门定位电动机

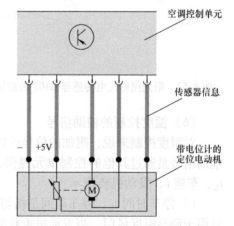

图 8-61 定位电机和电位计电路图

4. 空气管道

空气管道的分配,总是因暖风/空调的结构与所要求的舒适性程度而不同。

(1) 空调模式

非常热的新鲜空气经蒸发器流向空气出风口,热交换通道被关闭,如图8-62所示。

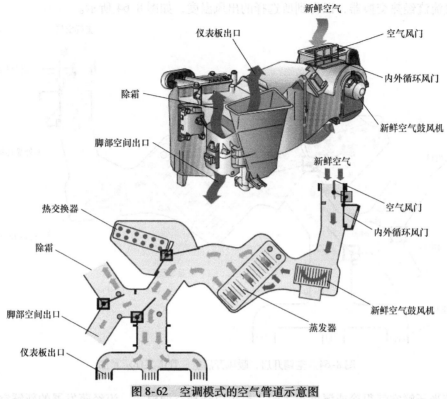

图8-62 空调模式的空气管道示意图

(2) 空调关闭,暖风开启

非常冷的空气流经蒸发器,但蒸发器不工作,新鲜空气通过热交换器并被加热,如图8-63所示。

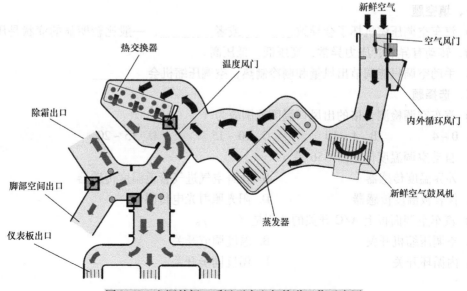

图8-63 空调关闭,暖风开启空气管道工作示意图

(3) 空调开启,暖风开启

在个别温度范围内,新鲜空气流经蒸发器以进行冷却,而这些新鲜空气又太冷,因此一部分的气流流经热交换器,以得到所选择的出风温度,如图8-64所示。

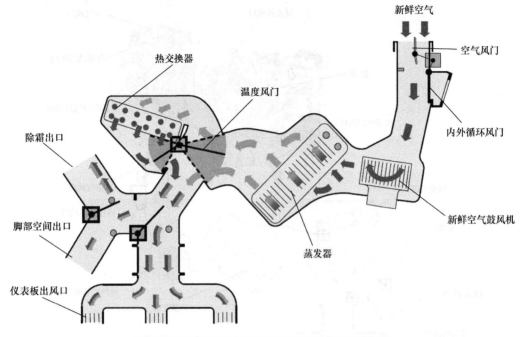

图8-64 空调开启,暖风开启空气管道工作示意图

即使当新鲜空气很冷或湿度很大时,也可以选择空调模式,流经蒸发器的新鲜空气被除湿,冷空气可以帮助车窗除雾。

复 习 题

一、填空题

1)汽车空调压缩机坏了会导致_____或者_____,一般比较明显的症状是压缩机转不动,转动有异响,压力异常,高压低,低压高。

2)手动空调只能调节出风量和制冷制热,空调压缩机会_____。

二、选择题

1)汽车空调检测合格的出风口温度范围应为( )℃。
  A. 0~4   B. 4~10   C. 10~15   D. 15~20

2)自动空调温度传感器G56是( )。
  A. 外界温度传感器   B. 新鲜空气进气管道温度传感器
  C. 仪表板温度传感器   D. 阳光照射光电传感器

3)汽车空调面板上A/C开关的功用是( )。
  A. 空调压缩机开关   B. 温度调节开关
  C. 内循环开关   D. 温度同步开关

学习任务四　维护汽车空调系统

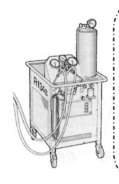

情境引入

在维修车间师徒对话。

学徒工： 刘师傅，我们在检查、维修空调系统时经常会用到哪些工具和设备？

刘师傅： 在检查、维修空调时，我们常会用到歧管压力计、制冷剂罐注入阀、真空泵、检漏设备，还有用于检查、抽取、排放和加注的一体机。

学徒工： 这些工具设备都是如何使用的？

学习目标

1) 了解维护制冷系统的注意事项。
2) 能熟练使用空调系统维护设备。
3) 能熟练地充注制冷剂。

一、维护制冷系统的注意事项

1. 必须绝对避免直接接触到制冷剂

必须绝对避免直接接触到制冷剂，以防对皮肤造成伤害。泄漏的制冷剂的温度为 $-26℃$，会在瞬间冻伤所接触的皮肤。

如果液体制冷剂接触到眼睛，必须用水彻底冲洗眼睛 15min，然后使用眼药水并立即去看医生，即使眼睛没有感到不适。

如果制冷剂接触到皮肤，则立即脱下衣服并用大量清水冲洗接触到制冷剂的皮肤。

2. 空调系统部件不能就地焊接

焊接产生的热量会在系统中产生过高的压力并会导致泄压阀开启，在电焊工作中，不可见的紫外线会穿透制冷剂并使制冷剂性能下降。

空调系统中损坏或泄漏的部件不能通过焊接就地维修，这些部件只能进行更换。在进行工作前，要在维修站中先排出制冷剂。

3. 维修制冷系统必须在通风良好的房间进行

制冷剂是无色无味的物质，它比空气重，因此能够驱排氧气并流向较低的区域。如果制冷剂泄漏，即使遵守相关的安全注意事项，仍有可能发生在通风不良的房间内或在低洼的井坑中发生窒息等不可预见的事故。

4. 制冷剂 R134a 和 R12 不能混合使用

不同种类的制冷剂不能混合使用（它们的物理和化学特性不同，并含有不同的冷冻润滑油），如图 8-65 所示。对某些类型的空调只能使用指定的制冷剂。

5. 密封部分必须使用原厂部件

制冷剂会溶解某些塑料，冷却后，这些溶解的塑料会沉积在膨胀阀或节流阀的底部，将阀体阻塞。因此，密封部分必须使用原厂配件，如图 8-66 所示。

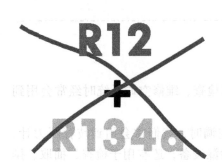

图 8-65　R12 和 R134a 不能混合使用

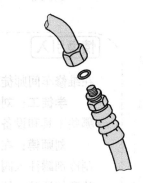

图 8-66　密封部分必须使用原厂部件

二、汽车空调系统常用检修设备

1. 歧管压力计

歧管压力计也称为压力表组，与制冷系统相接可进行抽真空、加注制冷剂及检查和判断制冷系统的工作状态和故障情况等。

歧管压力计由高压表、低压表、低压手动阀、高压手动阀、阀体以及高压接头、低压接头、制冷剂抽真空接头等组成，如图 8-67 所示。工作时，高、低压接头分别通过软管与压缩机高、低压阀相接，中间接头与真空泵或制冷剂钢瓶相接。只能用手拧紧软管与歧管压力计的接头，不可用扳手，否则会拧坏接头螺纹。

使用时必须排尽软管内空气，其具体操作步骤如下。

当低压手动阀开启、高压手动阀关闭时，低压管路与中间管路、低压表相通，此时可从低压侧加注制冷剂或排放制冷剂，并同时检测高、低压侧的压力。

当低压手动阀关闭、高压手动阀开启时，高压管路与中间管路、高压表相通，此时可从高压侧加注制冷剂，并同时检测高、低压侧的压力。

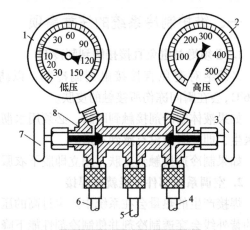

图 8-67　歧管压力计的结构
1—低压表（蓝色）　2—高压表（红色）　3—高压手动阀
4—高压侧软管（红色）　5—维修用软管（绿色）
6—低压侧软管（蓝色）　7—低压手动阀　8—歧管座

当高、低压手动阀均关闭时，可检测高、低压侧的压力。

当高、低压手动阀均开启时，可进行加注制冷剂、抽真空，并检测高、低压侧压力。

2. 制冷剂罐注入阀

当向制冷系统加注制冷剂时，可将注入阀装在制冷剂罐上，旋转制冷剂罐注入阀手柄，阀针刺穿制冷剂罐，即可加注制冷剂。为便于维修汽车空调和随车携带方便，制冷剂生产厂制造了一种小罐制冷剂（一般为400g左右），但要将其注入到汽车空调制冷系统中时需要有注入阀才能配套开罐。图8-68所示为制冷剂罐注入阀。制冷剂罐内装有制冷剂，接头用软管与歧管压力计的中间接头相连，具体使用方法如下。

1）按逆时针方向旋转注入阀手柄，直到阀针退回为止。

2）将注入阀装到制冷剂罐上，逆时针方向旋转板状螺母直至最高位置，然后将制冷剂注入阀顺时针拧动，直到注入阀嵌入制冷剂密封塞为止。

3）将板状螺母按顺时针方向旋转到底，再将歧管压力计上的中间软管固定到注入阀的接头上。

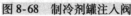

图8-68　制冷剂罐注入阀

4）拧紧板状螺母。

5）按顺时针方向旋转手柄，使阀针刺穿密封塞。

6）若要加注制冷剂，则逆时针方向旋转手柄，使阀针抬起，同时打开歧管压力计上的手动阀。

7）若要停止加注制冷剂，则顺时针方向旋转手柄，使阀针再次进入密封塞，起到密封作用，并同时关闭歧管压力计上的手动阀。

3. 真空泵

安装、检修空调制冷系统时，会有一定量的空气进入制冷系统，空气中含有一定量的水蒸气，这会使制冷系统的膨胀阀出现冰堵，冷凝压力升高，系统零部件发生腐蚀。因此，对制冷系统检查后，在未加入制冷剂之前，应对制冷系统抽真空。而抽真空的彻底与否，将影响系统正常运转的效果。真空泵用于制冷系统抽真空，以排除系统内的空气、水分。抽真空并不能将水抽出系统，而是产生真空后降低了水的沸点，水在较低的温度下沸腾，从而以蒸汽的形式从系统中抽出。

4. 检漏设备

检修和拆装汽车空调制冷系统管道或更换零部件之后，需在检修及拆装部位进行制冷剂的泄漏检查。目前主要有卤素检漏灯和电子检漏仪两种检漏设备，其中电子检漏仪最为常用。

（1）卤素检漏灯

卤素检漏灯是一种丙烷（或酒精）燃烧喷灯，利用制冷剂气体进入安装在喷灯的吸气管内，会使喷灯的火焰颜色改变这一特性来判断系统的泄漏部位和泄漏程度，其结构如图8-69所示。当喷灯的吸气管从系统泄漏处吸入制冷剂时，火焰颜色会发生变化。泄漏量少时，火焰呈浅绿色；泄漏较多时，火焰呈浅蓝色；泄漏很多时，火焰呈紫色。

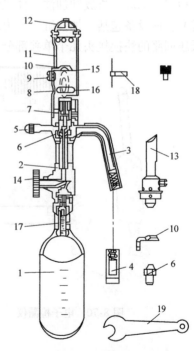

图8-69　卤素检漏灯的结构

1—检漏灯储气瓶　2—检漏灯主体　3—吸气管
4—滤清器　5—燃烧筒支架　6—喷嘴
7—火焰分离器　8—点火孔　9—反应板螺钉
10—反应板　11—燃烧筒　12—燃烧筒盖
13—栓盖　14—调节把手　15—火焰长度（上限）
16—火焰长度（下限）　17—喷嘴
18—喷嘴清洁器　19—扳手

卤素检漏灯的操作如下。
1) 向检漏本体和检漏灯上加液态丙烷或无水酒精。
2) 将点燃的火柴插入检漏灯点火孔内，再按逆时针方向缓慢旋转调节把手，让丙烷气体溢出，遇火就能点燃。
3) 将点燃的火焰调节到尽量小，火焰越小，对制冷剂泄漏的反应越灵敏。
4) 把吸气管末端靠近各个有可能泄漏的部位。
5) 细心观察火焰的颜色，判断出制冷系统泄漏的部位和泄漏程度。

在没有泄漏发生，空气中不存在制冷剂蒸气时，火焰为无色。当出现极轻微的泄漏时，吸气管将泄漏的制冷剂蒸气吸入到丙烷灯燃烧室内，并在 600～700℃ 的燃烧区发生制冷剂分解，产生的气体在接触到烧红的铜时，会把火焰变成绿色并增加火焰高度。因此，可根据卤素检漏灯的火焰颜色来判断制冷剂泄漏量。

（2）电子检漏仪

小量的泄漏（外部损坏）只能通过相应的电子泄漏探测设备才能够探测出，这是因为制冷剂的泄漏量非常的微小。使用该设备可以探测出每年 5g 的制冷剂泄漏量。电子检漏仪如图 8-70 所示。

5. 检查、抽取、排放和加注一体机

检查、抽取、排放和加注一体机能满足汽车空调关于制冷剂方面的保养、测试和处理工作需要。该设备包括：加注缸、压力表、真空泵、切断阀、加注软管、用于制冷剂高压回路和低压回路的快换接头几个单独部分，如图 8-71 所示。

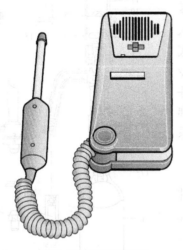

图 8-70 电子检漏仪

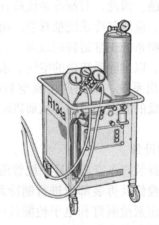

图 8-71 检查、抽取、排放和加注一体机

该设备可以用于抽取、排空和加注车辆的空调设备。被抽出的制冷剂在设备中进行再循环处理（干燥并去除悬浮物质）并在维修后重新加注到系统中。

三、制冷系统检漏

空调系统常用的检漏方法有检漏仪检漏、压力检漏、抽真空检漏、充注制冷剂检漏和外观检漏。这里只介绍检漏仪检漏和压力检漏。

1. 检漏仪检漏

检查制冷剂有无泄漏，既可使用电子式检漏仪，也可使用火焰式检漏仪。

使用电子式检漏仪时，检漏仪探头必须尽可能地接近检漏部位（在3mm之内），探头的移动速度必须低于3cm/s。探头脏污或电压偏低都会影响检漏的准确性。

使用卤素检测灯（也称为火焰式检测仪）检漏时，注意燃烧后的生成物有毒，因此必须在通风良好的环境下操作，以免中毒。

2. 压力检漏

利用氮气瓶提供压力进行检漏的操作方法如下。

1）正确连接歧管压力表。在空调系统没有制冷剂的情况下，先把歧管压力表的高压软管连接到空调系统的高压维修阀上，把压力表的低压软管连接到低压维修阀上，再把中间软管连接到氮气瓶上。

需要注意的是，严禁使用压缩空气进行检漏，这是因为压缩空气中含有水分，水分随空气进入制冷系统会使系统造成冰堵。而氮气无腐蚀性，无水分且价格便宜，但瓶装氮气一定要使用减压表才能充注。

2）打开氮气瓶开关，然后打开歧管压力表的高、低压手动阀，向系统充注干燥氮气。当压力达到1.2~1.5MPa时，关闭歧管压力表高、低压手动阀。

3）用肥皂液涂抹在容易漏气的管路接头处或焊接处，仔细观察有无气泡。如有泄漏，则漏气处会有气泡涌出，漏气量大的地方有微小的声音，并会出现大量的气泡；漏气量小的地方，则会间断出现小气泡。

4）在漏气处做上记号，再反复检查几次，直到全部漏气处都找到为止，并对漏气处进行维修。

5）维修完毕后，还应再次进行检漏。如果空调系统压力保持24~28h不降低，说明泄漏已经排除；如果压力稍有降低，那么还应继续检漏，直到找出泄漏处并消除为止。

四、制冷系统抽真空

制冷系统检修完毕后，只有抽真空才能充注制冷剂。因此，抽真空是充注制冷剂之前必须进行的操作步骤。在抽真空过程中，还要进行检漏操作。

1. 抽真空必须的操作专用机具

1）真空泵：流量必须大于18L/min。

2）歧管压力表：应当采取高压表与低压表在一起的复合式压力表。

3）检漏仪：卤素检测仪或电子检测仪。

2. 抽真空的操作步骤

图8-72所示为抽真空管路的连接方法。具体操作方法如下。

1）连接歧管压力表。先把歧管压力表高压软管接到空调系统高压维修阀上，再把低压软管接到低压维修阀上，把中间软管接到真空泵上。

2）打开歧管压力表高压手动阀与低压手动阀。

3）启动真空泵开始抽真空。观察低压表上的读数，直到低压表显示的真空度达到负压100kPa为止。抽真空时间为5~10min，如果真空度达不到100kPa，应关闭高、低压手动阀，停止抽真空，检查泄漏处。

4）当低压表指示的真空度达到100kPa后，关闭高、低压手动阀；静置5min后观察压力表指示情况。如果真空度变化，说明有泄漏，可用检测仪检查排除；如果真空度不变，说明系统正常，可继续下述操作。

5）继续抽真空20～25min。

6）关闭歧管压力表上的高、低压手动阀，停止抽真空。从真空泵接口上拆下中间注入软管，抽真空完毕，准备充注制冷剂。

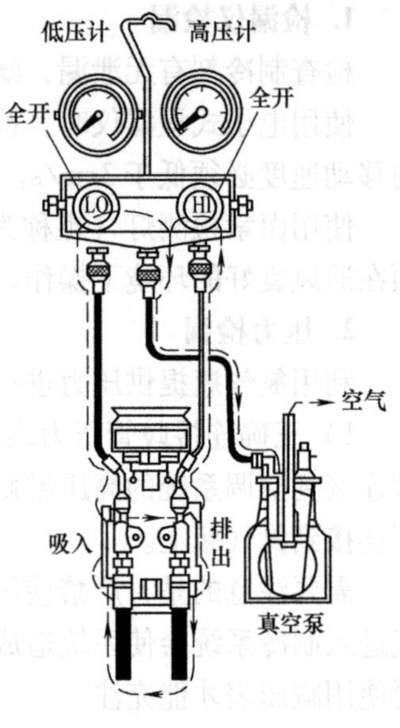

五、充注制冷剂

1. 充注制冷剂必需的专用机具

1）歧管压力表：应当采取高压表与低压表组合在一起的复合式压力表。

2）制冷剂充注阀：灌注小瓶制冷剂。

3）制冷剂计量工具：小瓶制冷剂用制冷剂充注阀，大瓶制冷剂用制冷剂计量器。

图8-72 抽真空管路的连接方法

2. 制冷剂的充注方法

充注制冷剂的方法有两种：一种为抽完真空后，不起动发动机，不开空调，从高压端直接加入液态制冷剂，这种充注方法的特点是快速、安全，适用于制冷系统第一次充注制冷剂；另一种是从压缩机低压端充注，充入的制冷剂是气态，这种充注方法的特点是充注速度慢，适用于补充注制冷剂。

（1）从高压端加注制冷剂

通过抽真空确认制冷系统没有泄漏之后，即可充注制冷剂。从高压端加注制冷剂的操作步骤如下。

1）在制冷系统抽完真空后，关闭歧管压力表上的高、低压手动阀和抽真空机。

2）将歧管压力表上的中间软管从抽真空机上拆下，然后将其接到制冷剂充注阀上，如图8-73所示。

3）将小型制冷剂罐固定到制冷剂充注阀上，然后沿顺时针方向拧紧充注阀蝶形手柄，使充注阀的阀针在制冷剂罐上扎开一个小孔。

4）沿逆时针方向拧松充注阀蝶形手柄，使充注阀阀针退出，与此同时，制冷剂罐中的制冷剂注入中间软管，此时不能打开高、低压手动阀。

5）拧松歧管压力表的中间软管螺母，当看到白色制冷剂气体溢出，听到"嘶嘶"声时（目的在于排出中间软管中的空气），拧紧该螺母。

6）拧松高压手动阀，将制冷剂罐倒立，以便从高压端注入液态制冷剂（注意：从高压端向系统注入制冷剂时，发动机停转，不可拧开歧管压力表上的低压手动阀，以防对压缩机产生液击现象），此时从储液干燥器观察窗能看到制冷剂流动。

使用小罐制冷剂加注时，在第一罐加注完毕，用第二、三罐加注时，仍应先关闭高压手动阀，再更换另一个制冷剂罐，此时中间软管还要放出空气，直到加入规定量的液态制冷剂后，再关闭高压手动阀。

7）起动发动机，接通空调开关使空调系统运行，并使鼓风机以高速运转，观察压力表压力是否正常。

（2）从低压端加注制冷剂

从低压端充注制冷剂的操作步骤如下。

1）当抽真空完毕后，关闭歧管压力表上的高、低压手动阀，把中间软管从抽真空机上拆下，并将中间软管接到制冷剂充注阀上，如图8-74所示。

2）将小型制冷剂罐固定到制冷剂充注阀上，然后沿顺时针方向拧紧充注阀的蝶形手柄，使充注阀的阀针在制冷剂罐上扎开一个小孔。

3）沿逆时针方向拧松充注阀蝶形手柄，使充注阀的阀针退出，与此同时，制冷剂罐中的制冷剂注入中间软管（此时不能打开高、低压手动阀）。

4）拧松歧管压力表的中间软管螺母，放出中间管内的空气，当看到白色制冷剂气体溢出，听到"嘶嘶"声时，拧紧该螺母。

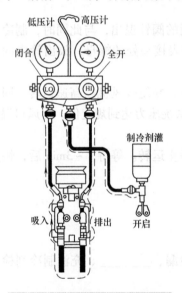

图8-73 高压端加注液态制冷剂

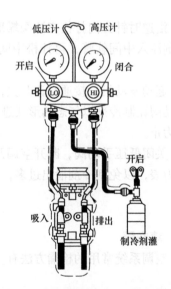

图8-74 低压端加注液态制冷剂

5）拧松低压手动阀，将制冷剂以气体的形式从低压侧注入制冷系统，当高压表压力达到400kPa时，关闭低压手动阀（注意：制冷剂罐要直立，保证从低压侧充注制冷剂时，一定要以气态的形式注入制冷剂。如果以液态的形式注入，会对压缩机造成液击而损坏压缩机）。

6）起动发动机，接通空调开关使空调系统运行，并使鼓风机以高速运转，观察压力表压力是否正常。此时再打开低压手动阀让制冷剂继续注入制冷系统，直到充注压力达到规定压力值为止。充注完毕后，关闭低压手动阀。

7）断开空调开关，使发动机停止运转，静置1～3min后，拆下歧管压力表与压缩机连接的高、低压管路接头。卸下接头时动作要快，以免制冷剂泄出过多。压缩机停止运转后、高、低压管路内的压力会持平，以利于压缩机下次起动。如果压差过大，会使压缩机起动困难。

(3) 制冷剂的补充

在汽车运行过程中，由于汽车振动或其他原因，空调系统某些管路接头难免松动而导致制冷剂泄漏，造成制冷效果变差。遇此情况时，需要从低压端向系统补充制冷剂，方法如下。

1) 连接歧管压力表。先把歧管压力表高压软管接到空调系统高压维修阀上，再把低压软管接到低压维修阀上，并关闭高、低压手动阀。

2) 拧松低压软管与歧管压力表接头，放出管内的空气并拧紧；再拧松高压软管与歧管压力表接头，放出管内的空气并拧紧。

3) 起动发动机，接通空调开关并使空调运行，从储液干燥器观察窗处查看制冷剂流动情况。若气泡连续出现，则表明系统内缺少制冷剂。

4) 先将歧管压力表的中间软管接到制冷剂充注阀上，再将制冷剂罐接到充注阀上并拧紧，然后沿顺时针方向拧紧充注阀的蝶形手柄，使充注阀的阀针在制冷剂罐上扎开一个小孔。

5) 沿逆时针方向拧松充注阀蝶形手柄，使充注阀的阀针退出，与此同时，制冷剂罐中的制冷剂注入中间软管，再拧松中间软管与歧管压力表接头处的螺母，放出管内的空气后拧紧。

6) 起动发动机，接通空调开关，使空调系统运行，并使鼓风机以高速运转，同时打开低压手动阀让制冷剂以气态的形式进入低压管，直到系统压力达到规定值、出风口温度达到 4~7℃为止。

7) 关闭低压手动阀，断开空调开关，使发动机停止运转。等待 1~3min 后，快速拆下歧管压力表，以免制冷剂泄出过多，补充制冷剂结束。

复 习 题

一、填空题

1) 空调系统常用的检漏方法有_____、压力检漏、_____、充注制冷剂检漏和外观检漏。

2) 汽车空调系统维修时，技师需要先使用真空泵_____，确保管路和空调压缩机没有泄漏的情况下再给空调系统抽真空，抽完真空后按照添加程序加注制冷剂即可。

二、选择题

1) 制冷剂 R12 和 R134a（　　）混合使用。
A. 不能　　　B. 能

2) 一般汽车加注制冷剂加注（　　）。
A. 600~800g　　B. 1 000~1 500g　　C. 200~300g　　D. 500~1 000g

3) 空调系统补充制冷剂应在压缩机（　　）。
A. 静止，由高压端补充　　　　　　B. 静止，由低压端补充
C. 运转中，由高压端补充　　　　　D. 运转中，由低压端补充

项目九 汽车电路图分析

学习任务　汽车电路图分析

情境引入

在汽车电气课堂上。

学　生：王老师，大众、奥迪车系的电路图有哪些特点？

王老师：大众、奥迪车系电路图采用纵向排列，垂直布置；采用断线代号法解决线路交叉问题；全车电路图分为3部分；整车电路的电源正极分3路等。

学　生："30""15""X""50""P"表示什么意思？

学习目标

1）了解大众、奥迪车系电路图的特点。
2）理解大众、奥迪车系全车电路图中所有的符号、数字、字母的含义。
3）能正确分析大众、奥迪车系的全车电路图。

不同车系的电路图有许多不同之处，但电路图的构成大体上相同。下面以大众、奥迪车系为例对汽车电路图进行分析。

一、大众、奥迪车系电路图的特点

1. 电路图采用纵向排列，垂直布置

电源线为上"+"、下"-"，从左到右同一系统的电路图归纳到一起，按电源电路、起动电路、点火电路、进气预热电路、仪表电路、灯光照明电路、信号与报警电路、刮水器和洗涤器电路、电动后视镜电路、电动车窗电路、中控门锁电路、空调电路及音响电路的顺序排列。

2. 采用断线代号法解决线路交叉问题

对于比较复杂的电路（如前照灯电路），工作时涉及点火开关、灯光开关、变光开关等电路元件，如按传统画法在图面上就要有很多纵横相交的线，这样就增加了读图的难度。在大众车系电路图中采用"断线代号"法，即用导线连接端方框内的数字表明电路中与其连接导线的电路编码，如 98 表示与电路编号 98 的导线相接。采用这种方法就解决了纵横交叉的问题了。

3. 全车电路图分为 3 部分

最上面部分为中央配电盒电路，其中表明了熔丝的位置、容量和继电器的编号、位置及接线端子号；中间部分是电器元件及连线；最下面的横线是搭铁线和电路编码。

4. 整车电路的电源正极分 3 路

标有"30"的为常电源线，直接与蓄电池相接，中间不经过任何开关。不论汽车处于什么状态，该线始终有电。

标有"15"的电源线受点火开关控制，即只有在点火开关打开后才有电。"15"号电源线通常控制小容量的用电设备。

标有"X"的电源线只有在点火开关接通、卸荷继电器触点闭合后才有电。"X"电源线给大容量电气设备供电。

5. 搭铁线

①表示仪表线束搭铁线的搭铁点，在中央线路板的支架上；②③④表示发动机线束搭铁线的搭铁点，在蓄电池支架上；⑦表示后灯线束搭铁线的搭铁点，在中央线路板的支架上；"31"线为中央继电器盒的搭铁线。在电路中标有①②③④⑦的线与"31"线均为搭铁线。

6. 中央配电盒的布置

汽车电器线路以中央配电盒为中心进行控制，大部分继电器和熔丝安装在中央配电盒的正面，插接器和插座安装在中央配电盒的背面。

二、大众汽车电路图实例说明

图 9-1 所示为大众汽车电路图，其具体说明如下。

1—继电器与继电器插座的代号。"2/30"表示继电器板上该继电器插座的 2 号插孔，"30"表示继电器上的 30 号接线端子。

2—继电器位置编号。"2"表示该继电器位于配电盒上 2 号位置。

3—指示线路中断点。|61| 对于下面的电路编号为 66，同时，电路编号 61 上方也对应一个导线中断点|66|，这两个中断点为一条导线。

4—箭头表示该电器元件续接上一页电路图。

5—导线的颜色。"棕/红"表示导线主色是棕色带有红色辅色。"2.5"表示导线的截面积为 $2.5mm^2$。

6—熔断器的代号。"S123"表示在中央配电盒上的 123 号熔断器，其允许通过的最大电流强度为 10A。

7—插接器。插接器 T8a 用于发动机线束与发动机右线束的连接，"T8a/6"表示 8 端子的插接器 a 插头上的第 6 接线端子。

8—线束内铰接点代号。在电路图下方可查到铰接点位于哪个线束内。图中Ⓐ2表示正极接线，在发动机线束内。

9—搭铁点代号。在电路图下方可查到该代号搭铁点在汽车上的位置。

10—线路代码。"30"为常电源线，"15"为点火开关接通时的小容量电源线，"X"为在点火开关接通、卸荷继电器触点闭合后才有电的大容量电源线；"31"为搭铁线；"C"为

项目九 汽车电路图分析

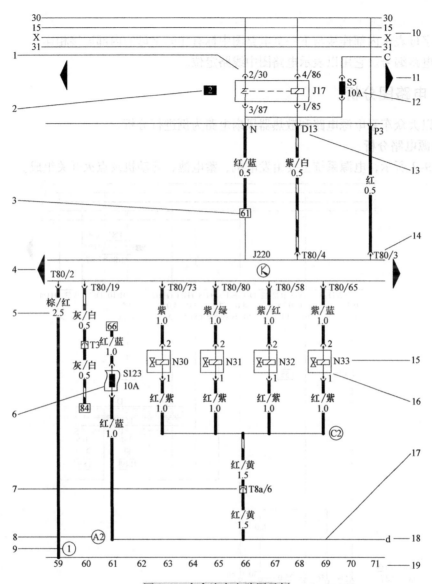

图 9-1　大众汽车电路图示例

中央配电盒的内部接线。

11—箭头表示接下一页电路图。

12—熔断器代号。"S5"表示在中央配电盒熔断器座第 5 号位，额定电流为 10A。

13—导线在中央配电盒上的连接位置代号。"D13"表示该导线在中央配电盒 D 插座 13 号位置的接线端子上。

14—接线端子代号。"T80/3"表示电器元件上插接器的接线端子数为 80 个，"3"表示接线端子的位置编号。

15—电器元件代号。在电路图后可查到元件的名称。N30 为第 1 缸喷油器，N31 为第 2 缸喷油器，N32 为第 3 缸喷油器，N33 为第 4 缸喷油器。

16—元件符号。

17—内部连接（细实线）。它只表示元件内部连接或线束铰接，实际线束中不存在此导线。

18—字母表示内部连接与下一页电路图中标有相同字母的内部连接相连。

19—电路编号。它用以表示电路图中线路定位。

三、电路图分析

下面以大众车系电源电路和散热器风扇电路为例进行分析。

1. 电源电路分析

如图 9-2 所示，电源系统主要由发电机、蓄电池、起动机及点火开关组成。

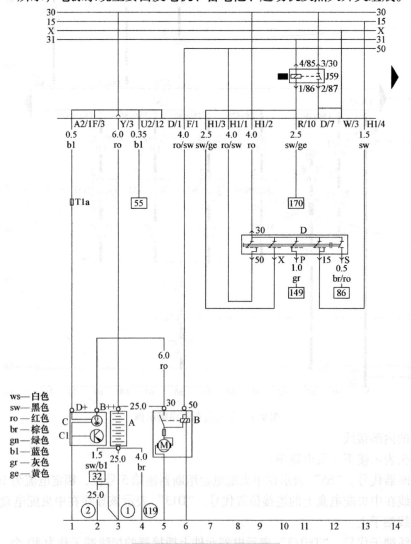

图 9-2　大众汽车电源电路图

A—蓄电池　B—起动机　C—发电机　C1—电压调节器　D—点火开关　J59—卸荷继电器　T1a—单孔插头

（1）蓄电池的连接

蓄电池用字母 A 表示。蓄电池正极与起动机接线端子 30 用粗线连接，表示蓄电池向起动机提供大电流；同时，通过接线端 30 用一根 6.0mm^2 的红色导线与起动机 B + 接线端子连接，属于充电电路的一部分；还有一根 6.0mm² 的红色导线与插接器 Y 的第 3 个接线端子连接，向其他用电设备供电，以"30"表示。

蓄电池的负极搭铁，用①表示搭铁点在车身上，用②表示搭铁点在变速器上。这两条搭铁线较粗，截面积为 25.0mm²；另一个搭铁点用⑲表示，在前照灯线束内，线粗为 4.0mm²，棕色；还有一个搭铁点，位于压力通风舱左侧，线粗为 1.5mm²，黑/棕双色线。

（2）起动机的连接

起动机用字母 B 表示。接序号 5、6 表示自身内部搭铁。接线端子 30 如前所述。接线端子 50 用线粗 4.0mm² 的红/黑双色线与插接器 F 第一个端子连接，并通过插接器 H1 的接线端子 1 与点火开关的接线端子 50 连接，组成起动机电磁开关的控制电路。当起动机端子 50 有电时，起动机便开始工作。

（3）发电机的连接

发电机用字母 C 表示。发电机电压调节器用 C1 表示。线路编号 1 的细实线表示发电机自身搭铁。发电机的 D+ 端子通过一个单位接头 T1a 与插接器 A2 的 1 号接线端子相连接，通过线路编号 55 位置接仪表板，经二极管后接点火开关。在点火开关断开时，D+ 端子无电流，而 D+ 端子电压为蓄电池电压。

点火开关闭合后，二极管导通，D+ 端子有电流，发电机励磁电路导通，充电指示灯亮；当起动机起动后，发电机开始发电，D+ 端子与 B+ 端子电位相同，发电机自励，充电指示灯熄灭。

（4）点火开关的连接

点火开关用字母 D 表示，开关有 6 个接线端子。接线端子 S 用 0.5mm² 的棕/红双色线，控制收放机电路。接线端子 15 用 1.5mm² 的黑色线，通过插接器 H1 的 4 号接线端子向点火系统供电。接线端子 P 向停车灯供电。接线端子 X 用 2.5mm² 的黑/黄双色线，经插接器 H1 的 3 号接线端子与 4 号位继电器（卸荷继电器）座的 1 号接线端子相连。继电器座的 1 号接线端子与继电器 86 端子相接。卸荷继电器 J59 工作后，X 线便与 30 线相通。接线端子 50 是起动电路的控制线。

2. 散热器风扇电路分析

大众汽车散热器风扇电路如图 9-3 所示。

（1）冷却液温度的控制

当散热器中冷却液的温度达到 96℃时，散热器风扇热敏开关 F18 接通 1 档，风扇低速运转。其电路为电源"30"导线→19 号位置熔断器→继电器盒 A1/5→散热器风扇热敏开关 F18 的 3 号接线端子→散热器风扇热敏开关 F181 档→散热器风扇热敏开关 F18 的 2 号接线端子→风扇电动机 V7 的 2 号接线端子→风扇电动机 V7→风扇电动机 V7 的 1 号接线端子→搭铁。

当散热器中冷却液的温度达到 105℃时，散热器风扇热敏电阻 F18 接通 2 档，风扇 2 档继电器 J69 触点闭合，风扇高速运转。其电路为电源"30"导线→19 号位置熔断器→继电器盒 A1/5→风扇 2 档继电器 J69 的 2/30 接线端子→风扇 2 档继电器 J69 的 8/87 接线端子→风扇电动机 V7 的 3 号接线端子→风扇电动机 V7→风扇电动机 V7 的 1 号接线端子→搭铁。

（2）发动机舱温度的控制

在点火开关断开的情况下，当发动机舱温度达到 70℃时，风扇起动温度开关 F87 将闭

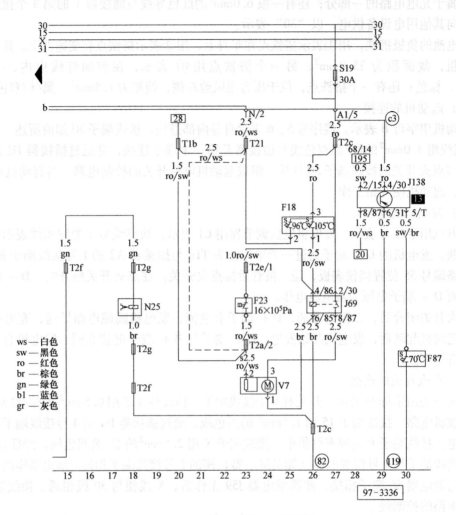

图 9-3 大众汽车散热器风扇电路

F18—散热器风扇热敏开关 F23—高压开关 J69—风扇 2 档继电器 J138—风扇起动控制单元
N25—空调电磁离合器 V7—散热器风扇电动机 F87—风扇起动温度开关

合,风扇起动控制单元 J138 工作,J138 的 8/87 接线端子有电,风扇低速运转。其电路为继电器 J138 的 8/87 接线端子→红/白双色线→风扇电动机 V7 的 2 号接线端子→风扇电动机 V7→风扇电动机 V7 的 1 号接线端子→搭铁。

(3) 空调系统工作状态控制

散热器风扇还受到空调系统工作状态的控制。当空调开关处于制冷除霜位置时,其电路为继电器盒 N/2 接线端子→红/白双色线→风扇电动机 V7 的 2 号接线端子→风扇电动机 V7→风扇电动机 V7 的 1 号接线端子→搭铁。散热器风扇低速运转。

当制冷系统管路中的压力升至 1.6MPa 时,高压开关 F23 闭合,电流从继电器盒 N/2 接线端子→红/白双色线→高压开关 F23→风扇 2 档继电器 J69 的 4/86 接线端子→风扇 2 档继电器 J69 的 6/85 接线端子→搭铁。这时,风扇 2 档继电器 J69 吸合,风扇电动机 V7 的 3 号端子有电,风扇电动机高速运转。

复 习 题

一、填空题

1) 大众、奥迪车系电路图的特点：_____、_____、_____、_____、
_____、_____。

2) 电源系统主要由_____、_____、_____、_____组成。

二、选择题

1) 在车辆某个系统的电路图页面，可以查询到的信息是（　　）。
A. 熔断器的额定电流　　　　B. 电器元件的实车位置
C. 插头的形状　　　　　　　D. 线路的额定电压

2) 关于汽车电路特点，以下描述正确的是（　　）。
A. 汽车电路一般使用交流电工作
B. 汽车电路普遍使用高压电工作
C. 汽车电路的灯泡一般使用串联连接
D. 汽车电路蓄电池负极与车身连接

3) 如图9-4所示为某车辆的左侧尾灯电路，M16为左侧倒车灯，M21为左侧小灯，M9为左侧制动信号灯。此车辆挂倒档时灯光正常，开示廓灯时灯光不亮，踩制动踏板时灯光正常，则最可能的故障是（　　）。
A. J393的供电故障
B. T6bh/1与搭铁点51之间的导线断路
B. T17r/11与T6bh/3之间的导线断路
D. 搭铁点51接触不良

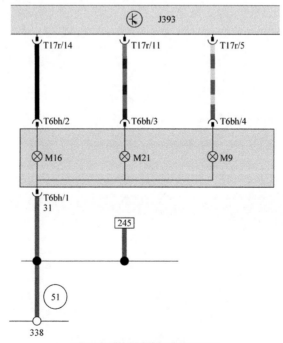

图9-4　某车辆左侧尾灯电路

参考文献

[1] 毛峰. 汽车电气设备 [M]. 北京：机械工业出版社，2009.
[2] 胡光辉. 汽车电器设备构造与检修 [M]. 北京：机械工业出版社，2007.
[3] 尹万建. 汽车电气设备原理与检修 [M]. 北京：高等教育出版社，2008.
[4] 舒华，等. 汽车电器设备与维修 [M]. 2版. 北京：北京理工大学出版社，2009.

高职高专汽车类专业创新一体化教材

汽车电气设备维修一体化教程实训任务单

魏帮顶　程显兵　主编

机械工业出版社

目 录

项目一 汽车电气基础 ·· 1
  实训任务1.1 认识汽车电气系统 ··· 1
  实训任务1.2 汽车电路主要元件检测及电路分析 ······································ 3
项目二 电源系统 ··· 5
  实训任务2.1 认识蓄电池及状态检测 ··· 5
  实训任务2.2 发电机结构认识及检测 ··· 7
  实训任务2.3 交流发电机调节器电路测量分析 ·· 9
  实训任务2.4 电源系统的使用与维护 ··· 10
  实训任务2.5 蓄电池匹配及状态检测 ··· 12
  实训任务2.6 48V/12V轻混系统维修 ··· 14
项目三 起动系统 ··· 16
  实训任务3.1 认识起动机结构并完成保养 ··· 16
  实训任务3.2 起动机控制电路分析 ·· 18
  实训任务3.3 高级钥匙工作流程分析 ··· 20
项目四 点火系统 ··· 22
  实训任务4.1 认识点火系统元件 ··· 22
  实训任务4.2 点火系统维修 ·· 24
项目五 照明与信号系统 ·· 27
  实训任务5.1 认识前照灯 ··· 27
  实训任务5.2 灯光开关与前照灯电路分析 ··· 29
  实训任务5.3 信号装置维修 ·· 31
项目六 信息显示系统 ··· 33
  实训任务6 汽车仪表电路分析 ·· 33
项目七 汽车辅助电器 ··· 35
  实训任务7.1 电动刮水系统保养 ··· 35
  实训任务7.2 舒适/便利功能系统电路分析 ··· 37
项目八 汽车空调 ··· 39
  实训任务8.1 空调制冷系统认识及保养 ·· 39
  实训任务8.2 空调系统的操作与维修 ··· 41

项目一　汽车电气基础

汽车电气设备实训任务单

实训任务 1.1　认识汽车电气系统

姓名		班级		实训日期	
实训车型			VIN 码		

主要实训内容记录：
一、实训准备
1）准备好实训车辆、示教板、线束及各个电器总成或零件等。
2）掌握本次实训课所用设备及工具的使用方法。
3）强调实训中的安全注意事项。
二、实训任务
1）汽车电气设备的组成及安装位置。

2）汽车电气设备的特点。

3）汽车导线颜色、线径、布置方向、插接器结构特点。

实训中的疑难点记录（等待教师解决）	
教师评语	实训成绩_____ 教师签名　　年　月　日

汽车电气设备实训任务单

实训任务1.2　汽车电路主要元件检测及电路分析

姓名		班级		实训日期	
实训车型			VIN码		
主要实训内容记录： 一、实训准备 　1）准备好实训车辆、示教板、各种开关、熔断器、继电器、蓄电池等零件；准备万用表、一字槽螺钉旋具等工具。 　2）掌握本次实训课所用设备及工具的使用方法。 　3）强调实训中的安全注意事项。 二、实训任务 　1）测量点火开关及其他常见开关。 　2）检测熔断器、继电器。					

3）根据教师要求阅读分析原版电路图，并说明其控制原理。

4）根据教师要求借助查询手册能迅速找到熔断器、继电器等元件的安装位置。

实训中的疑难点记录（等待教师解决）	
教师评语	实训成绩_____ 教师签名　　　年　　月　　日

项目二　电源系统

汽车电气设备实训任务单

实训任务 2.1　认识蓄电池及状态检测

姓名		班级		实训日期	
实训车型			VIN 码		

主要实训内容记录：

一、实训准备

1）准备好实训车辆、万用表、湿式蓄电池、干式蓄电池、免维护蓄电池、EFB 蓄电池、AGM 蓄电池、切割开的蓄电池等工具设备。

2）掌握本次实训课所用蓄电池的结构特点及工具的使用方法。

3）强调实训中的安全注意事项。

二、实训任务

1）观察各类切开蓄电池的结构特点并记录。

干式蓄电池：

免维护蓄电池：

EFB 蓄电池：

AGM 蓄电池：

2）阅读 AGM 蓄电池铭牌并记录相关的信息。

000 915 105 DE：

12V：

61A·h：

330 A DIN：

540 A EN/SAE/GS：

3）根据观察孔的颜色判断蓄电池的状态。

4）根据教师要求检查车辆蓄电池排气孔的连接状态。

实训中的疑难点记录（等待教师解决）	
教师评语	

实训成绩_____

教师签名　　　年　　月　　日

汽车电气设备实训任务单

实训任务 2.2　发电机结构认识及检测

姓名		班级		实训日期	
实训车型			VIN 码		
主要实训内容记录： 一、实训准备 1）准备好实训车辆、万用表、发电机等工具设备。 2）掌握本次实训课所用发电机的结构特点及工具的使用方法。 3）强调实训中的安全注意事项。 二、实训任务 1）观察发电机转子、定子、整流器、外壳等结构特点并记录。 2）检查和测量转子、定子、整流器并记录测量结果。					

3）根据要求更换车辆交流发电机，并记录更换步骤。

实训中的疑难点记录（等待教师解决）	
教师评语	实训成绩＿＿＿＿＿ 教师签名　　年　月　日

汽车电气设备实训任务单

实训任务 2.3　交流发电机调节器电路测量分析

姓名		班级		实训日期	
实训车型			VIN 码		

主要实训内容记录：

一、实训准备

1）准备好实训车辆、万用表、调节器等工具设备。

2）掌握本次实训课所用调节器的结构特点及测量工具的使用方法。

3）强调实训中的安全注意事项。

二、实训任务

1）根据教师要求，搞清 S、L、IG、B+、F、E 端子的含义并测量。

2）根据电路图判断电压检测的方法，并测量相应的端子。

3）动态测量发电机输出电压值并记录。

实训中的疑难点记录（等待教师解决）	
教师评语	

实训成绩_____

教师签名　　　　年　　月　　日

汽车电气设备实训任务单

实训任务 2.4　电源系统的使用与维护

姓名		班级		实训日期	
实训车型			VIN 码		

主要实训内容记录：

一、实训准备

1）准备好实训车辆、充电器、万用表、折射仪、密度计、放电计等工具设备。

2）掌握本次实训课所用充电器、折射仪、密度计、放电计等设备的使用方法。

3）强调实训中的安全注意事项。

二、实训任务

1）根据教师要求，在车辆上给蓄电池充电。

2）根据教师要求，给车辆更换蓄电池，并记录操作步骤。

3）用蓄电池检测设备检测蓄电池的状态并打印检测结果。

4）检查发电机传动带的张紧度，并调整。

实训中的疑难点记录（等待教师解决）	
教师评语	

实训成绩_____

教师签名　　　年　　月　　日

汽车电气设备实训任务单

实训任务 2.5　蓄电池匹配及状态检测

姓名		班级		实训日期	
实训车型			VIN 码		

主要实训内容记录：

一、实训准备

1）准备好实训车辆、充电器、诊断仪等工具设备。

2）掌握本次实训课所用充电器、诊断仪等设备的使用方法。

3）强调实训中的安全注意事项。

二、实训任务

1）根据教师要求在车辆上给蓄电池充电，并用专用诊断仪对能源管理控制系统进行匹配。

步骤：

2）根据教师要求用诊断仪判断蓄电池的状态和电量。

步骤：

项目二 电源系统

3）使用诊断仪打开或关闭车辆运输模式。
　步骤：

实训中的疑难点记录（等待教师解决）	
教师评语	

实训成绩_____

教师签名　　　　年　　月　　日

13

汽车电气设备实训任务单

实训任务 2.6　48V/12V 轻混系统维修

姓名		班级		实训日期	
实训车型			VIN 码		

主要实训内容记录：

一、实训准备

1）准备好实训车辆（装备 48V/12V 轻混系统）、充电机、专业诊断仪等。

2）掌握本次实训课所用设备及工具的使用方法。

3）强调实训中的安全注意事项。

二、实训任务

1）在培训车辆上查找以下零件：48V 起动机/发电机、锂离子蓄电池 A6、变压器 A7、蓄电池 A、48V 电气系统正极导线、48V 电气系统负极导线，并做记录。

2）利用专业诊断仪断开 48V 电源系统，记录操作步骤（路径）。

3）利用专业诊断仪重新运行 48V 电源系统，记录操作步骤（路径）。

4）手动断开48V电源系统，记录操作步骤。

5）给48V电池充电。

实训中的疑难点记录（等待教师解决）	
教师评语	

实训成绩_____

教师签名　　　年　　月　　日

项目三 起动系统

汽车电气设备实训任务单

实训任务 3.1 认识起动机结构并完成保养

姓名		班级		实训日期	
实训车型			VIN 码		

主要实训内容记录:

一、实训准备

1)准备好实训用起动机、万用表等工具设备。

2)掌握本次实训课所用起动机结构、单向离合器、电磁开关的状态判断方法。

3)强调实训中的安全注意事项。

二、实训任务

1)根据教师要求打开起动机,观察各主要部件的结构特点。

定子:

转子:

电磁开关:

单向离合器:

炭刷架:

2)判断所保养起动机滚柱式单向离合器的状态。

3）判断所保养起动机电磁开关吸拉线圈、保持线圈的状态并作动态实践。

实训中的疑难点记录（等待教师解决）	
教师评语	实训成绩_____ 教师签名　　　年　月　日

汽车电气设备实训任务单

实训任务 3.2　起动机控制电路分析

姓名		班级		实训日期	
实训车型			VIN 码		

主要实训内容记录：

一、实训准备

1）准备好实训车辆、万用表、起动系统电路图册等工具设备。

2）掌握本次实训课所用车辆起动系统电路图的读识方法，并能熟练分析控制原理。

3）强调实训中的安全注意事项。

二、实训任务

1）阅读、分析实训车辆起动电路图。

2）根据电路图在车上找出起动系统相关元件的安装位置。

3）分析起动系统电路图，排除起动机不工作故障。

实训中的疑难点记录（等待教师解决）	
教师评语	

实训成绩_____

教师签名　　　　　年　　月　　日

汽车电气设备实训任务单

实训任务 3.3　高级钥匙工作流程分析

姓名		班级		实训日期	
实训车型			VIN 码		

主要实训内容记录：

一、实训准备

1）准备好实训车辆、诊断仪等工具设备。

2）掌握本次实训课所用车辆无钥匙起动系统的组成和功能。

3）强调实训中的安全注意事项。

二、实训任务

1）根据实训车辆找到系统元件的安装位置，并完成进入、起动、熄火、上锁动作。

R137

R138

R200

R201

2）根据实训车辆的具体情况画出系统工作流程图。

进入流程图：

起动流程图；

熄火流程图：

项目三 起动系统

车门上锁流程图：

3）借助诊断仪读出系统在执行开门、起动、熄火、车门上锁时相关元件的测量值。

实训中的疑难点记录（等待教师解决）	
教师评语	

实训成绩_____

教师签名　　　年　　月　　日

项目四 点 火 系 统

汽车电气设备实训任务单

实训任务 4.1 认识点火系统元件

姓名		班级		实训日期	
实训车型			VIN 码		

主要实训内容记录:
一、实训准备
1) 准备好实训车辆、点火系统相关元件等工具设备。
2) 掌握点火系统的发展过程及工作原理。
3) 掌握点火线圈、分电器、点火控制器及火花塞的结构和原理。
4) 强调实训中的安全注意事项。
二、实训任务
1) 总结点火系统的要求、分类。

2) 写出点火系统组成元件的作用。
配电器:

信号发生器:

点火提前机构:

点火线圈:

火花塞：

高压电线：

3）分组认识分电器、点火线圈、点火器、火花塞的结构特点。

4）画出电子点火系统的基本工作原理示意图。

实训中的疑难点记录（等待教师解决）	
教师评语	实训成绩_____ 教师签名　　年　月　日

汽车电气设备实训任务单

实训任务 4.2　点火系统维修

姓名		班级		实训日期	
实训车型			VIN 码		

主要实训内容记录：

一、实训准备

1）准备好实训车辆、诊断仪、示波器等工具设备。
2）掌握根据点火系统故障码判断故障的方法。
3）掌握示波器的使用方法。
4）强调实训中的安全注意事项。

二、实训任务

1）更换实训车辆火花塞，观察旧火花塞的状态并记录更换步骤。

2）读取实训车辆点火信号、曲轴位置传感器信号、凸轮轴位置传感器信号的波形并画出。

① 800r/min 时

点火信号波形：

曲轴位置波形：

凸轮轴位置波形：

② 2 000r/min 时
点火信号波形：

曲轴位置波形：

凸轮轴位置波形：

③ 4 000r/min 时
点火信号波形：

曲轴位置波形：

凸轮轴位置波形：

3）读取点火系统故障码，阅读分析电路图并排除点火系统故障。
故障现象：

诊断步骤：

实训中的疑难点记录（等待教师解决）	
教师评语	

实训成绩_____

教师签名　　　　年　　月　　日

项目五 照明与信号系统

汽车电气设备实训任务单

实训任务 5.1 认识前照灯

姓名		班级		实训日期	
实训车型			VIN 码		

主要实训内容记录:

一、实训准备

1) 准备好实训车辆、照明灯等工具设备。

2) 熟悉照明灯、信号灯的安装位置、作用、特点等。

3) 掌握照明灯的结构形式。

4) 强调实训中的安全注意事项。

二、实训任务

1) 标出实训车辆照明灯、信号灯的安装位置、功率、颜色等特点。

前照灯:

示廓灯:

日间行车灯:

雾灯:

转向灯:

制动灯:

顶灯：

2）总结卤素前照灯、氙气前照灯、LED前照灯各自的结构特点及优、缺点。

3）总结前照灯为防止眩目所采取的措施，并在实训车辆上验证该功能。

措施1：

措施2：

措施3：

措施4：

实训中的疑难点记录（等待教师解决）	
教师评语	实训成绩_____ 教师签名　　　　年　月　日

项目五 照明与信号系统

汽车电气设备实训任务单

实训任务 5.2　灯光开关与前照灯电路分析

姓名		班级		实训日期	
实训车型			VIN 码		

主要实训内容记录：

一、实训准备

1）准备好实训车辆、电路图册、万用表、灯光检测仪、诊断仪等工具设备。

2）熟练地阅读各车系的灯光电路图，并分析判断系统故障。

3）强调实训中的安全注意事项。

二、实训任务

1）更换实训车辆前照灯灯泡并记录步骤。

步骤：

2）对带前照灯照明距离调节系统的实训车辆进行前照灯匹配学习并记录步骤。

步骤：

3）分组讨论实训车辆前照灯电路图，并摘画出左侧前照灯电路图。

4）借助实训车辆电路图册、诊断仪排除前照灯系统故障，并记录排除步骤。
故障现象：

故障码：

排除步骤：

实训中的疑难点记录（等待教师解决）	
教师评语	

实训成绩_____
教师签名　　　年　　月　　日

项目五 照明与信号系统

汽车电气设备实训任务单

实训任务 5.3　信号装置维修

姓名		班级		实训日期	
实训车型			VIN 码		

主要实训内容记录：

一、实训准备

1）准备好实训车辆、万用表等工具设备。

2）熟悉信号装置主要部件的作用及控制流程。

3）强调实训中的安全注意事项。

二、实训任务

1）分组摘画出实训车辆转向信号灯、喇叭电路图并作展示。

2）更换实训车辆前/后转向灯、制动灯、倒车灯的灯泡，并记录更换步骤。

步骤：

3）在实训车辆上用诊断仪执行元件诊断测试，并记录路径。
元件诊断路径：

4）排除实训车辆信号系统故障，并记录排除步骤。
故障现象：

故障码：

排除步骤：

实训中的疑难点记录（等待教师解决）	
教师评语	

实训成绩_____
教师签名　　　年　　月　　日

项目六　信息显示系统

汽车电气设备实训任务单

实训任务6　汽车仪表电路分析

姓名		班级		实训日期	
实训车型				VIN码	

主要实训内容记录：

一、实训准备

1）准备好实训车辆、万用表、汽车仪表等工具设备。

2）熟悉仪表板的仪表显示内容及特殊情况的处理方法。

3）强调实训中的安全注意事项。

二、实训任务

1）画出实训车辆仪表，并说明当前仪表所显示的信息。

2）画出实训车辆仪表所有警告灯符号项、标注颜色且说明其含义。

3）摘画出实训车辆仪表单元电路图，分析其控制原理并排除故障。

故障现象：

故障码：

排除步骤：

4）调出实训车辆电子仪表所能显示的所有信息，并说明表达的含义。

5）用诊断仪或手动在实训车辆上做保养复位，设置保养里程为 7 500km、保养时间为 365 天，写出具体步骤。

实训中的疑难点记录（等待教师解决）	
教师评语	

实训成绩_____

教师签名　　　　　年　　月　　日

项目七　汽车辅助电器

汽车电气设备实训任务单

实训任务 7.1　电动刮水系统保养

姓名		班级		实训日期	
实训车型			VIN 码		

主要实训内容记录：

一、实训准备

1）准备好实训车辆、折射仪、清洗液等工具设备。

2）熟悉刮水器及洗涤系统的控制原理和操作方法。

3）强调实训中的安全注意事项。

二、实训任务

1）操作刮水器开关实现风窗玻璃喷水清洗、刮水、前照灯清洗功能，并记录各个档位的特点。

2）检查清洗水壶的液面高度、玻璃清洗液的冰点，必要时进行调整。

3）查阅实训车辆保养手册，借助专用工具调整喷水角度并记录标准和步骤。
调整标准：

调整步骤：

4）检查、更换刮水片。
刮水片状态：

更换步骤：

螺栓拧紧力矩：

实训中的疑难点记录（等待教师解决）	
教师评语	

实训成绩_____

教师签名　　　　年　　月　　日

汽车电气设备实训任务单

实训任务 7.2　舒适/便利功能系统电路分析

姓名		班级		实训日期	
实训车型			VIN 码		
主要实训内容记录： 一、实训准备 1）准备好实训车辆、诊断仪、万用表、电路图等工具设备。 2）熟悉舒适/便利功能系统电路控制原理及系统基本设置的方法。 3）强调实训中的安全注意事项。 二、实训任务 1）操作舒适/便利功能系统开关，实现各个功能并记录操作步骤。 2）阅读实训车辆舒适/便利功能系统电路图，并摘画出来。 天窗电路图： 座椅电路图：					

车窗电路图：

后视镜电路图：

3）将实训车辆断电后，恢复电动车窗的单触功能并记录方法。

4）完成天窗的清洁和润滑，并记录步骤。
步骤：

实训中的疑难点记录（等待教师解决）	
教师评语	实训成绩_____ 教师签名　　　年　　月　　日

项目八 汽车空调

汽车电气设备实训任务单

实训任务 8.1 空调制冷系统认识及保养

姓名		班级		实训日期	
实训车型			VIN 码		

主要实训内容记录：

一、实训准备

1）准备好空调压缩机、实训车辆、诊断仪、常用工具等。

2）掌握本次实训课所用设备的使用方法。

3）强调实训中的安全注意事项。

二、实训任务

1）描述空调系统主要部件的安装位置。

压缩机：

冷凝器：

储液干燥器：

膨胀阀：

蒸发器：

2）起动发动机，打开空调，操纵控制面板开关，检查风量、温度调节、送风模式等功能是否完好，并记录结果。

3）起动发动机，打开空调，描述电磁离合器的工作过程。

4）空调工作时，哪些元件为高温状态？哪些元件为低温状态？

5）分解空调压缩机，描述其结构原理。

6）更换粉尘及花粉滤清器，并记录更换步骤。
更换步骤：

实训中的疑难点记录（等待教师解决）	
教师评语	实训成绩_____ 教师签名　　　年　月　日

汽车电气设备实训任务单

实训任务 8.2　空调系统的操作与维修

姓名		班级		实训日期	
实训车型			VIN 码		

主要实训内容记录：

一、实训准备

1）准备好实训车辆、诊断仪、制冷剂回收加注机（真空泵、歧管压力计）、制冷剂、冷冻润滑油等工具耗材。

2）熟悉空调制冷系统检漏、制冷剂的回收和加注方法。

3）强调实训中的安全注意事项。

二、实训任务

1）分析并摘画出实训车辆空调系统电路图。

2）排除实训车辆空调系统故障，并记录排除步骤。

故障现象：

故障码：

排除步骤：

3）利用歧管压力计完成抽真空、冷冻润滑油加注、制冷剂加注，并记录步骤和数据。

抽真空：

冷冻润滑油加注：

制冷剂加注：

4）利用制冷剂回收加注机完成制冷剂回收、抽真空、冷冻润滑油加注、制冷剂加注。

制冷剂回收：

抽真空：

冷冻润滑油加注：

制冷剂加注：

实训中的疑难点记录（等待教师解决）	
教师评语	

实训成绩_____

教师签名　　　年　　月　　日